활자본색

활자본색

우리가 몰랐던 조선 활자 이야기

이재정 지음

책과함께

머리말

2000년 5월 22일 남들보다 다소 늦은 나이에 국립중앙박물관에 학예연구사로 입사했다. 이곳저곳에서 강의를 하는 소위 '보따리 장사'를 하고 있던 나는 국립중앙박물관에서 학예연구사를 뽑는다는 소식을 들었다. 채용 공고에는 2005년 서울 용산의 현 위치로 이전 개관 후 새로 만들어질 아시아부(현재의 세계문화부)와 역사부(고고역사부로 통합됨)에 필요한 분야가 포함되어 있었다. 중국사를 전공했던 내게도 기회가 생긴 것이다. 합격 후 첫 발령이 난 곳은 유물관리부였다. 수장고에 보관된 유물을 관리하는 업무를 맡았던 나는 뜻밖의 귀한 존재를 만났다. 바로 이 책을 쓰게 된 계기이자 새로운 도전의 길을 열어준 활자다.

국립중앙박물관에는 조선시대에 중앙관서와 왕실 등에서 사용했던 활자 82만여 점이 고스란히 남아 있다. 당시 이 활자들은 여러 가지 사정으로 제대로 정리되지 않았고, 세상에 거의 알려지지도 않았다. 일부 활자 샘플만 활자별로 케이스에 고정시켜 전시에 활용하고 있었다. 전시를 위해 수장고에서 들고 나는 유물을 관리하는 업무를 맡았던 나는 활자의 종류를 구분할 줄 몰라 답답하고 혼란스러웠다. 우리나라가 세계 최초의 금속활자를 발명한 나라라고 자랑하는데 왜 이렇게 많은 금속활자가 있다는 사실조차 몰랐을까 의아하기도 했다.

　업무를 제대로 하려면 좀 알아야겠다는 생각이 들었다. 활자를 들여다보면서 호기심이 생겼고, 금빛으로 반짝이는 우아한 글자들이 아름다워 거기에 매료되었다. 나중에 안 사실이지만 이렇게 활자를 만드는 것은 정말 어려운 기술이다. 정확히는 모르겠지만 굉장히 중요한 자료임이 분명해 보였다. 나는 조금씩 활자에 빠져들어 수장고에 들어가면 틈틈이 활자를 관찰하고 정리했다. 누가 시켜서 한 일이 아니었다. 사무실에서도 업무를 하는 틈틈이 활자와 관련된 연구서를 읽고 찍은 책과 대조하면서 활자의 실체를 찾기 위해 파고들었다. 2004년에는 제일 먼저 활자가 어떻게 박물관에 들어왔는지, 그전에는 어떻게 쓰였는지 조사해 학술지에 소개했다.

　2005년 국립중앙박물관이 지금의 자리로 이전한 후 나는 역사부로 자리를 옮겼다. 그리고 2006년에 정식으로 활자를 조사해 책으로 발간하는 사업을 진행하게 되었다. 첫 번째 조사 대상은 한글 금속활자로 정했다. 한자 활자는 종류별로 대강의 분류가 이루어져 있었지만, 한글 활자는 그냥 언문자諺文字로 되어 있을 뿐 어디에 쓰인 활자인지 확인되지 않았기 때문이다. 또 아무래도 많은 사람들이 한글에 관심을 가질 테고 수량도 제일 적어 처음 시도하는 작업으로 적합하다고 생각했다. 이 첫 번째 작업에서 한글 활자의 종류와 제작 시기 등을 확인할 수 있었다. 특히 그동안 몰랐던, 15세기에 만든 한글 금속활자이자 현존하는 가장 오래된 한글 금속활자를 밝혀내 세간의 주목을 받기도 했다. 이후 부서와 근무지가 바뀜에 따라 활자를 지속적으로 연구할 수는 없었지만, 박물관의 여러 동료들이 활자 정리를 계속하여 2015년에 작업을 끝냈다. 2016년에는 그동안의 정리 성과를 바탕으로 〈활자의 나라, 조선〉이라는 작은 전시를 개최했다. 더 연구할 거리가 많지만 일단 대체적인 정리와 소개가 끝나자 공인으로서 나의 임무는 여기까지라고 생각했다.

활자를 정리하면서 여러 난관에 부딪혔지만, 제일 어려웠던 점은 이 부분에 대한 연구가 굉장히 부족하다는 것이었다. 서지학 분야 등에서 선학들이 쓴 글들을 참고하면서 기본 지식을 쌓아갔지만 정작 궁금한 것들은 알 수 없었다. 활자 실물이 박물관에만 있다 보니 간혹 피상적으로 이해하고 설명한 부분도 있어 바로잡을 필요가 있었다. 마찬가지로 박물관 내에서도 함께 논의할 사람이나 참고할 만한 성과나 자료를 찾기 힘들었다. 나는 이 활자들이 국립중앙박물관에만 있는, 세계 어디에도 없는 독특한 것인데 제대로 소개되고 주목받지 못하는 상황이 안타까웠다. 좀 더 많은 사람들에게 활자의 의미와 존재를 알리기 위해 여러 자료를 찾고 관찰한 결과를 이런저런 논문으로 발표했고, 《조선출판주식회사》라는 책도 냈다. 자주 있는 일은 아니었지만 강의 의뢰가 들어오면 기꺼이 응했다.

하지만 시간이 흐르면서 그동안 쓴 글들에서 한계와 미진함을 발견했다. 학술지에 실린 글들은 일반 대중이 접근하기 어렵고, 내용도 어려울 수밖에 없다. 내가 써왔던 일련의 글의 주제나 내용이 관심 영역과 연구의 확장을 반영하는 것이지만, 체계를 잡아 전체로 묶어서 보여주지 않는다면 일반인이 이해하기 어려울 것이라는 생각이 들었다. 예전에 미처 알지도 생각하지도 못했던 것을 새로 알게 되기도 하고, 발표한 글에서 오류가 발견되기도 해서 보완하고 바로잡아야 할 것 같았다. 무엇보다 활자가 왜 중요한지, 현재의 시점에서 어떻게 봐야 할지 등 그동안 생각했던 것들을 좀 더 쉽고 설득력 있게 이야기하지 못했다는 아쉬움이 들었다. 이런 이유로 고민 끝에 퇴직을 앞두고 이 책을 쓰기로 결정했다.

이 책은 2021년 6월에 인사동에서 출토된 금속활자 이야기부터 시작한다. 책을 쓰고 있는 중에 나온 이 활자들은 그동안 답을 찾지 못했던 숙제를 해결하는 실마리가 되었고, 책 내용 일부를 수정해야 할 만큼 내게는 중요한 것이었기 때문이다. 물론 세간의 관심이 뜨거운 만큼 명색이 활자를 공부하는 사람으로서 나름의 설명과 의견을 제시할 필요도 느꼈다. 우리에게 금속활자는 이율배반적인 존재다. 세계 최초로 금속활자를 만들었다는 자부심을 안겨주지만, "구텐베르크의 금속활자 발명이 가졌던 폭발력을 발휘했는가?"라는 질문에 이르면 시원한 대답이 떠오르지 않는다. 인사동에서 구텐베르크가 금속활자를 발명하기 전에 만든 갑인자 실물이 나오고(구텐베르크가 만든 금속활자는 남아 있지 않다), 15세기에 만든 한글 활자가 나왔다는 사실에 환호하지만 여전히 답을 찾은 것은 아니다. 그래서 나의 활자 이야기를 하기 전에 이 질문 자체에 먼저 문제를 제기하고, 이에 매몰되어 무엇을 외면하고 있는지, 무엇을 더 생각해야 할지를 이야기했다. 나는 결이 좀 다른, 나만의 방식으로 활자 이야기를 하고 싶었기 때문이다. 그래서 본격적인 이야기를 하기에 앞서 서두가 좀 길다.

활자를 직접 만지고 보고 연구하며 느낀 것들을 좀 더 솔직하고 과감하게 주장하는 본격적인 이야기는 3장부터다. 활자의 실체를 찾아 수많은 지면을 헤매면서 눈을 혹사했지만, 맞는 글자를 찾아냈을 때 짜릿한 기쁨이 있다. 하지만 이런 기쁨은 공허하다. 세계 최대의 활자라고 의미

부여를 하든, 가장 오래된 활자를 찾아냈든, 정교한 기술을 찬양하든 여전히 활자가 박제되어 있다는 느낌을 지울 수 없다. 활자를 만들고 사용한 사람들은 누구일까? 왜 이렇게 많은 활자를 만들었을까? 이런 궁금증과 갈증이 해소되지 않기 때문이다. 그래서 《조선왕조실록》, 《승정원일기》 등 당시의 기록들을 뒤졌다. 그리고 그 속에서 다양한 이야기를 찾아냈다. 물론 그 기록들은 한계도 많고 기록으로는 확인할 수 없는 문제들이 다시 떠오른다. 다시 실물로 돌아가면 기록의 공백을 메워주는 증거들을 찾을 수 있었고, 그 속에서 사람들의 흔적도 느낄 수 있었다. 기록을 보고 실물을 다시 보면 또다시 느껴지는 것들, 사람들의 이야기가 그려지고 들려오는 것 같다. 활자가 생동감 있게 다가오고 진심으로 감동하게 되는 순간이 온다.

이런 이야기들을 하려다 보니 상상력도 발휘하고 때로는 조금 도발적으로 쓰기도 했다. 틀린 내용이 있을 수 있다. 새로운 자료가 나오면 다시 바로잡아야 할 것들이 생길 것이다. 공감과 설득을 끌어내지 못할 수도 있다는 두려움이 없지 않다. 하지만 다양하고 열린 시각으로 활자에 대해 질문하고 해답을 찾으려는 독자들이 있으리라 기대하며 용기를 내보기로 했다.

차례

1

세상에 모습을 드러낸
600년 전 금속활자

2021년 6월 서울 인사동에서 갑인자를 비롯한 조선 전기 활자들이 다수 발굴되었다. 활자는 녹여서 재사용하기도 하므로 땅속에서 나올 수 있다는 생각을 하지 못했다. 그 생각이 틀렸음을 먼저 인정해야 했지만 이 활자들의 출현이 반가웠다. 그 덕분에 국립중앙박물관에 있는 성체물명의 활자가 갑인자임을 확인하게 되었고, 기록에 나오는 모호한 설명이 어떤 의미인지도 좀 더 선명하게 알게 되었기 때문이다. 물론 이 활자들은 풀어야 할 더 많은 숙제를 남겨주기도 했다. 많은 사람들이 그렇겠지만 내게도 가장 궁금한 점은 누가, 왜 이 활자를 묻었느냐이다. 지금으로서는 그 누구도 알 수가 없다. 나는 이 활자가 귀한 구리를 재활용하기 위해 훔친 것이라고 가정해보았다. 물론 상상이고 구체적 증거는 없지만 옛 기록에서 개연성을 확인했다. 구리를 갖고자 하는 열망을 보여주는 기록들이 꽤 흥미진진하다.

항아리에서 나온
수수께끼의 활자들

2021년 6월 29일, "서울 공평동 땅속 항아리에서 금속활자 무더기 발굴"이라는 제목의 뉴스가 일제히 보도되었다. 서울 한복판 종로구 인사동 공평구역 제15, 16지구 도시환경정비사업 부지 내 유적 발굴 조사에서 조선 전기 금속활자 1600여 점이 나온 사실이 언론에 처음으로 공개된 것이다. 발굴된 활자 중에는 수백 점의 한글 활자가 있었고, 그중에는 뼝, 흻과 같이 낯선 표기의 옛 한글 활자가 다수 포함되어 있어 더욱 주목을 끌었다. 이런 글자들은 세종이 1443년 훈민정음을 창제한 이후 15세기까지만 쓰였던 이른바 '동국정운식 한자음 표기법'*으로 쓴 것이다. 그러니까 이 활자들은 15세기에 만들어졌다는 뜻이 된다. 활자가 묻힌 유적은 16세기 무렵의 것으로 알려졌고, 함께 묻힌 유물에 기록된 연대 중

---

* 동국정운식 한자음 표기법은 한자의 음을 한글로 표기할 때 중국의 원래 발음에 가깝게 표기하기 위해 만든 것이다. ㅿ, ㆆ, ㅸ, ㆅ 등의 자음이 그런 예다. 또 ㅭ 받침으로 우리나라 발음과는 다른 중국의 ㄹ 발음을 표기했는데, 이를 이영보래以影補來라고 한다.

인사동에서 금속 파편 등과 함께 출토된 활자의 모습. 　활자들이 담겨 있던 항아리. 국립고궁박물관.
국립고궁박물관.

가장 늦은 것이 1588년이므로, 이 유물은 16세기에 묻힌 것이 분명해 보
인다.*

　이 활자들이 왜 여기에 묻혀 있었는지, 누가 어떤 목적으로 묻어둔 것인
지는 알 수 없지만, 15세기에 만든 활자가 나왔다는 사실만으로도 사람
들을 흥분시키기에 충분했다. 금속활자가 이처럼 대량으로 출토된 일도
없었고, 이를 기대할 수도 없었으며, 무엇보다 15세기에 쓰던 한글 활자
가 나오리라고는 상상도 못했기 때문이다.

　이때까지 조선 전기 활자는 국립중앙박물관에 소장되어 있는 한글 금
속활자 30여 점이 유일했다. 이 활자는 1461년에 《능엄경언해》라는 불
경 언해본을 찍을 때 처음 사용한 것이다. 이 책에 함께 사용한 한자 활자

*　활자를 비롯한 인사동 출토 유물에 대해서는 국립고궁박물관에서 2021년에 개최한 〈인사동 출토유
　물 공개전〉의 도록과 여러 언론의 기사, 인터뷰 등을 바탕으로 작성했다.

　　　　　　　　　　　　　　　　　　　　　　　　　　활자 본색

가 1455년에 만든 을해자乙亥字여서 보통 을해자 병용竝用, 즉 을해자와 함께 사용한 한글 활자라 부른다. 정확한 제작 시기는 알 수 없지만, 한자 활자인 을해자와 비슷한 시기에 만들어졌을 것이다. 당시 적어도 을해자와 한글 활자를 10만 점 이상 만들었을 테지만, 그중 30여 점만 살아남았다. 조선 전기 활자는 남아 있지 않다는 것이 통설처럼 되어 있던 터라 2006년에 이 활자를 처음 밝혀낼 때 스스로도 믿기지 않았다.

그런데 인사동에서 이때 사용한 것과 같은 한글 금속활자가 수백 점 출토되었다. 거기에 더해 국립중앙박물관에 남아 있지 않은 을해자 병용 한글 금속활자 큰 자도 출토되었다. 한 종류의 활자는 보통 큰 자와 작은 자를 한 벌로 만드는데, 국립중앙박물관 활자는 을해자 병용 한글 금속활자 중에서도 작은 자다. 한글 활자 큰 자와 함께 한자 활자인 을해자도 큰 자, 작은 자 모두 출토되어 을해자 전체 모습을 실물로 확인할 수 있게 된 것이다. 이 외에도 1465년에 만든 을유자乙酉字와 함께 사용한 한글 활자, 어떤 책을 찍었는지 알 수 없는 몇 종의 한자 활자도 출토되었다. 모두 처음으로 나온 것들이다.

뉴스를 유심히 본 사람은 알겠지만, 인사동 발굴에서 한글 금속활자와 함께 주목을 받은 것은 갑인자甲寅字가 출토되었다는 점이다. 갑인자는 어떤 활자이고, 왜 이렇게 관심이 집중되었을까? 갑인자는 1434년(세종 16)에 세종의 명으로 만든 금속활자다. 하지만 갑인자가 조선시대 최초의 금속활자는 아니다. 1403년(태종 3)에 만든 계미자癸未字, 1420년(세종 2)에 만든 경자자庚子字에 이어 세 번째로 만들어진 것이다. 세종이 만들었다는 사실만으로도 사람들의 관심을 집중시키기에 충분하지만, 갑인자가 이처럼 주목받는 것은 조선 최고의 활자이자 조선을 대표하는 활자라 할 만큼 서체나 제작 방법이 뛰어나다고 알려져 왔기 때문이다. 게다가 이 활자는 국립중앙박물관의 을해자 병용 한글 활자보다 20여 년 앞선 것이니, 조선시대 활자 중 현존하는 가장 오래된 활자의 자리가 바뀌게 되었다. 오래된 활자는 녹여서 새로운 활자를 만드는 데 사용했기 때문에, 갑인자 실물은 존재하지 않는 것으로 알려졌는데 실물이 세상에 드러난 것이다.

이 활자가 나온 것 자체가 충분히 의미 있는 일이지만, 도대체 누가 왜, 책을 인쇄하는 데 쓰이는 활자를 항아리에 담아 묻었던 것일까? 많은 사람들이 이 점을 궁금해할 것이다. 아직까지 제대로 밝혀지거나 연구되지는 않았지만, 인쇄에 사용하기 위해 항아리에 활자를 담아둔 것은 분명 아닌 듯하다.

이유는 여러 가지다. 우선 인쇄에 사용하기 위한 활자라면 이렇게 항아리에 담아두지는 않았을 것이다. 국립중앙박물관에 남아 있는 활자를 보관했던 장이나 보관 용기, 남아 있는 활자 목록 등을 보면, 조선시대 활자는 글자별로 분류해 보관장이나 상자 등에 넣어 보관했다. 그런데 출토된 활자들은 이런 보관 용기에 담겨 있지 않았을 뿐 아니라 정해진 글자별 분류 규칙에 따른 일관성을 찾아볼 수 없다. 그리고 상당수의 활자는 주조할 때 녹아내린 금속이 글자 면이나 측면, 뒷면에 붙어 있거나 서로 엉켜 있어 실제 사용할 수 없는 모양이다.

무엇보다 1600자 정도 수량의 활자로는 어떠한 책도 찍을 수 없다. 조선 최초의 금속활자인 계미자는 수십만 자를 만들었다고 하며 이후에도 금속활자를 한 번 만들 때 최소 10만 자는 만들었다. 조선시대에 주로 사용한 문자인 한자는 표의문자로 글자 하나하나가 의미를 갖기 때문에 사물이나 의미의 수만큼 이에 대응하는 글자가 필요하다. 따라서 한글이나 로마자 같은 표음문자와 달리 언어와 문자 생활에 많은 글자가 필요하다. 요즘 우리의 일상생활에 많이 쓰이는 상용한자가 1800자이고 컴퓨터 한글 완성형이나 조합형 코드 속에 포함된 한자의 수는 4888자다. 한자의 본고장인 중국에서 2013년에 정한 표준한자通用規範漢字에 따르면, 전문가들만 쓰는 용어가 아니라 상당한 교육을 받은 중국인이 일상생활과 밀접한 관련이 있는 전문 영역을 이해하기 위해서 알아야 할 한자는 8105자나 된다. 조선시대 활자로 간행한 여러 종류의 책들 또한 대부분 한자로 표기되었고, 지금은 잘 쓰지 않는 어려운 한자도 많다. 자주 쓰는 한자는 같은 글자를 수십에서 수백 개 만들었다. 그러니 책을 인쇄하는 데 필요한 한자가 수만 자에 달할 수밖에 없었다.

한글도 마찬가지다. 한글은 창제 당시 28개의 자모음으로 이루어졌고 (지금은 그중 24개가 사용된다) 이 자모음을 조합해 글자를 만들지만, 실제 활자는 자모음을 결합한 음절 단위로 만들어졌다. 소위 완성형 한글인 것이다. 이렇게 자모음을 결합해서 글자를 만들기 때문에 오늘날 컴퓨터에서 조합형 한글 코드로 만들 수 있는 글자는 이론상으로 1만 1172개나 된다. 옛날에는 지금은 쓰이지 않는 ㅿ, ㆁ, ㆆ, ㆍ, ㅱ, ㅸ, ㆅ 등과 ㅳ, ㅄ과 같은 합용병서까지 만들어야 했으니 글자는 더 많아야 한다. 그러니 1600자 정도의 활자로는 책을 찍을 수가 없다. 게다가 출토된 활자들은 서체나 크기가 다른 것들이 섞여 있어 일정한 내용을 담은 책을 인쇄하는 것

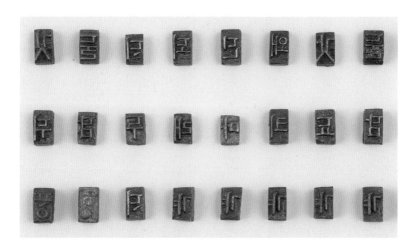

국립중앙박물관 소상 을해자 병용 한글 금속활자 작은 자. 인사동에서 활지기 출토되기 전까지 이 활자가 제작 연대를 알 수 있는 현존하는 가장 오래된 활자였다.

인사동에서 출토된 을해자 병용 한글 금속활자 큰 자. 국립고궁박물관.

인사동에서 출토된 을해자 병용 한글 금속활자 작은 자. 국립고궁박물관.

인사동에서 출토된 갑인자 큰 자. 국립고궁박물관.

인사동에서 출토된 갑인자 작은 자. 국립고궁박물관.

인사동에서 출토된 을유자 병용 한글 금속활자 큰 자. 국립고궁박물관.

인사동에서 출토된 일성정시의. 국립고궁
박물관. 밤낮으로 시각을 측정할 수 있는
시계로, 1437년에 제작되었다. 기록으로
만 전해지다 처음으로 실물이 나왔다.

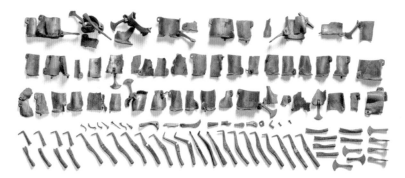

인사동에서 출토된 주전. 국립고궁박물관. 세종대에 발명된 자동 물시계 부품이다. 물시계의 작동 원리
를 고증하는 데 귀중한 자료다.

인사동에서 출토된 총통. 국립고궁박물관. 총 8점
이 분질러진 채 출토되었다.

활자본색

은 불가능해 보인다.

그렇다면 이 활자들이 출토된 장소는 당시 어떤 공간이었을까? 현재 종로구 인사동 79번지에 해당하는 이 지역은 조선시대에 중부 견평방堅平坊에 속했다. 여러 중앙관청과 왕족의 거주지와 함께 어용 상설시장인 시전 행랑이 설치되어 있던 곳이다. 발굴 조사 기관에 따르면 이 활자들의 발굴 장소에는 활자 등의 금속품을 제작하던 공방의 흔적은 나오지 않았다고 한다. 건물의 구조를 보더라도 관청이나 작업장 같은 곳은 아니어서 중인들이 살던 행랑채에 딸린 창고로 추정하고 있다.

활자들을 담은 항아리에는 조선 전기에 만든 자동물시계의 부품인 주전鑄箭 조각도 들어 있었다. 조선통보朝鮮通寶와 1158년 중국 금나라 때 만든 정륭원보正隆元寶 등 몇 점의 동전도 있었다. 항아리 바깥 주변에도 동종, 동판, 일성정시의日星定時儀, 총통 같은 금속품들이 절단된 상태로 묻혀 있었다.

찍은 책으로만 확인할 수 있었던 조선 전기의 활자가 나온 것도 놀라운 일이지만, 함께 나온 이 물건들도 놀라운 물건이기는 마찬가지다. 일성정시의는 밤낮으로 시각을 측정할 수 있는 시계로 1437년에 제작한 기록만 있는데, 일부이지만 실물이 처음으로 발견된 것이다. 자동물시계 역시 일부만 남아 있어 작동 원리를 명확히 알 수 없었는데 부품인 주전이 출토되어 세종대의 과학기술을 제대로 연구할 수 있는 중요한 자료가 확보된 셈이다.

절단된 채 묻힌 총통은 조각들을 맞춰본 결과 모두 8점으로 확인되었다. 이 중 1점은 선조 연간 전라좌수사와 경상병사를 지낸 김지가 개발한

승자총통勝字銃筒이고, 나머지 7점은 승자총통을 개량해 만든 소승자총통이다. 소승자총통 중 하나에는 손잡이 부분에 제작 시기와 총통 이름, 총통 무게, 탄약과 탄환 수량, 만든 장인의 이름인 희손希孫이 새겨져 있다. 나머지 6점에서는 이런 내용이 모두 확인되지 않았지만, 7점의 제작 연도는 '만력 무자萬曆 戊子'로 동일하다. 즉 이 총통은 모두 1588년(선조 21)에 제작되었다는 뜻이다. 승자총통에는 '계미년 겨울 ▢주 장인 ▢금癸未冬 ▢州匠▢金'이라고만 되어 있어 정확히 언제 만들었는지 알 수 없지만, 여기서 계미년은 1583년으로 추정된다. 총통 아래쪽에 묻혀 있던 동종 파편에도 '가정 14년 을미 4월 일嘉靖 十四年 乙未 四月 日'이라는 명문이 있어 1535년(중종 30) 4월에 제작되었음을 알 수 있다. 물건들이 출토된 층위가 16세기 문화층이라고 하니 16세기 이후에 묻지는 않았을 것으로 추정할 수 있겠다.

현재까지 확인된 바로는 1434년에 만든 갑인자에서부터 1588년에 만든 소승자총통까지 150여 년에 걸친 물건들이 함께 묻혀 있었으니 이 물건들을 한꺼번에 묻은 것인지, 아니면 조금씩 여러 차례 묻은 것인지는 더 알아봐야 한다. 그런데 앞서 언급한 것처럼, 활자는 애초에 사용할 수 없는, 즉 일종의 실패작이라고 볼 수도 있는 것이 많다. 제 모습을 갖춘 활자 중에는 사용한 흔적이 없는 것도 더러 있다. 활자를 제외한 나머지 물건들도 잘게 자르거나 분질러 적당한 크기의 파편으로 되어 있었다. 이 물건들은 본래의 쓰임새대로 사용하다가 버린 것이거나 우연히 묻힌 것이 아니었다. 분명 다른 목적으로 사용하려고 항아리에 모아두고, 또 자르거나 분지른 것이었다.

나는 꽤 오랜 기간 국립중앙박물관에 소장된 활자를 조사하고 정리해 어디에 쓰인 활자이며 언제 만들어졌는지를 밝히는 작업을 해왔다. 2016년 6월에는 그때까지 정리한 결과를 〈활자의 나라, 조선〉이라는 소규모 전시로 관람객에게 소개하기도 했다. 국립중앙박물관 상설전시실 조선실에도 활자 조사·정리 결과를 반영해 활자와 그 활자로 찍은 책을 함께 전시했다.

아직도 해야 할 일이 많기는 하지만 82만여 점의 활자를 정리하고 고증하여 전시로 풀어내는 일은 결코 혼자 할 수 있는 일이 아니다. 박물관의 업무라는 게 한 가지만 정리하고 연구할 수 있는 것도 아니다. 활자 정리와 전시를 하면서 새로 밝혀낸 것이 몇 가지 있기는 하지만, 이미 확인되고 정리된 것이 있기 때문에, 이를 기반으로 작업을 시작하고 발전시킬 수 있었다. 그중 무엇보다 중요한 것은 이 활자들이 국립중앙박물관에 들어오기 전에 조선 왕실과 중앙정부 기구 등에서 사용되었음이 확인된다는

2016년에 개최한 〈활자의 나라, 조선〉 전시. 국립중앙박물관 소장 활자 수만 점을 전시했다.

점이다. 말하자면 출처가 분명하다. 내가 활자에 관심을 가지면서 가장 궁금했던 점이 어디에 쓰였고 어떻게 들어왔느냐였다. 연구의 출발점도 이지점이었다. 출처 확인은 유물 연구의 출발점이며 출처가 확실해야만 진위 문제를 고민하지 않아도 되기 때문이다.

활자에 관한 내 첫 번째 연구 논문 〈국립중앙박물관 소장 활자에 대한 일고찰〉(《서지학 연구》29, 2004)에서도 밝혔지만, 이 활자들은 조선시대 규장각과 교서관 등에서 여러 책을 찍는 데 활용되었던 것이다. 이 활자 중 일부로 1909년에 《국조보감》을 마지막으로 찍었고, 그때 정리한 활자 목록으로 추정되는 것이 서울대학교규장각에 남아 있다. 1910년 일세강점기가 시작되면서 이 활자들은 대한제국 황실 관련 사무를 담당하기 위해 설치한 이왕직李王職으로 옮겨졌다. 1913~1916년 조선총독부 참사관 분실이 이왕직에 있던 도서와 함께 이 활자들을 분류·정리했다. 정리된 활자 일부는 1915년에 식민 통치 5년의 성과를 선전하기 위해 조선

총탄 자국이 난 활자장. 국립중앙박물관. 활자의 보관장 일부는 경복궁 회랑에 보관되어 있다가 한국전쟁 때 폭격을 맞아 손상되었다.

총독부가 개최한 시정 5년 기념 조선물산공진회에 전시되었다. 1915년 12월 조선총독부박물관이 설립됨에 따라 이 활자들은 국립중앙박물관의 전신인 조선총독부박물관으로 옮겨졌다. 조선총독부박물관의 유물 등록 정보를 보면 1916년 본부 참사관에서 이관된 것으로 기록되어 있으며, 유물번호 3359부터 3393까지 종류별 활자와 활자 부품, 보관장까지 한꺼번에 등록되었다. 이후 활자와 활자 보관장 일부가 경복궁 회랑에 보관되어 있었는데, 한국전쟁 때 폭격을 맞아 활자들이 흩어졌다. 국립중앙박물관은 교란된 활자들을 수년간에 걸쳐 정리해 활자의 종류와 제작 시기 등을 밝혔는데, 그것이 가능했던 까닭은 이 활자들의 전래 경위와 소장 경위가 명확하고 해당 활자로 찍은 책과 기록이 함께 남아 있기 때문이다.

그런데 조선총독부박물관 소장 금속활자 중에는 이런 일련의 활자와는 다른 경로로 들어온 150여 점의 활자가 있다. 유물번호는 '본관 12397', 활자 명칭은 '청동활자'이며 1931년에 골동상인으로부터 구입한 것이다. 이 활자들은 들어온 경로부터 형태까지 기존의 활자와 전혀 다르다. 조선 후기에 찍은 여러 책의 글자와도 일치하지 않았다. 그때만 해도 조선 전기 활자가 더 있을 거라고 상상할 수 없었기 때문에 도대체 이 활자들의 정체는 무얼까 늘 궁금했다. 그런데 생각지도 못한 곳에서 궁금증이 풀렸다.

인사동에서 출토된 활자를 언론에 공개하기 전에 발굴 기관으로부터 자문회의에 참석해달라는 요청을 받았다. 자세한 내막을 모른 채 회의에 참석해 활자 실물을 살펴보았다. 워낙 수량이 많고 발굴 과정 중에 공개한 것이라 활자 전모를 파악하기는 어려웠고, 대개 활자 형태별로 분류된 것을 살펴보았다. 언론 보도에서도 나왔지만 그중 많은 활자는 국립중앙박물관에 있는 을해자 병용 한글 활자와 같았고 한자 활자, 즉 을해자도 있는 것으로 보였다. 그런데 이 활자들과 형태가 다른 몇몇 활자가 눈에 띄었다. 그 형태는 국립중앙박물관에서 봤던 '본관 12397' 금속활자와 같아 보였다. 그때 함께 자문을 하던 분이 갑인자가 아닐까 추측했지만, 설마 갑인자가 남아 있을까 싶었고, 그게 사실이라면 너무 엄청난 일이라 제대로 조사하고 고증하기 전에는 쉽게 결론을 내릴 수 없다고 생각했다. 사실 언론 공개회에서 갑인자로 추정되는 활자를 소개했는데, 설명이 충분하지 않아 이후 1600여 점이 모두 갑인자로 둔갑하는 등 잘못된 정보

활자본색

국립중앙박물관에서 확인된 갑인자. 인사동에서 갑인자가 출토되어 국립중앙박물관 소장 '본관 12397'이 갑인자임을 확인할 수 있었다.

들이 돌아다니기도 했다.

박물관으로 돌아와서 관계자들에게 이 활자가 갑인자일 가능성이 있으며 제대로 된 고증과 조사가 필요하다는 의견을 냈다. 그렇게 해서 시작된 조사는 두 가지로 진행되었다. 하나는 활자의 금속 성분을 분석하는 것이었다. 2006년에《능엄경언해》를 찍을 때 사용한 한글 활자, 즉 을해자 병용 한글 활자의 실체를 밝힐 때, 이 활자들이 조선 후기 활자들과 금속 성분이 다르다는 점이 중요한 차이였기 때문이다. 갑인자로 추정되는 활자를 분석한 결과 구리, 주석, 납의 함량이 을해자 병용 한글 활자의 금속 성분과는 같은 그룹에 속하고, 조선 후기 활자들과는 다른 그룹에 속했다. 또 하나는 갑인자로 찍은《자치통감》과《근사록》에 나오는 글자와

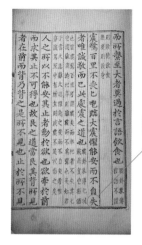

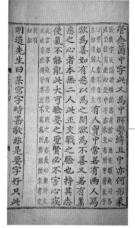

김인자로 인쇄한《근사록》과 갑인자 失 자와 胸 자. 국립중앙박물관.《근사록》의 글자들과 활자를 사진으로 찍어 비교해보니 크기와 모양이 일치하는 것들이 확인되어 이 활자들이 갑인자임을 알 수 있었다.(※활자 반전 이미지)

활자를 동일한 크기로 찍은 뒤, 활자 사진의 좌우를 반전시켜 글자 모양을 대조하는 것이었다. 그랬더니 갑인자로 찍은 책의 글자와 일치하는 활자들이 나왔다. 동일한 모양의 활자가 출토되었고, 금속 성분 분석이나 인쇄본과의 일치도 조사에서 예상했던 대로 갑인자임을 가리켰다. 이 정도면 갑인자로 보아도 될 것 같다고 판단해 전시로 공개하기로 했다. 마침 고故 이건희 기증 고서 중에 갑인자본이 있었는데, 그중에서도 특히 세종이 한글 창제 후 한글로 가장 먼저 인쇄한《석보상절》의 한자 역시 갑인자이기 때문에 575돌 한글날을 기념해 공개하게 되었다.

마침내 늘 궁금했던 정체 모를 활자의 실체를 알게 되어 후련했다. 게다가 뒤에 자세히 이야기하겠지만 알 듯 모를 듯한 갑인자에 대한 옛 기록의 의미를 이해할 수 있게 되어 머릿속이 환해지는 느낌이 들었다. 물론 이후에 갑인자와 같은 활자가 왜 다시 만들어지지 않았는지, 활자의 모양이 어떻게 바뀌었는지 등의 숙제는 여전하고, 그동안 추측한 부분에 수정이 필요할 것 같아 혼란스럽기도 했다. 그렇지만 무엇보다 가장 궁금한 점은 이 활자들이 어떻게 국립중앙박물관에 들어오게 되었는가였다. 앞서 말한 것처럼 이 활자는 조선총독부박물관이 1931년에 한 골동상인으로부터 구입한 것이다. 조선총독부박물관에서는 왕의 글씨나 왕실에서 쓰던 물건들을 골동상인에게 구입했는데, 이 활자가 어떻게 골동상인의 손에서 박물관으로 들어오게 되었는지는 알 수 없다. 꽤 비싼 값에 거래되었으니 당시에도 값나가는 물건으로 생각했음이 틀림없다.

사실 이 활자들은 이렇게 거래될 물건이 아니다. 일단 이론상으로 말하면 금속활자는 녹여서 다시 활자를 만드는 데 사용되고, 임진왜란 등의 전란으로 활자가 사라졌기 때문에 조선 전기 활자가 남아 있을 수 없다. 그런데 실제로는 조선 전기 활자인 을해자 병용 한글 금속활자 30여 점이 국립중앙박물관에 남아 있으니, 조선 전기 활자가 남아 있지 않다고 단정할 수는 없다. 생각해보면 쓸 수 있는 활자라면 굳이 녹일 필요 없이 계속 사용했을 수도 있겠다. 하지만 갑인자와 같은 조선 전기 활자가 존재한다면, 조선총독부박물관에서 국립중앙박물관으로 이관된 82만여 점의 활자에 포함되어 있어야 마땅하다. 금속활자는 국왕의 명으로 제작되어 책을 찍는 데 사용되었기 때문에 민간에서 함부로 만들거나 유통시킬 수 없었다. 인사동에서 나온 활자는 어쨌든 땅속에서 나온 것이므로 이해한다 하더라도 국립중앙박물관의 '본관 12397', '청동 활자'들이 어떻게 살아남아 상인의 손을 거쳐 박물관으로 들어왔는지는 정말 수수께끼가 아닐 수 없다.

　의문은 또 있다. 이 활자들 중에는 불에 탄 흔적이 있는 것, 글자가 닳아서 형태를 잘 알아볼 수 없는 것, 마치 잘못 만든 활자처럼 도저히 인쇄에 사용되었다고 보기 어려운 것, 실제 사용한 흔적이 있는 것 등이 있다.

　한 가지 궁금증은 해결되었지만 또 다른 궁금증이 생겼다. 도대체 이 활자들이 어떻게 구입이라는 방식으로 조선총독부박물관에 들어오게 되었을까?

인사동 출토 활자를 비롯해 국립중앙박물관에서 확인된 갑인자에 대해서 연구자들은 활자 역사를 다시 써야 한다는 둥 엄청난 발굴이라는 둥 여러 가지 의미를 부여하고 있다. 하지만 무엇보다 궁금한 점은 따로 있었다. 인사동에서 발굴된 항아리 속 활자들과 나머지 물건들은 같은 시기에 만든 것처럼 보이지 않는데 왜 함께 묻혀 있었을까? 도대체 누가 왜 묻었을까? 또 국립중앙박물관 갑인자는 어떻게 상인의 손에 들어가게 되었을까?

예부터 건물을 지을 때 땅의 신에게 제사를 지내면서 제물로 바치는 귀중한 물건들을 항아리 같은 용기에 넣어 건물 아래 묻곤 했다. 하지만 항아리에서 활자가 나온 적은 없었다. 땅에 묻었다는 것은 어쨌든 귀중한 물건이라는 의미이고, 분명한 사실은 활자를 포함한 이 물건들이 원래의 용도로 사용되기 위해 묻힌 것은 아니라는 점이다. 또 한 가지는 이 물건들 모두 민간에서 취급할 수 있는 물건이 아니라는 점이다. 종과 동전을 제외하고 활자, 총통, 물시계와 천체 관측기기는 왕실이나 궁중, 관아에서 쓰던 물건으로 민간에서 가질 수도, 가질 필요도 없는 물건이다.

어디까지나 추정이지만 《세조실록》에서 이 수수께끼를 풀 수 있는 단서를 발견했다. 1461년(세조 7) 7월 18일의 기록이다.

계양군 이증이 "교서관의 관리가 활자鑄字를 간수하는 것을 삼가지 아니하여, 혹은 티끌과 흙에 묻히고 혹은 유실되기도 하며, 활자를 만들 때에 이르러서는 도둑맞는 폐단이 많이 있습니다" 하니, 곧 이조에 명하여 교서관 제조 양성지·정현조는 구사驅使를 거두고, 교서랑 김보륜, 저작랑 서효우·송수은, 교감 강치서·정유산, 정자 김질 등은 교서관의 서원書員으로 정하게 하였다.

계양군 이증은 세종의 서자이자 세조의 이복동생이다. 학문에 뛰어나 세종의 총애를 받았으며 세조의 측근이었으니 교서관의 어떤 임무를 관장하고 있었을지도 모르겠다. 이때 출판 담당 기구인 교서관에서 활자를 잃어버리거나 도둑맞는 일이 있어 세조에게 보고한 것이다. 세조는 이 일로 교서관 제조 양성지와 정현조의 '구사'를 거두어들이라고 했는데, 구사란 종친·공신·고위 관리 등에게 배당되어 이들을 모시고 다니는 하인 무리를 말한다. 그러니까 구사를 거두어들이는 처벌은 배당되었던 하인들을 거두어들인다는 뜻이다. 나머지 교서관의 하급 관리들은 서원에 충당하도록 처벌한 것이다. 서원은 문관이 아닌 일종의 잡역을 하는 사람들이니 강등을 당한 셈이다. 어쨌든 활자 관리 소홀에 대한 처벌이 상급직

활자본색

에서 하급직까지 미쳤으니 꽤 엄한 처벌을 받은 셈이다.

하지만 이후에도 활자 관리가 잘되지 않았는지 《중종실록》 1515년(중종 10) 11월 3일의 기록을 보면 홍문관 관리가 올린 상소에 선왕들이 만든 금속활자가 제대로 간수되지 않아 도둑맞기도 하고 잃어버리기도 했다는 내용이 나온다. 현재 남아 있는 조선시대 활자 관리 장부 중에는 활자의 글자별 수를 세서 관리하고 분실할 경우 관리자를 처벌하는 규정도 있다. 이는 역으로 활자 관리가 잘되지 않았음을 반증하는 것이라 할 수 있다. 인사동의 항아리에서 나온 활자들과 국립중앙박물관에 있는 갑인자도 활자를 보관하던 교서관 같은 곳에서 훔친 것은 아닐까? 그것이 맞는다면 어떤 목적으로 훔친 것일까?

위와 같은 일이 있고 2년 뒤인 1463년(세조 9) 5월 29일자 《세조실록》을 보면, 무기 등을 제조하는 일을 맡고 있던 군기감에 전날 밤 도둑이 들어 총통 628자루를 훔쳐간 사건이 있었다. 이에 무관에게 군사들을 거느리고 가서 유동장鍮銅匠*의 집을 수색하게 했고, 다음 날 도둑이 잡혔다.

이처럼 대담하게 무기를 훔치는 일은 흔치 않지만 궁중의 귀중품을 훔치는 일은 실록에 종종 기록되어 있다. 1462년 9월 7일에 도둑이 악기고樂器庫에 들어가서 관대冠帶 등의 물건을 훔쳐갔다. 악기고는 궁중의 여

---

* 유동장이 유기와 동기를 만드는 장인인지, 유기를 만드는 장인, 즉 유장鍮匠을 가리키는 것인지는 알 수 없다. 《경국대전》에 나오는 장인 중에 유장만 있고 유동장은 없으며, 이후 장인의 분류와 관련된 여러 기록에서도 유동장은 보이지 않는다. 유기와 동기는 서로 다르지만, 구분하기도 애매하다. 보통 놋그릇과 구리그릇으로 번역하는데 놋그릇과 구리그릇의 차이도 명확하지 않다. 놋그릇 역시 구리로 만들기 때문이다. 책을 쓰면서 한자로 된 금속 명칭을 어떻게 번역해야 할지 내내 고민이었다. 결국 꼭 필요하거나 애매한 번역이 오해를 낳을 수 있겠다고 판단한 부분은 원래의 한자 용어를 살리고 그렇지 않은 경우는 적절하게 번역하는 방법을 택했다.

러 행사에 연주되는 악기를 보관하던 곳이다. 군기감은 대궐 바깥에 있었으니 경비가 허술해서 그랬다고 이해한다지만, 대궐 안까지 들어와서 관대를 훔쳤다고 하니, 겁 없는 도둑들이다. 관대는 아마도 악사들이 연주할 때 입는 옷으로 악기고에는 악기뿐 아니라 연주자들의 의복도 보관했음을 알 수 있다.

1430년(세종 12) 9월 1일에는 의상 만드는 일을 담당하는 상의원에서 진상할 띠를 만드는 장인이 띠 장식에 들어갈 금을 훔치고, 바느질하는 침공針工이 옷감을 훔치는 일이 발생했다. 관대에 장식된 귀중품을 훔치기 위한 목적이었을 것이다. 1426년 3월 7일에는 태종과 원경왕후의 신주를 모신 광효전에서 관청의 노비가 은그릇을 훔친 일이 있었다. 여기서 은그릇은 당연히 제기를 말한다. 1555년(명종 10) 4월 3일 종묘에 도둑이 들어 협종夾鍾을 훔쳐간 적도 있었다. 협종은 종묘 제례악, 즉 종묘에서 제사 등을 지낼 때 연주하는 악기의 하나로 구리로 만들어졌다.

이처럼 궁중의 귀중품을 보관하는 각 기관에 있던 종이, 금은기, 옷감, 동기銅器 등의 물건을 훔치고, 심지어 왕실의 사유재산을 모아둔 어고御庫에 들어가 도둑질하는 일이 수시로 일어났다. 열 사람이 도둑 하나 못 막는다는 속담이 있듯이, 동서고금을 막론하고 이런 일은 어디에서나 발생할 수 있었다. 요즘으로 치면 회사나 나랏돈을 빼먹는 횡령이나 배임에 해당한다. 그런데 조선시대, 특히 조선 전기에는 화폐 유통이 활발하지 않았기 때문에 더더욱 물건을 도둑질한 것 같다.

그렇다고는 하지만 1463년 5월 29일에 군기감에 도둑이 들어 총통 600여 자루를 훔쳐간 일은 충격적이다. 요즘으로 생각하면 군부대의 무기고에서 총기 600여 자루를 탈취한 사건이라 할 수 있다. 훔쳐서 옮기는 데만도 많은 사람들이 동원되었을 것이고 미리 모의를 했을 것이다.

그런데 더 충격적인 것은 사안의 중요성에 비해 《세조실록》의 기록은 너무 간단하다는 사실이다. 5월 29일자 기사에 전날 밤 총통 600여 자루를 도둑맞았다고 하면서 유동장의 집을 수색하게 해달라고 요청했고, 5월 30일자 기사에는 부장部將 문석한이 총통을 훔친 자를 잡아서 아뢰었고 심문을 했다는 기록만 있다. 6월 2일자 기사에는 의금부에 명하기를, "군기감의 관리들은 삼가하여 총통을 지키지 못하여 638자루나 도둑맞았으니, 그들을 철저히 심문하여 아뢰라" 정도다. 잡아서 심문한 결과 훔친 총통이 638자루인 것도 확인되었다.

짐작하건대 총통을 훔친 목적이 정변이나 역모를 일으키는 데 있었던 것은 아닌 모양이다. 만일 그랬다면 대대적인 심문과 처형이 있었을 텐데, 그런 기록이 없고 이후에도 이 사건과 관련하여 역모나 정변이 일어난 사실도 없다. 실제 이 많은 무기를 훔친 자들이 누구인지는 나와 있지 않지만, 앞서 유동장의 집을 수색하게 해달라고 청했고 실제로 다음 날 범인을 잡았다. 유동장에 대한 첩보를 입수했기에 쉽게 잡았다고 보아도 무리는 아닐 것이다. 군기시에 소속된 장인 중 하나였을지도 모른다. 앞에서 말한 궁중의 귀중품을 도둑질한 자도 대부분 해당 기관에 소속된 관리나 노비였다.

오늘날도 그렇지만 조선시대에 왕실이나 궁중의 물품을 훔치는 것은 엄청난 대가를 치를 각오를 해야 한다. 왕실 곳간인 어부의 재물을 훔치는 것은 사형으로 다스리는 죄였고 실제로 그런 처벌을 받기도 했다. 그

조선 왕실의 제기(위 왼쪽, 국립고궁박물관), 상평통보(위 오른쪽, 국립중앙박물관), 승자총통(아래, 국립중앙박물관). 조선시대 왕실의 제기, 무기 등의 중요 물건과 동전은 구리로 제작되었다.

럼에도 불구하고 이런 엄청난 도둑질을 한 것은 그런 위험을 무릅쓸 만큼 이득이 있었기 때문일 것이다. 범인이 유동장이 맞는다면 필시 이 총통을 훔쳐다가 녹여서 더 환금성이 높은 물건을 만들려고 했던 것이 아닐까 상상해본다.

연산군대에 유명한 도적 홍길동을 도와준 것으로 지목된 엄귀손이라는 인물이 있다. 그는 원래 가난한 무사에서 출발해 엄청난 부를 축적하

활자본색

고 고위직에 올랐는데 결국 여러 가지 악행과 부정축재로 체포되었다. 그에 대한 심문을 주장한 조정 관리들은 그가 본래부터 탐욕이 많은 사람으로, 관리로 있으면서 관물을 여러 차례 도둑질하고, 서울과 지방에 집을 사두고 곡식을 3천~4천 석이나 쌓아두고 있다고 말했다. 결국 그는 옥중에서 사망했다.*

1490년(성종 21) 7월 7일 《성종실록》에 따르면 엄귀손과 경쟁 관계였던 이양생이 포도장이 되어 엄귀손을 잡으러 홍천의 본가에 갔는데, 유동기鍮銅器가 수없이 쌓여 있었다고 하며, "그 탐욕스럽고 방자함을 알 수 있습니다"라고 했다. 이것이 확실한 증거가 되지는 않았지만, 이 기록을 보면 유동기는 재물로서 충분한 가치가 있었음을 알 수 있다.

이처럼 목숨을 걸고 훔칠 정도로 구리가 중요했던 이유는 조선에서 구리가 생산되지 않았기 때문이었을 것이다. 《세종실록》 1418년(세종 즉위) 8월 14일의 기록을 보면 화통완구火筒碗口라는 무기를 만드는 구리가 조선에서 나지 않아 철로 만들어보기도 했다. 이후 세종은 일본에서 바치는 구리에 기댈 수밖에 없는 상황을 타개하려고 구리 광산을 개발하고 제련을 시도하기도 했다. 뿐만 아니라 1445년(세종 27)에는 화포를 만들기 위해 각 고을에 깨어진 구리그릇과 폐하여 없어진 사찰의 구리그릇의 수량을 빠짐없이 헤아려서 아뢰라는 명을 내리기도 했다.** 또한 세종은 동전을 유통시키기 위해 노력했는데, 동전을 주조하는 데 필요한 구리를 혁파된 사찰에 남아 있는 큰 종과 구리 기둥을 부수어서 수급하도록 허

---

* 《연산군일기》 1500년(연산군 6) 11월 6일, 12월 21일.
** 《세종실록》 1445년(세종 27) 6월 15일.

락했다.*

중종 때는 서점 설립을 논의하면서 금속활자의 재료를 백성이 스스로 마련하기 어려울 것이라며 도교 제사를 주관하던 관청인 소격서의 유기와 지방 사찰의 유기, 그리고 사찰의 종을 녹여 활자를 만들라고 한 적도 있다.** 명종 때는 원각사와 정릉사 터에 남아 있던 종을 녹여 왜구의 침입을 막는 데 필요한 총통의 제작에 사용하자고 신하들이 여러 차례 건의했다. 명종은 그때마다 오래된 물건이라 함부로 부술 수 없다는 핑계를 대면서 허락하지 않았다. 결국 명종은 어머니 문정왕후의 명이라며 이 종들을 왕실 재정을 관리하는 내수사로 보냈다. 문정왕후가 대표적인 불교 후원자였으니 아마도 이 종은 불상이나 종과 같이 불교 관련 물품으로 재탄생했을 것이다. 《명종실록》에는 이 종이 절간의 물건이 될 것을 알면서도 명종이 내수사에 주라고 명한 것을 비판하는 사신의 평이 달려 있다.*** 이런 기록들을 보면 구리가 무기, 동전, 활자 등으로 다양하게 재활용되었음을 알 수 있다.

이처럼 구리는 부와 권력을 상징하는 귀중품이자 민간에서 함부로 만들거나 가질 수 없는 것이었다. 또한 구리를 녹여서 다양한 물건을 만들 수 있었다. 조정에서는 숭유억불 정책을 펴면서 절에 있는 구리를 녹여서 무기나 활자를 만들고, 민간에서는 무기든 활자든 제기든 구리로 된 것은

---

* 《세종실록》1424년(세종 6) 3월 16일.

** 《중종실록》1519년(중종 14) 7월 8일; 이규경, 《오주연문장전산고 五洲衍文長箋散稿》 경사편 經史編 4, 전적잡설 典籍雜說.

*** 《명종실록》1555년(명종 10) 5월 22일, 5월 23일, 6월 17일, 1563년(명종 18) 11월 16일.

무엇이든 훔치거나 빼돌렸다. 구리를 갖고 싶은 욕망이 누구에게나 도사리고 있었던 것이다. 인사동에서 출토된 금속활자를 비롯한 금속품들도 틀림없이 누군가가 귀한 재물로 생각하고 몰래 숨겨두었을 것이다.

2

금속활자에 관한 오해와 편견

내게는 너무나 아름답고 귀해 보이는 활자라도, 압도적으로 많은 수의 활자라도, 국립중앙박물관 소장 활자가 대부분의 사람들에게는 관심 밖이라는 느낌을 받을 때가 종종 있다. 첫 번째 이유는 활자를 제대로 소개하지 않아서이겠지만 그 못지 않게 금속활자에 대한 우리의 관심이 세계 최초, 최고最古에 집중되어 있기 때문인 것 같다. 하지만 실물과 자료, 기록이 부족한 탓에 세계 최초, 가장 오래된 활자라는 설명은 설득력이 부족하거나 알맹이가 없는 경우가 많다. 때로는 애국심에 호소함으로써 의문 제기 자체를 무력화해버린다. 반면 정작 알아보고 찾아보고 해결해야 할 문제들은 수면 밑에 가라앉아 있다. 그래서 우리가 금속활자에 대해 얼마나 알고 있는지, 무엇을 오해하고 있는지, 또 무엇을 묻고 답해야 할지를 생각해보았다.

인사동에서 출토된 활자들이 어떻게 그곳에 있었는지, 누가 묻었는지 지금으로서는 알 길이 없다. 국립중앙박물관의 갑인자도 어떻게 상인의 손에 들어갔는지 알 수 없다. 이 문제에 대한 답을 당장은 찾을 수 없으니 다른 연구나 증거들이 나올 때까지 기다릴 수밖에 없다. 지금부터는 활자에 관한 이야기를 본격적으로 해보자.

인사동에서 출토된 금속품 중 개인적으로 활자 못지않게 중요하다고 생각한 것은 일성정시의 같은 과학기기다. 하지만 사람들이 관심을 갖고 중요하게 생각하는 것은 단연 활자다. 우리나라가 세계 최초로 금속활자를 발명했다는 정보를 익히 들어왔으니 왠지 모를 자부심을 느끼기 때문일 것이다. 하지만 좀 더 깊이 들어가 보면 우리의 금속활자에 대한 이해와 관련 지식은 의외로 적고 잘못 알고 있는 것도 많다. 나 자신도 물론 그랬고, 활자에 대한 연구 성과나 내게 던져진 질문들, 전문가연하는 사람들의 관심과 관점을 통해서도 그렇게 느끼게 되었다. 도대체 활자는 어떤

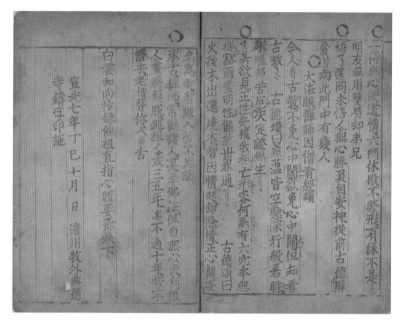

현존하는 가장 오래된 금속활자본《직지》. 프랑스 국립도서관. 책의 마지막 부분에 금속활자로 찍었다는 내용의 간기가 있다.

점에서 중요하다는 것일까? 우리가 갖고 있는 오해는 무엇이며, 진실은 무엇일까?

　우리나라가 고려시대에 세계 최초로 금속활자를 만들었다는 것을 자랑스러워하지 않는 사람은 없을 것이다. 하지만 그 근거가 무엇인지 물으면 제대로 답할 수 있는 사람은 많지 않다. 아마도 많은 사람이《직지》를 떠올릴 것이다.《직지》는 세계에서 가장 오래된 금속활자본으로,《백운화상초록불조직지심체요절》을 줄여 부르는 말이다. 그런데《직지》와 관련해 알려진 정보들 중에는 잘못된 것이 꽤 많다. 우선《직지》가 현재 프랑스에 있다는 것, 불법적으로 유출된 것이 아니기 때문에 돌려달라고 주장하기 어렵다는 점을 인식하지 못하고 있는 사람도 꽤 있다.

가장 흔한 오류 중 하나는《직지》를 최초의 금속활자본이라고 설명하는 것이다.《직지》는 최초의 금속활자본이 아니라 현존하는 가장 오래된 금속활자 인쇄본이다. 새로운 활자본이 나오면 이 기록은 깨질 수 있다는 의미다. 그럼 이게 현존하는 가장 오래된 금속활자본이라는 사실은 어떻게 알 수 있을까?《직지》에서 활자본이라는 증거를 읽어낼 수 있다. 예를 들어 글자가 옆으로 기울어져 있다든지 위아래가 뒤집혀 있다든지 하는 실수는 목판본이라면 있을 수 없으며, 인쇄 상태도 목판본과 다르다. 또 이 책의 마지막에는 "선광 7년 7월 청주목 교외 흥덕사에서 금속활자로 인쇄하여 배포하다宣光七年丁巳七月 日 淸州牧外興德寺鑄字印施"라고 표기되어 있다. 이것을 간기刊記라고 한다. 오늘날 책의 맨 앞이나 맨 뒤에 들어가는 판권과 같은 것이다. 선광은 원나라가 명나라에게 멸망하고 중원을 뺏긴 후 명나라 영토 북쪽에 세웠던 북원北元의 연호로, 선광 7년은 1377년이다. 따라서 이 책이 1377년에 간행된 금속활자본이고, 현존하는 책 중에 이보다 앞선 것이 없으므로 가장 오래된 책임을 알 수 있다.

《직지》를 최초의 금속활자본이 아니라, 현존하는 가장 오래된 금속활자본이라고 하는 까닭은, 그 이전에 이미 금속활자로 책을 찍었다는 기록이 남아 있기 때문이다. 바로 고려 후기의 대표적인 문인 이규보의 문집《동국이상국후집》권11에 있는〈신인상정예문발미新印詳定禮文跋尾〉라는 글이다. 이규보가 최이(최우)를 대신해 쓴 이 글은《상정예문》에 쓴 발문이다. 몽골의 침입으로 고려 조정이 강화도로 천도할 때 급한 나머지《상정예문》을 가져오지 못했기에, 선대가 간행하여 집에 보관하고 있던 책을 바탕으로 금속활자鑄字로 28부를 인쇄해 여러 관청에 보관하게 했다는 내용이다. 강화로 천도한 것은 1232년의 일이고 이규보는 1241년에 사망했으니,《상정예문》의 활자 인쇄는 1232~1241년 사이에 이루어졌을 것이다. 이때 인쇄한 《상정예문》 활자본은 남아 있지 않지만,《직지》를 인쇄하기 140여 년 전에 이미 금속활자로 책을 찍었던 것이다. 언젠가 이《상정예문》이 발견된다면 현존 최고의 금속활자본의 자리는 바뀔 수 있다.

《직지》와 관련한 또 다른 오해는 '현존하는 가장 오래된 활자본'이라고 하니까 이 책을 찍은 활자가 남아 있다고 생각하는 것이다. 그러나 활자와 책은 별개다. 앞서도 설명했듯이 금속은 녹여서 다시 활자를 만드는 데 사용할 수도 있었고, 흔히 그렇게 했으므로 활자는 사라지고 활자로 찍은 책만 남아 있는 것이다. 이것이 조선 전기 활자가 남아 있다는 사실이 대서특필되는 이유다.

그렇다면 고려시대 금속활자는 현재 남아 있지 않은 것일까? 달리 말하면 현존하는 가장 오래된 금속활자는 어떤 것일까? 고려시대 금속활자로 인정되는 활자가 몇몇 남아 있기는 하다. 우선 가장 먼저 세상에 알려진 고려시대 금속활자는 국립중앙박물관 소장 활자 '複'(복) 자다. 이 활자는 일제강점기인 1913년에 이왕가박물관에서 골동품 상인에게 구입했으며, 구입 당시 출처 기록에 경기도 개성 부근이라고 되어 있다. 이와 함께 구입한 다른 고려시대 유물들도 경기도 개성 부근으로 기록되어 있어, 이 활자도 고려시대 것으로 알려져 왔다. 물론 서체나 활자 모양도 조선시대 것과는 다르다. 그리고 북한 평양 역사박물관에 고려시대 활자가 한점 소장되어 있는데, '㮳(전)' 자가 새겨진 이 활자는 1956년 개성 만월대

개성에서 출토된 것으로 추정되는 고려 금속활자 '馥'(복)자의 앞면과 뒷면. 국립중앙박물관.

2015년 남북이 공동으로 발굴한 고려 금속활자. 이전에 발굴된 '복' 자보다 더 정교하게 글씨가 새겨져 있다. 뒷면은 '복' 활자처럼 움푹 파여 있다.

신봉문 터 서쪽에서 발견되었다고 한다. 이 활자는 2006년 국립중앙박물관에서 열린 〈북녘의 문화유산〉 특별전에 출품되었다.

2015년 11월 활자와 관련된 뉴스가 또 한 번 세상을 떠들썩하게 했다. 남북한이 공동 발굴 중이던 고려 궁궐 터 개성 만월대에서 새로 활자가 1점 나온 것이다. 이 활자는 만월대 서부 건축군 최남단 지역의 신봉문 터 서쪽 255미터 지점에서 나왔다. 기존의 두 활자와 마찬가지로 잘 쓰지 않는 글자이고 심지어 무슨 글자인지 정확히 알 수 없지만, 국립중앙박물관 소장 '복' 자처럼 뒷면에 둥근 홈이 파여 있다. 기존 두 활자와 달리 출토지가 분명해 고려시대 활자임이 틀림없어 보이지만, 아쉽게도 고고학적 맥락에 따른 발굴이 아니라 일종의 발견이며, 이 활자로 찍은 책도 확인할 수 없기에 제작 연대를 알 수 없다. 2016년에 남북 관계가 악화되면서 더 이상 공동 발굴이 이루어지지 않았고, 북한은 이후 앞서 활자가 발견된 지점 근처에서 5개의 활자를 더 찾았다고 한다. 그중 하나는 12~13세기에 만든 것으로 추정되는 청자 접시와 함께 출토되었다. 청자 접시와 함께 나온 활자를 제외한 나머지 활자들이 2019년 서울에서 전시되었다.* 이처럼 고려 활자 또는 고려 활자로 추정되는 활자들이 잇따라 확인되었지만, 아쉽게도 정확한 출토 현황을 알 수 없고 그것으로 찍은 책을 확인하지도 못했다.

덧붙여 지난 수년간 논란이 되었던 소위 '증도가자證道歌字'라는 활자에 대해 언급하지 않을 수 없다. 이 활자가 정말 고려 활자인지는 확인할 수 없다. 우선 출토지나 전래 내력이 명확히 밝혀지지 않았기 때문에 제작 및 사용 연대를 알 수 없다. 고려시대에 만든 것이라는 증거로 활자에 남아 있는 먹의 탄소 성분 분석 결과를 내세우지만, 그것만으로는 제작 시기를 확정하기 어렵다. 활자의 금속 성분은 정확한 연대를 말해주지 않으며, 비교 자료가 될 수 있는 명확한 자료도 없는 상황이다. 이 활자를 증도가자라고 주장하는 이유는 이 책으로《증도가》라는 책을 찍었다는 것이다. 그런데 문제는《증도가》라는 책이 활자본이 아니라는 점이다. 여기서 《증도가》가 무엇인지 궁금해진다.

《증도가》는《남명천화상송증도가南明泉和尙頌證道歌》라는 책을 줄여서 부르는 명칭이다. 불교 관련 서적으로, 당나라 승려 현각이 지은 《증도가》

---

* 개성의 활자 출토 부분은 2019년 국립문화재연구소와 남북역사학자협의회, 고려사학회에서 주최한 개성 만월대 남북공동조사 성과 학술대회의 자료집《고려 도성 개경, 궁성 만월대》에 수록된〈개성 만월대(고려 왕궁) 발굴 조사의 성과와 과제〉에 자세히 나와 있다.

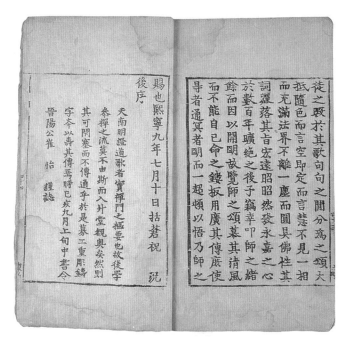

《남명천화상송증도가》목판본. 삼성출판박물관. 책 마지막의 간기에 근거해 활자본을 다시 새긴 목판본으로 보는 것이 정설이지만, 최근 한 판본이 목판본이 아니라 활자본이라는 주장도 있다.

의 각 구절에 송나라의 승려 법천이 해설을 붙인 것이다. 현재 3점이 보물로 지정되어 있는데 모두 목판본이라는 게 정설이다. 책의 마지막 부분의 간기에 1239년 최이가 이 책이 전해지지 않을까 봐 기술자들을 모아 활자본으로 다시 새겼다는 내용이 있다. 원문은 '중조주자본重彫鑄字本', 즉 주자본으로 다시 새겼다는 것인데, 활자로 인쇄한 면을 뒤집어 나무에 붙여 그대로 새긴 번각본으로 해석한다. 따라서 목판본 《증도가》는 활자본의 형태를 그대로 반영한다는 주장이다.

그런데 이 목판본 《증도가》와 증도가자라 주장하는 활자들은 육안으로 보아도 같지 않다. 활자본이 아닌 것과 활자를 비교하면 당연히 완전히 같을 수는 없다. 하지만 활자본과 같다는 것이 전제되지 않으면, 이 책은 증명의 근거 자료가 되기 어렵다. 활자와 원래의 활자본을 닮은 목판본의 차이가 어느 정도까지 허용될 수 있는지 확정하기도 어렵다. 결국 논리적 모순이 된다. 다른 모든 증거들이 확실하다면 글씨체가 유사하다는 것이 방증 정도로는 작용할 수 있을지 모르겠다.

이른바 증도가자라는 것이《남명천화상송증도가》를 찍었다는 것을 입증하기도 어려운데, 더 나아가《동국이상국집》도 원래는《증도가》를 찍은 것과 같은 금속활자로 인쇄했으며 현존하는 목판본《동국이상국집》은 금속활자본을 번각한 것이라는 주장도 있다. 그런데 막상《동국이상국집》에는 진양공이 이규보가 지은 글들을 모아 "공인들을 모집하여 판각하여 인쇄했다募工雕印"라고 기록되어 있다. '조인雕印'이란 일반적으로 목판 인쇄를 이르는 말이다. 그럼에도 당시 진양공이 이규보가 죽기 전에 그의 문집을 출간해주려 했고, 목판 인쇄를 하려면 비용과 시간이 많이 들기 때문에 금속활자로 인쇄했을 것으로 추정하고, "모공조인"은 당시 목판 인쇄가 일반적이었기 때문에 인쇄 출간한다는 표현을 그렇게 썼을 것이라고 한다.《동국이상국집》을 금속활자로 찍었다는 엄청난 주장을 하기에는 근거가 빈약하고 억지스럽다고 할 수밖에 없다.

더욱이 최근에는 남아 있는《남명천화상송증도가》중 한 판본이 목판본이 아니라 활자본이라고 주장하는 사람도 있다.* 만일 이게 활자본이

---

* 《증도가》와《동국이상국집》은 원래 같은 금속활자로 찍었다는 것은 남권희, 〈증도가자와 동국이상국집〉(《서지학연구》 48, 2011)의 주장이다. 2012년 한국학중앙연구원 국제학술회의 "동아시아 금

라면 증도가자라는 활자와 글자가 일치해야 하는데 그렇지 않다. 결국 두 주장은 서로 모순된다. 어떤 주장이 맞든 앞으로 좀 더 확실한 근거가 나오기를 기대해본다.

속활자 인쇄문화의 창안과 과학성" 발표 자료집의 전경목, 〈무신정권기에 인쇄출판 정책을 주도한 최이〉에서는《동국이상국집》에 기록된 '모공조인募工雕印'이 금속활자 인쇄를 의미한다고 추정했다.《남명천화상송증도가》가 금속활자본이라는 주장은 박상국,《세계 최초의 금속활자본 남명증도가》(김영사, 2020)에 나와 있다.

가장 많은 금속활자를
가지고 있는 것에 대한 과소평가

우리의 활자에 대한 관심은 고려시대에 세계에서 가장 먼저 금속활자를 만들었다는 사실에 집중되어 있다. 이에 못지않게 주목해야 할 조선시대 금속활자와 관련된 사실을 제대로 알고 관심을 갖는 사람은 많지 않다.

지금까지 알려진 바에 따르면, 조선시대 500여 년 동안 수십 차례 금속활자를 만들었다. 한 왕조에서 이렇게 많은 금속활자를 만든 사례는 없다. 게다가 기록 등에 남아 있는 것은 대규모로 주조한 경우이고, 필요할 때마다 조금씩 만들었기 때문에 실제로 만든 횟수는 이보다 훨씬 많을 것이다. 필요할 때마다 보충해서 만든 경우가 아니라면, 보통 한 번에 최소 10만 자가량을 만들었으니 제작한 활자의 총 수량은 수백만 자가 될 것이다.

활자는 분실되거나 녹여서 재사용되기도 했으므로 다 남아 있진 않지만, 국립중앙박물관에는 조선시대 왕실이나 중앙정부에서 사용했음이 입증되는 활자 실물 약 82만 점이 보관되어 있다. 그 가운데 금속활자가

50만여 점이다. 하나의 박물관에 맥락이 분명한 활자가 수십만 점 남아 있는 경우는 없다. 세계적인 컬렉션이라 할 만하다. 게다가 앞서 언급한 것처럼 2021년 6월 인사동에서 조선 전기 금속활자가 1600여 점 출토되었다.

이뿐만이 아니다. 조선시대의 금속활자로 찍은 책, 언제 누가 만들었는지를 확인할 수 있는 기록, 활자를 보관했던 보관장, 활자 목록까지 남아 있다. 다시 말하면 활자 실물과 그 활자로 찍은 책, 관련 기록이 온전하게 남아 있는 것이다. 이는 세계적으로 찾아보기 어려운 특이한 사례다.

그러나 이런 사실을 대부분의 사람들은 믿지 않으려 한다. 그리고 이런 질문이 돌아온다. 중국이 더 많이 만들지 않았나? 중국에 더 많이 남아 있지 않나? 답은 '아니요'다. 물론 중국은 인쇄술 발명국으로 세계적으로 공인받고 있으며, 현존하는 가장 오래된 목판 인쇄본으로 세계가 인정하는 것도 남아 있다. 868년에 간행했다는 기록이 있는 영국박물관 소장 돈황 장경동에 있던 금강경이다. 뿐만 아니라 중국은 활자를 제일 먼저 발명한 나라이기도 하다. 11세기 송 경력經歷(1041~1048) 연간에 필승畢昇이라는 사람이 활자를 만들었다는 기록이 있다. 물론 이 활자는 금속활자가 아니라 흙을 구워 만든 것이다. 판에 잘 고정되지 않아 인쇄가 제대로 되지 않았고, 결국 필승이 죽은 후에는 더 이상 사용되지 않았다고 한다. 1298년 원나라 사람 왕정王禎이 쓴 《농서農書》에는 목활자 3만여 자를 만들고 이 활자로 책을 찍었다는 기록, 활자를 만들고 보관하는 방법 등도 남아 있다. 이후 중국 각지에서 다종다양한 목활자가 제작되었다. 특히 중국 절강성 서안瑞安시 지역에 원대부터 대대로 내려온 목활자 인쇄술은 2010

년에 유네스코의 긴급 보호가 필요한 무형문화유산 목록에 등재되었다. 1300년 전후에 제작한 것으로 추정되는 위구르 문자 목활자 수백 점이 20세기 초 폴 펠리오Paul Pelliot에 의해 돈황 석굴에서 발견되기도 했다.

하지만 고려가 금속활자를 처음 만들었다는 것은 세계적으로 인정받고 있는 사실이다. 금속활자를 제작한 횟수와 수량, 남아 있는 실물의 규모에서도 중국을 앞지른다. 중국에서 금속활자를 본격적으로 인쇄에 사용한 것은 15세기 이후부터다. 강남 지역의 사대부들이 만들었던 이 활자들의 실물은 남아 있지 않다. 활자로 찍은 책으로 보건대 정교하게 만든 활자는 아닌 것 같다. 중국이 국가 차원에서 금속활자를 만든 것은 청나라 옹정제 때인 1726년 《고금도서집성》이라는 대규모 총서를 찍을 때가 처음이다. 《고금도서집성》을 인쇄한 활자들은 황궁에 보관하고 있었는데, 관리를 맡은 자들이 훔쳐가는 일이 발생했다. 이에 신하의 건의로 남아 있는 활자들을 모두 녹여서 동전을 만들었다. 당시 북경에는 동전이 귀한 상황이었기 때문이다. 결론적으로 중국은 금속활자를 우리보다 먼저 만들지도 않았고, 많이 사용하지도 않았고, 더욱이 현재 보유하고 있지도 않다.

일본은 어떤가? 도쿄에 있는 토판인쇄박물관에 금속활자 3만여 점, 같은 글씨체의 목활자 5800여 점이 활자 보관 상자 등과 함께 소장되어 있다. 도쿠가와 이에야스가 1606년부터 1616년까지 3차에 걸쳐 제작한 11만여 자의 일부로, 임진왜란 때 도요토미 히데요시가 조선에서 가져가 황궁에 보관 중이던 조선의 활자들을 모방하여 만든 것으로 전해진다. 이 활자는 근대 서양식 납활자가 만들어지기 전에 전통적인 방식으로 만든

1300년 전후에 만든 위구르 문자 목활자(왼쪽, 프랑스 기메박물관)와 17세기 초 조선 금속활자를 모방하여 일본에서 만든 스루가판 금속활자(오른쪽, 일본 토판인쇄박물관).

금속활자(일본에서는 고활자古活字라 부른다)로 일본에서 제작되거나 남아 있는 유일한 것이다. 그리고 비슷한 시기 사찰에서 만든 목활자가 다수 남아 있다. 일본 역시 활자의 제작이나 현존하는 수량 면에서 우리나라를 따라잡을 수 없다.

그럼 서양은 어떤가? 2000년을 앞두고 미국의 시사주간지《타임》이 지난 천 년간 인류 역사에 영향을 미친 인물 100명을 선정했는데, 서양에서 금속활자의 발명자로 알려진 구텐베르크가 1위로 꼽혔다. 그만큼 금속활자 인쇄술은 서양 근대사에서 중요한 의미를 지닌다. 하지만 그가 1450년대에 최초로《42행 성서》를 찍을 때 사용한 금속활자는 현재 남아 있지 않다. 오래된 서양 금속활자에 대한 정보는 찾기가 어려운데, 쓰지 못하는 활자는 곧바로 녹여 새 활자를 만들었기 때문인 것 같다. 16세기 유럽의 인쇄업자 크리스토프 플랑탱Christoph Plantin과 얀 모레투스Jan

Moretus가 출판을 했던 장소에 설립된 플랑탱모레투스 출판인쇄박물관(벨기에 안트베르펜에 있다) 홈페이지를 살펴보니 여기에도 오래된 금속활자 자체는 찾기 어렵고 대신 금속활자를 만드는 데 필요한 매트릭스가 다수 남아 있다. 매트릭스가 있으면 바로 활자를 만들 수 있기 때문에 활자보다 매트릭스를 보관했을 것이다. 여기 있는 매트릭스도 16세기 중반 이후 구텐베르크가 인쇄술을 발명한 지 100여 년이 지난 후에 만들어진 것이다.

이제 명확해졌다. 적어도 19세기 이전에 그렇게 많은 금속활자를 만들었던 나라도, 그때 만든 활자들이 남아 있는 곳도 한국뿐이다. 게다가 이제 한글 활자가 다수 출토되었고 갑인자도 확인되었으니 그 사실과 의미를 결코 과소평가할 수 없다.

금속활자를 둘러싼
한·중·일의 자존심 싸움

한국과 중국, 일본 이 세 나라는 한자라는 공통의 문자를 사용했고 지리적으로 가까운 점 때문에, 때로는 전쟁과 침략으로 반목하기도 하고, 때로는 우호 관계를 맺으면서 오랜 교류의 역사를 이어왔다. 오늘날에도 가장 가까우면서도 서로 경쟁하고 때로는 반목하는 애증의 관계다. 경쟁 관계는 과거 역사로까지 거슬러 올라가 서로가 우위를 주장하며 논쟁을 하기도 한다. 활자와 인쇄술에 대해서도 마찬가지다.

먼저 중국은 자타가 공인하는 인쇄술의 종주국이다. 세계 4대 발명 중하나로 꼽히는 인쇄술이 중국에서 발명되었다. 우리나라도 일찍부터 중국에서 인쇄술뿐 아니라 문자, 사상, 제도 등을 들여왔다. 금속활자 인쇄술은 고려에서 먼저 시작되고 조선에서 꽃을 피웠지만, 조선에서는 계속 중국의 활자 인쇄술에 관심을 갖고 배우고자 했다.

세종은 갑인자를 만들면서 갑인자 서체를 중국 판본의 서체에서 가져왔으며, 북경으로 가는 사신에게 중국의 활자와 인쇄술 등을 자세히 알아보게 했다. 그런데 중국은 활자가 아니라 목판 위주로 인쇄를 했으므로 소기의 목적을 달성하지는 못했다.

정조 역시 중국의 활자 인쇄에 촉각을 곤두세웠다. 중국에서《사고전서》를 편찬한다는 소식을 듣고, 즉위한 다음 해에 곧바로 중국으로 간 사신에게 그 책을 구해오게 했다.《사고전서》는 청나라 건륭제가 당대까지 편찬된 책을 전국적으로 모아 편찬한 총서로 1772년에 작업이 시작되어 1781년 또는 1782년에 완성되었다. 이후 1787년까지 6부의 필사본을 만들어 원본과 함께 7개의 전각에 보관했다. 그런데 책의 분량이 너무 방대하여 건륭제는 중요한 부분을 뽑아 활자로 인쇄하기로 했다. 그것이 1774년부터 간행되기 시작한 활자본《무영전취진판총서武英殿聚珍板叢書》다. 정조가 구하고자 한 책은 바로 이 활자본이었을 것이다. 구입 목적은 책의 내용을 보기 위한 것도 있지만, 무엇보다 이 책을 찍은 활자에 관심이 있었던 것 같다. 당시 정조는 새로운 활자 정리자整理字를 만들 계획을 갖고 있었기 때문이다.* 1777년에 중국으로 간 사신들의 보고에 따르면, 책의 편찬이 아직 완료되지 않아 구해오지 못했다고 한다. 1781년에 북경을 다녀온 사신의 보고로《무영전취진판총서》를 찍은 활자가 금속활자가 아니라 목활자임을 확인했다. 이 사실은《무영전취진판총서》를 찍은 활자의 제작과 인쇄법 등을 기록한《무영전취진판정식武英殿聚珍板程式》

---

* 정조가 정리자를 만들면서《사고전서》를 구입하려 했던 사실과 그 목적, 중국에서 목활자를 구입한 의도와 구입 과정, 중국에서 구입한 목활자 실물 등에 대해서는 나의 논문(〈정조의 생생자, 정리자 제작과 중국 활자 구입〉,《한국사연구》151, 2010; 〈조선후기 중국 활자 제작 방식의 도입과 활자의 구입〉,《규장각》38, 2011)에서 상세히 다루었다.

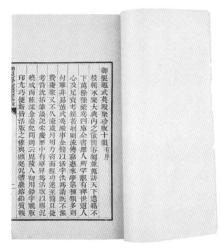

《무영전취진판총서》를 인쇄하기 위해 만든 목활자의 제작법 등을 기록한《무영전취진판정식》. 중국 고궁박물관. 정조는 정리자를 만들 때 이 책을 참고했다.

이라는 책을 구해봄으로써 알게 되었다.

정조는《무영전취진판총서》를 확보하는 데는 실패했지만 정리자를 만들 때 바로 이 취진판 활자 만드는 법을 모방했다. 아울러 정조는 1790년과 1791년에 중국에서 활자를 구해오게 했는데, 아마도 정리자 제작에 참고하기 위해서였을 것이다. 이 활자들은 현재 국립중앙박물관에 보관되어 있다. 다만,《무영전취진판총서》를 찍은 활자는 아니다.

그런데 정조가 만든 정리자는 중국에서 구입한 활자와는 다르다. 가장 눈에 띄는 차이는 활자의 높이다. 현존하는 고려와 조선의 활자들은 높이가 0.5~0.8센티미터로 다양하지만 아무리 높아도 1센티미터를 넘지 않는다. 반면 정조가 중국에서 구입해온 목활자는 이보다 높다. 특히 두 종류 중 하나는 높이가 2센티미터에 가깝다. 중국의 현존하는 활자들, 일본에 남아 있는 금속활자와 목활자, 위구르 문자로 된 목활자도 마찬가지다. 구텐베르크가 만든 서양 활자도 이와 유사하다. 결론적으로 정리자는

중국 활자(높이 2cm)

중국 활자(높이 0.8cm)

조선 활자(높이 0.5~0.6cm)

정조가 중국에서 구입한 목활자와 조선의 목활자. 국립중앙박물관. 조선 활자와 중국 활자의 가장 눈에 띄는 차이점은 활자의 높이다.

중국 활자를 그대로 모방하지 않고 조선의 전통 방식에 중국의 활자 제작법에서 필요한 것만 참고해서 만든 것이다. 그리고 정조는 정리자가 인쇄하기에 간편하고 빠르며 비용과 수고를 줄일 수 있어 중국의《무영전취진판총서》의 인쇄 방법보다 도리어 더 낫다고 자부했다.

한편 중국에서 금속활자로 인쇄한 것이 확실한 책은 15세기 강남 지역 사대부들이 찍은 책이다. 그러나 활자 실물이 남아 있지 않아 금속 재료가 구리인지 주석인지 하는 논란도 있다. 이때 만든 금속활자가 조선의 영향을 받은 것이 아닐까 추정하는 연구자도 있다.* 그러나 중국 연구자들은 대체로 명나라 이전에 금속활자를 사용했다고 주장한다. 이 주장의 근거는 앞서 말한 원나라 왕정이 쓴《농서》에 나오는 "근세에 주석으로 활자를 주조하여 철사로 꿰어 사용했다近世又鑄錫作字 以鐵條貫之作行"라는

---

*　徐億農,《活字本》(中國板本文化叢書), 江蘇古籍出版社, 2003, 76쪽.

활자문색

구절이다. 이 주석 활자 인쇄는 먹이 잘 묻지 않아 제대로 사용되지 않았다고 한다. 여기서 근세가 정확히 언제를 뜻하는지가 불명확한데, 중국에서는 금세今世라고 하지 않고 근세라고 했으므로 원대보다 앞선 시대, 즉 송대에 주석으로 활자를 만들었다고 주장하는 것이다.* 남아 있는 실물과 관련해서는 송대부터 통용된 지폐를 찍는 동판銅版을 증거로 삼는다. 동판에는 오늘날 지폐 발행번호 같은 것을 바꿔 끼울 수 있도록 움푹 들어간 부분이 있고 거기에 동으로 만든 글자를 바꿔 끼웠는데, 이것이 금속활자의 시초라고 주장하기도 한다.

이와 함께 고려시대에 금속활자 인쇄가 시작되었다는 것을 부정하는 연구자도 있다. 부정의 근거는 예를 들어 활자본을 번각한 목판본《증도가》, 그리고《동국이상국후집》에 기록된 진양공 최이는 1234년에 진양후晉陽侯가 되었고, 두 책을 인쇄한 시기에는 공公이 아니었기 때문에 이 자료의 신빙성이 떨어진다는 것이다. 하지만 이런 글에서는 보통 후와 공을 엄밀히 구분하지 않았다. 당시 최고 권력자였던 최이는 실제로 작위에 상관없이 진양공으로 불렸다. 조선시대에 편찬한《고려사》뿐만 아니라 고려시대의 묘지명 자료에서도 최이는 공의 작위를 받기 훨씬 전부터 진양공으로 불렸음이 확인된다. 역사적 맥락을 배제한 채 단순히 자구 해석으로 이런 주장을 하는 데는 분명 고려가 중국보다 앞서 금속활자를 제작했다는 사실을 부정하려는 의도가 깔려 있다고 볼 수밖에 없다.

우리나라가 중국에서 서적과 문물, 제도 등을 수입해왔듯이, 일본은 주

---

* 張樹棟 외,《簡明中華印刷通史》,廣西師範大學出版社, 2004, 167쪽.

로 우리나라를 통해 중국의 문물과 제도 등을 수입했다. 물론 중국과 직접 교류하기도 했지만 대체로 한반도를 거쳤다. 지리적 위치 때문에 어쩌면 당연한 일이다. 조선시대에도 일본은 한반도에서 많은 문물과 물자를 가져갔다. 특히 임진왜란 때는 조선의 많은 도자기 기술자들이 일본으로 끌려갔다. 그래서 도자기 전쟁이라 불리기도 한다. 그런데 잘 알려져 있지 않지만 임진왜란을 활자 전쟁이라고도 한다. 조선의 활자와 책을 가져갔을 뿐 아니라 인쇄공도 끌고 가서 일본 활자를 만들었기 때문이다.

임진왜란 이후 일본에서 만든 고활자가 조선의 영향을 받은 것이라는 근거는 여러 가지 남아 있다. 먼저 고요제이後陽成 천황의 명으로 1597년에 목활자로 간행한 《금수단錦繡段》과 《권학문勸學文》이라는 책에 활자로 인쇄하는 방법이 조선에서 왔다고 명확하게 기록되어 있다. 도쿠가와 이에야스가 1606년 엔코지圓光寺 승려에게 동활자를 만들어 바치도록 했는데, 동시대인이 쓴 《게이초닛켄로쿠慶長日件錄》라는 책에 이때 동활자를 만들기 위해 궁중에서 빌려왔던 고려 동활자를 돌려주었다는 내용이 있다. 원문에는 빌려왔다 돌려준 것이 고려 동활자라 했지만, 이때가 임진왜란 얼마 후이기 때문에 여기서 고려는 이미 역사 속으로 사라진 왕조 고려가 아니라 조선을 가리키는 것으로 보아야 한다. 바쿠후의 사무라이 아사쿠라 가게히라朝倉景衡가 쓴 《이로모노가타리遺老物語》라는 책에도 시대 초기의 의사이자 유학자였던 오제 호안小瀬甫菴이 쓴 글이 실려 있는데, 여기에도 "활자판은 고려에서 들어온 것이다"라는 내용이 있다. 이런 기록들은 일본의 활자 인쇄술이 조선에서 비롯되었음을 알려주며, 남아 있는 고활자 인쇄본을 보더라도 갑인자와 을해자 서체와 아주 비슷한 것

일본 목활자본 《장한가전》. 일본역사민속박물관. 일본에서 16세기에 목활자로 찍은 이 책의 서체는 갑인자본 서체와 매우 유사하여 조선 활자의 영향을 받았음을 알 수 있다.

이 많다.

그런데 일본에서는 도쿠가와 이에야스가 만든 금속활자나 그 시기에 찍은 활자본이 조선의 영향이 아니라 서양 활자의 영향을 받아 만든 것이라는 일부의 주장이 있다. 마침 임진왜란 직전에 교황을 알현하고 돌아온 일본 천주교 소년 사절단이 유럽의 인쇄술을 들여왔다. 이들은 천주교 포교를 위해 나가사키 일대에 인쇄소를 차리고 책을 찍어냈다. 이때 찍은 책을 키리시탄판キリシタン版이라고 하는데, 일본 고활자와 인쇄본이 이 키리시탄판 제작 방식이라는 주장이다. 앞서 말한 것처럼 현존하는 조선 활자는 높이가 낮고 반듯하지도 않다. 반면 현존하는 일본 활자는 높고 반듯하다. 이런 활자 모양의 차이가, 일본의 고활자가 서양 활자에서 유래한

것이라는 가장 유력한 근거로 제시된다. 이 외 여러 기록물, 인쇄본, 정황 증거 등을 제시하고 있다. 그렇지만 이런 주장을 자세히 들여다보면, 사료를 잘못 해석한 부분도 있고, 논리적 근거가 부족하며, 조선 활자와 조판법에 대한 이해 부족으로 인한 오류도 보인다.

예를 들어 앞서 말한 목활자본 《금수단》과 《권학문》에 나와 있는 활자로 인쇄하는 방법이 조선에서 왔다는 기록에 대해, 당시 고활자판의 주류는 서양 활자 인쇄법을 따랐는데 두 책만 조선 활자 인쇄법을 따랐기 때문에 이를 특별히 명기했다는 주장이다. 하지만 당시 일본의 고활자판 중 어떤 책에도 서양 활자 인쇄 방식으로 만들었다는 기록이나 그렇게 인쇄했다는 간기가 없다. 고활자가 같은 시기 일본에 들어온 서양 활자나 인쇄술의 영향을 받았을 수도 있고 양쪽의 장점을 다 택했을 수도 있었겠다. 하지만 일본의 고활자 인쇄는 활자 모양이 서양 활자와 유사한 것 말고는 종이, 인쇄 방법 등이 서양과는 달라, 전적으로 서양 인쇄술을 채택했다고 볼 근거가 없다.*

타임머신을 타고 과거로 돌아가지 않는 한 역사적 진실을 다 파악하기는 어렵다. 실물과 자료로 과거를 재현하기에는 공백이 많기 때문이다. 새로운 기록과 자료가 나오면 역사를 다시 써야 하는 상황이 올 수도 있고, 연구자에 따라 견해가 다를 수도 있다. 이런 노력과 시도들을 통해 역사적 진실에 더 가까워질 수 있는 것이니까. 하지만 중국과 일본의 이러

---

* 일본의 고활자 원류에 대해서는 나의 논문 〈조선활자 인쇄술이 일본 古活字本 인쇄에 미친 영향〉 《동북아역사논총》 46, 2014)에서 상세히 이야기했다. 이 논문은 2013년 11월부터 3개월 동안 일본에 머무르면서 관련 자료를 조사한 결과를 바탕으로 쓴 것이다.

한 견해는 단순히 추론을 통해 자료와 기록의 부족을 메우며 진실에 가까워지기 위한 노력으로 이해하기 어려운 부분이 있다. 결론을 미리 정해놓고 거기에 맞는 증거를 찾아내려는 의도가 엿보인다.

중국과 일본의 금속활자에 대한 이런 해석과 주장에 문제가 있다는 데 많은 사람들이 동의할 것이다. 그렇다면 우리는 어떨까? 고려에서 가장 먼저 금속활자를 만들었다고 하지만, 이를 부정하는 중국의 주장에 명확한 반박을 하지 못한다. 일본의 일부 연구자들이 일본 고활자가 조선 활자의 영향을 받았다는 사실을 부정하고 있지만 그에 대한 토론이 제대로 이루어진 것 같지 않다. 조선시대에 만든 금속활자가 현존하고 있지만 이에 대한 연구도 충분히 이루어지지 않은 상황이다. 한편에서는 고려가 세계에서 가장 먼저 금속활자를 만들었다는 주장에서 더 나아가 고려의 금속활자 인쇄술이 유럽으로 건너가 구텐베르크가 금속활자를 만드는 데 영향을 주었다고 주장한다. 이른바 '활자 로드'라는 것이다. 중국의 비단이 서양으로 건너간 교역로인 실크로드에 비견해 고려의 금속활자 인쇄술이 서양으로 갔다는 것을 밝히는 프로젝트다. 앞으로 연구를 통해 이런 가설이 얼마나 규명될지는 모르겠지만, 지금까지는 충분히 설득력이 있는 것 같지 않다. 중국이 금속활자 종주국임을 주장하는 것이나, 일본이 조선 활자의 영향을 받은 것을 부인하는 것과 같은 맥락이 아닐까 우려스러운 마음이 없지 않다.

21세기에 생각하는
금속활자의 의미

고려가 금속활자를 세계에서 가장 먼저 발명했다는 점을 강조하지만, 그것이 역사적으로 어떤 의미가 있는지 물으면 사실 대답이 궁색해진다. 유럽에서 구텐베르크가 활자를 발명한 것이 지난 천 년간 가장 위대한 일이라고 평가하는 까닭은 그로 인해 정보의 대량 생산과 공유의 길이 열렸고, 그것이 근대 사회가 펼쳐지는 계기가 되었기 때문이다.

반면 우리나라에서 최초로 금속활자를 만들었지만 고려와 조선의 활자는 그런 역할을 하지 못했다. 아니 그런 용도로 만들어진 것이 아니었다. 다시 말하면 인쇄 속도나 지식의 보급이라는 측면에서 본다면 우리가 이렇게 많은 금속활자를 만들고 보유하고 있다고 자랑할 일은 아니다. 목판 인쇄술과 병행되었다는 점을 강조하기도 하지만 여전히 적절한 답은 아니라고 생각한다.

중국이 금속활자를 주로 사용하지 않은 것은 우리보다 금속활자를 만드는 기술이 부족해서라기보다는 활자 인쇄보다 목판 인쇄술을 선호했기 때문이다. 즉 금속활자에 대한 수요가 많지 않았다. 한자로 금속활자 만들기란 그리 쉬운 일이 아니었고, 많은 부수를 인쇄하기에는 목판 인쇄가 더 유리했으며 그만큼의 수요도 있었기 때문이다. 일본 역시 에도시대부터 상업이 발전하면서 출판업이 성행함에 따라 목판 인쇄술로 선회했다. 서양에서 초기에 만든 금속활자 실물이 거의 남아 있지 않다는 것도 사실 문제가 되지 않는다. 활자는 원래 실용품이어서 녹여서 재사용하는 것을 당연하게 생각했기 때문이다.

그러면 고려시대와 조선시대에 만든 금속활자는 유럽에 비해 인쇄 속도를 높이거나 사회 발전에 크게 기여하지 못했으니 서양 활자에 비해 가치가 떨어지고 자랑거리가 될 수 없는 것일까? 이런 질문과 실망의 감정은 활자 인쇄가 서양처럼 또는 서양만큼 빨라야만 의미가 있고 자랑거리가 될 수 있다는 선입견에서 비롯된 것이 아닐까? 활자 로드를 밝히려는 시도는 혹시 이런 마음 때문이 아닐까? 비록 우리의 활자가 인쇄와 지식의 확장에 크게 기여하지는 못했지만, 더 큰 차원에서 인류가 근대 사회로 나아가는 원동력이 된 유럽 활자의 시초가 되었다고 자부하고 싶은 마음, 그리고 그 저변에는 우리 역사와 문화가 중국이나 서양에 비해 뒤처졌기에 이를 극복해야 한다는 강박이 자리하고 있는 것만 같다. 최초, 최대에 대한 집착 역시 이런 강박의 다른 모습이 아닐까?

하지만 달리 생각해보면 지금까지 인쇄술의 의미에 대한 잣대는 유럽에서 근대의 탄생이라는 현상에 기반을 둔 것이다. 더 이상 이런 강박감을 가질 필요도 없으며 우월감을 가질 필요는 더더욱 없다. 우리가 최초로 금속활자를 발명했는데, 그것이 이후에 이어지지 못한 것을 아쉬워할 필요도 없다.

우리의 바람과 달리 어떤 발명이나 기술적 발전이 처음 시작되었거나 다른 지역이나 문화에 비해 우수하다는 점이 세계사적으로 크게 의미가 없는 경우도 얼마든지 있다. 우리가 세종대의 과학기술이 세계적이라고 자랑하지만, 그 내용이 계승되거나 중요성은 제대로 알려지지 않았다. 조선에서 그렇게 많은 금속활자를 만들었지만, 결국 그 기술은 단절되고 개화기에 서양 납활자 인쇄로 완전히 대체되었다. 또 어떤 발명이나 기술적 발전이 반드시 한곳에서 시작되어 다른 문화로 퍼져나가는 것도 아니다. 비슷한 시기에 여러 문화와 지역에서 비슷한 발명이나 현상이 동시에 일어날 수 있다. 외부의 문화나 기술이 도입된 후 그 사회에서 그대로 적용되는 것도 아니다. 각각의 환경과 필요에 따라 다양한 양상으로 변형·발전하기도 하고 아무리 우수한 기술이라도 그 사회의 조건에 맞지 않으면 도태되기도 한다.

활자와 인쇄술도 마찬가지다. 21세기인 현재 구텐베르크가 발명해 세계를 문명과 발전으로 나아가게 했던 근대 활자 인쇄술은 이미 역사 속으로 사라질 상황에 처해 있지 않은가? 21세기에는 21세기에 맞는 새로운 관점과 해석이 필요하다. 지금부터 나는 조금 다른 각도로 조선시대 활자에 대해 이야기하고자 한다.

3

조선의 왕들은 왜
금속활자에 집착했나?

활자를 만지고 정리하면서 늘 했던 생각은 "이건 실용품이 아니라 차라리 예술품이다"라는 것이다. 서양과의 단순한 비교 차원의 문제가 아니라 조선시대 금속활자와 그 활자로 찍은 책은 오늘날의 효율이라는 측면에서 보면 전혀 이해가 가지 않는다. 책을 대량 인쇄하고 그로 인해 지식이 널리 보급되기를 바란다면 이런 전략을 세울 일이 아니다. 그렇다면 조선의 통치자들은 왜 그렇게 많은 활자를 만들었을까? 맛보기로 살짝 밝히자면 조선의 통치자들에게 금속활자는 권력을 가진 자가 배타적으로 소유하는 상징이자 보물 같은 존재였다는 것이다. 여러 기록을 바탕으로 그들이 어떻게, 왜 활자를 권력의 상징으로 여기며 애지중지했는지 좀 더 세밀하게 그려보고자 한다.

> # 태종이 금속활자를 만든 속내는
> # 무엇이었을까?

조선에서 활자를 만든 것은 물론 책을 많이 찍기 위해서이지만 오늘날 생각하듯이 활자로 대량의 책을 찍어서 정보 전달을 빨리 하려는 목적이 아니었다. 그렇다면 조선은 왜 그렇게 수십 차례, 수백만 자의 활자를 만들었을까? 먼저 조선시대에 만든 최초의 금속활자 '계미자'에서 이야기를 시작해보자.

태종은 1403년(태종 3)에 조선 최초의 금속활자인 계미자를 만들면서 다음과 같이 천명했다.

나라를 다스리려면 반드시 책을 널리 읽어야 한다. (…) 우리나라는 해외에 있어 중국의 서적이 좀처럼 오지 않고 판각본은 쉽게 훼손되는 데다가, 또 천하의 온갖 서적을 다 판목으로 새기기는 어렵다. 내가 구리로 활자를 주조하여 책을 얻는 대로 인쇄하고자 한다. 그리하여 널리 전파한다면 진실로 무궁한 이익이 될 것이다.

이 내용은 조선의 개국공신 중 한 사람인 권근의 문집인《양촌선생문집》권22에 실려 있다. 제목은 〈주자발鑄字跋〉, 즉 활자를 만들고 나서 그 내력을 간략하게 적은 글이다. 오늘날의 방식으로 말하자면 책을 간행할 때 저자나 역자가 쓰는 후기, 또는 추천사 같은 것이다. 이 글은 《동문선》, 《용재총화》등에 다시 수록되었고, 활자를 만든 내력 등을 주자발, 주자사실鑄字事實과 같은 형식으로 해당 활자로 간행한 책에 기록하는 일은 이후에도 이어졌다.

권근은 당대의 문장가이자 태종의 최측근이었으니 그의 문집에 실린 태종의 말이 지어낸 것은 아닌 듯하다. 그렇다면 나라를 다스리려면 반드시 책을 널리 읽어야 한다는 것은 어떤 의미일까?

조선은 유학, 그중에서도 성리학을 통치이념으로 내세워서 건국된 나라다. 고려 말에 중국 원나라에서 들어온 새로운 학문이자 사상인 성리학은 당시 기득권 세력이었던 고려의 권문세족이 사상적 기반으로 삼았던 불교에 대항할 수 있는 새로운 사상이었다. 이른바 신진 사대부라고 불리는 이들이 이성계를 도와 조선을 건국하면서 성리학이 이들의 건국이념과 통치사상이 된 것이다.

이제 나라를 다스리는 통치자는 학문을 통해 먼저 인격을 수양해야 했으며, 관리가 되려면 성리학 서적으로 유교적 소양을 공부하고 익혀 과거시험에 합격해야 했다. 그런데 이와 관련된 내용을 공부할 수 있는 책들이 조선에는 부족했다. 이런 책들은 대부분 중국에서 들여왔는데 고려시대에 들어온 것들도 전란 등으로 사라져버려 조달이 어려웠을 것이다. 이에 태종은 이런 책들을 빨리 보급할 수 있는 길은 금속활자를 만들어 책

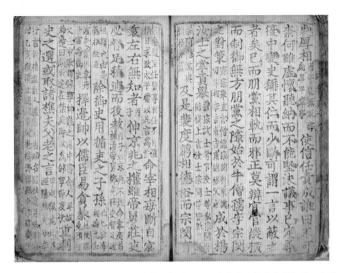

계미자본 《십칠사찬고금통요》. 규장각한국학연구원. 태종은 통치에 필요한 여러 책을 찍고자 계미자를 만들었다.

을 찍는 것이라 생각한 듯하다.

금속활자를 제작하는 기술은 이미 고려시대에 발명되었다. 또한 대장경 간행 등으로 목판 인쇄술도 이미 높은 수준에 도달해 있는 터였다. 이에 태종은 정권을 잡고 나서 바로 활자를 제작해야겠다고 결심했던 것이다.

태종도 말했듯이 목판은 인쇄하는 책의 쪽수만큼 판을 새겨야 한다. 이런 방식은 한 번 만들어두면 다시 책을 찍을 수 있는 이점이 있었으나, 같은 책을 대량으로 찍지 않는다면 그리 효율적인 방법이 아니다. 보관의 어려움도 있었다. 공간을 많이 차지할 뿐 아니라, 보존 환경이 좋지 않으면 판이 틀어지거나 망가져서 다시 사용하기 어렵게 된다. 반면에 활자는 필요한 내용을 조립해 인쇄한 후 해체했다가 다른 내용을 조립하는 데 다시 사용할 수 있기 때문에, 태종은 금속활자를 만들어 통치에 필요한 책을 그때그때 찍어내고자 했던 것이다.

권근의 입을 통해서 태종이 한 여기까지의 이야기는 사실 굉장히 모범 답안과 같은 것이다. 그런데 권근이 쓴 〈주자발〉을 더 읽어보면 태종이 계미자를 만든 데는 다른 포석이 있었던 것이 아닐까 하는 생각을 지울 수 없다. 이어지는 내용을 살펴보자.

"거기에 소요되는 비용을 백성에게 거두는 것은 마땅하지 않으니, 내가 종친·훈신들 중에 뜻이 있는 자와 더불어 이를 같이하면 거의 성취할 수 있으리라" 하셨습니다. 이리하여 내탕內帑의 재물을 다 내놓고서 판사평부사 신 이직, 여성군 신 민무질, 지신사 신 박석명, 우대언 신 이응 등에게 이를 감독하게 하시고, 군자감 신 강천주, 장흥고사 신 김장간, 대언사주서 신 유이, 수녕부승 신 김위민, 교서저작랑 신 박윤영 등에게 이를 관장하게 하셨습니다.

태종은 계미자 제작에 소요되는 비용을 백성들에게 거둘 수 없다며 왕실의 사유재산을 보관해두는 창고인 내탕고에 있던 구리를 내놓으며 솔선수범하는 모습을 보였다. 그런데 계미자는 내탕고의 구리만으로 제작한 것 같지 않다. 위의 인용문과 같은 내용이 《태종실록》에도 간략히 나와 있는데, "1403년(태종 3) 2월 13일 주자소를 설치하고 먼저 내부의 구리를 많이 내놓으며 대소신료에게 명하여 자원해서 구리를 내어 그 용도에 이바지하게 하였다"라고 적혀 있다. 그러니까 권근의 주자발에 나오는 "종친, 훈신들 중에서 뜻이 있는 자와 더불어 같이하면"이라는 말은 결국 태종 자신이 먼저 구리를 내놓을 테니 대소신료들에게도 구리를 내놓으라고 한 것이다.

그런데 '자원'이라고 했지만 왕자의 난을 일으켜 형을 제치고 왕좌에 오른 최고 권력자가 나라에 필요한 책을 만들려고 하니 구리를 내놓으라고 하면 이를 거부할 사람이 누가 있을까? 말이 자원이지 징발이나 다름없지 않았을까?

그렇다면 태종이 대소신료들에게 구리를 내놓으라고 한 이유는 무엇일까? 권근의 〈주자발〉에서 태종이 활자 제작을 주관하도록 했다는 사람들, 즉 이직, 민무질, 박석명, 이응 등에 주목할 필요가 있다. 이들은 모두 태종의 최측근으로 그가 왕권을 확립하는 데 공을 세운 사람들이다. 나는 태종이 이들에게 활자를 만드는 일을 맡겼을 뿐 아니라, 가지고 있는 구리를 내놓으라고 했을 가능성이 높다고 생각한다.

민무질은 태종의 비 원경왕후의 동생으로 태종의 처남이 된다. 민무질은 1398년 1차 왕자의 난 때 공을 세워 정사공신 2등에 올랐고, 1400년 2차 왕자의 난 때도 태종을 도와 좌명공신 1등에 올랐다. 그는 군권을 장악하고 태종의 집권에 지대한 공을 세운 공신이지만, 태종이 계미자를 만든 지 3년 후, 즉 정권을 잡은 지 6년 후에는 군권을 빼앗겼고 형 민무구와 함께 역모에 연루되어 결국 태종의 명에 따라 스스로 목숨을 끊었다. 민무질, 민무구 형제의 비참한 종말을 보면 중국을 최초로 통일한 진시황의 조치를 떠올리게 된다.

사마천이 쓴 《사기史記》〈본기〉 '진시황'에 따르면 진시황은 춘추전국의 혼란을 통일한 후 천하의 병기를 다 거두어 당시 수도였던 함양咸陽에서 녹여서 종거鐘鐻, 즉 악기인 종과 종걸이를 만들었다. 의례 때 연주되는 악기를 만드는 데 무기를 사용한 것이다. 그리고 12개의 큰 동인상金人十二을 만들었다. 이후 중국에서는 천하를 통일하면 무기를 거둬들이는 것이 관례가 되었다. 《삼국사기》에 따르면 우리나라에서도 삼국을 통일한 문무왕이 무기를 거두어 농기구를 만들라고 유언을 남겼다. 조선 태조 때의 일이지만 백관들에게 철을 내게 하여 군기감에 보내서 무기를 만든 사례도 있다.*

이런 맥락으로 본다면, 태조가 위에 이름이 나열된 공신들에게 공출한 구리는 분명 원재료 형태는 아니었을 것이다. 집안에 있는 구리로 만든 그릇, 불교 신앙 활동과 관련 있는 물품 등을 내놓았을 테고 무기도 포함되어 있었을 것이다. 물론 무기를 내놓았다거나 무기를 거두기 위함이었다는 기록은 없으므로, 어디까지나 나의 상상이다. 하지만 태종은 비록 자원이라는 명목을 내세웠지만 무력을 상징하는 또는 무기를 만들 수 있는 구리를 거둬들임으로써 신하들이 권력에 도전할 여지를 차단하겠다는 의지를 보여준 것이 아닐까? 더욱이 이제 왕자의 난을 평정하고 평화의 시대가 도래했으니 활자로 책을 만들어 조선의 건국이념인 문치주의를 실현하겠다는 의지의 표명 앞에서, 어느 누구도 이의를 제기할 수 없었을 것이다. 태종은 일석이조의 효과를 노렸던 셈이다.

---

* 《태조실록》 1394년(태조 3) 7월 17일.

문자가 새겨진 보물

태종의 뒤를 이은 왕들도 금속활자 제작에 관심을 기울였다. 태종의 뒤를 이어 세종은 1420년 계미자의 단점을 개량하여 새로운 활자인 경자자를 만드는 데 힘을 쏟았다. 세종 초기에는 북쪽의 여진족을 몰아내기 위해 전쟁이 한창이었고, 총통을 만드는 재료인 구리가 부족하여 총통 개량을 시도하는 상황이었음에도 세종은 경자자를 만들고 14년 뒤인 1434년에는 갑인자를 제작했다. 이와 관련해서 세종은 북방 지역의 전쟁으로 인해 병기를 많이 잃어서 구리의 소용이 많지만 갑인자를 만들어야 한다고 했다.* 여진족과의 전쟁을 치르는 일 못지않게 활자를 만들어 책을 찍는 일을 중요하게 여겼음을 알 수 있다. 문과 무를 모두 중시한 것이다.

　그런데 세종 때 많은 활자를 만들었음에도 이후 문종, 세조, 성종, 중종

---

* 《세종실록》 1434년(세종 16) 7월 2일.

때까지 60여 년 동안 수차례 활자가 더 제작되었다. 그 수는 100만 자를 훨씬 넘었을 것으로 추정된다. 녹여서 재사용하는 방법을 쓰지 않았다면 감당하기 어려웠을 분량이다. 이후에는 여러 가지 요인으로 모든 왕이 금속활자를 제작하지는 못했지만, 고종 때까지 금속활자 제작은 꾸준히 지속되었다.

물론 이렇게 많은 활자를 만든 것은 태종이 계미자를 만들 때 천명했던 것처럼 나라를 다스리는 데 필요한 책을 찍기 위해서였을 것이다. 활자의 종류가 많으면 이 책 저 책을 찍을 때 따로 사용할 수 있다. 뒤에 다시 이야기하겠지만 내용에 따라 적절한 서체를 쓰겠다는 생각도 있었다. 또한 활자를 영구히 사용할 수 없기 때문에 자주 만들어야 했던 것도 사실이다.

하지만 굳이 이렇게 왕마다 활자를 만들었던 다른 이유는 없었던 것일까? 무기를 만드는 데 필요한 구리가 부족해 민간의 깨어진 구리그릇이나 사찰의 구리그릇을 징발하고 동종까지 녹여 무기를 만들려고 했으니, 목활자를 사용하거나 다른 대안을 생각할 수도 있었는데 말이다. 실제로 금속활자로 한 번에 찍은 책은 보통 수십 부였고, 100부가 넘는 경우는 거의 없었다. 한 번에 수백 부씩 찍을 수도 없었고, 그럴 생각으로 만든 것도 아니었다. 오늘날의 물건의 실용성 개념으로 본다면 이렇게 많이 만든다는 것을 납득하기 어렵다.

그래서 나는 다소 불경스러운 해석을 해보려고 한다. 금속활자를 만든 왕들의 잠재의식 속에는 왕만이 가질 수 있는 어떤 상징, 권력과 재물의 상징을 누리고 소유하고 싶은 심리가 있지 않았을까? 동서고금을 막론하고 권력자들은 그 권력을 드러내는 다양한 상징을 사용했다. 신분제가 사

활자본색

라진 오늘날에는 재력을 가진 사람들이 부를 과시하기 위해 값비싼 물건들, 이른바 명품을 소유한다. 값비싸고 화려한 것, 다른 사람들이 갖지 못하는 것을 가짐으로써 권력과 재력을 과시하고 싶은 것이 인지상정이다.

신분제 사회였던 과거에도 더하면 더했지 덜하지 않았다. 대부분의 화려한 고미술품이나 유물들이 모두 왕이나 귀족들이 소유했던 금은보화나 화려한 장신구들이라는 것이 이를 잘 말해준다. 삼국시대나 통일신라시대에도 화려한 금관이나 장신구는 권력의 상징이었다. 고려시대만 해도 화려한 문양을 넣은 고급 청자, 금속 공예품들이 귀족사회를 대변한다. 지금 남아 있는 물건들은 분명 당시 제작했던 것의 일부에 지나지 않을 것이다.

그런데 조선시대 것으로는 그런 값비싸고 화려한 장식을 한 물건이 별로 남아 있지 않다. 전란 등으로 사라진 이유도 있지만, 이전 왕조들에 비해 조선에서는 실제로 이런 물건을 많이 만들지 않았다. 조선의 왕들은 성리학 이념을 실천하기 위해 사치를 배격하고 몸소 근검절약하는 모습을 보여주어야 했기 때문이다.

도자기만 봐도 알 수 있다. 조선은 화려한 고려청자 대신 백자를 나라의 그릇으로 지정했다. 물론 고려 말에 청자 제작 기술이 쇠퇴하고, 중국에서도 이미 기술적으로 한 단계 더 향상된 백자가 주류를 이루고 있었으니, 조선이 백자를 택한 것은 당연하다고 생각할 수도 있겠다. 하지만 장식이 없는 순백자는 순정함과 검소함의 상징이 아닐 수 없다. 조선 전기에도 청색 안료로 그림을 그린, 당시로서는 사치스럽다고 할 수 있는 청화백자를 만들기도 했고, 후기가 되면 화려한 문양이나 용무늬 등이 그려진 청화백자나 철화백자가 유행하기도 했다. 하지만 전체적으로 조선시대의 미술품은 고려의 것에 비하면 무척 검소하고 소박하다. 성리학에서 말하는 사대부, 군자의 도리를 실천해야 한다는 강박이 작용했을 것이다.

그렇지만 조선의 왕들이 아무리 성인군자라 해도 권력자로서의 사치를 누리거나 자신만의 보물을 소유하고 싶어 하지 않았을까? 금속활자를 만드는 데 공을 들인 것도 금속활자가 바로 그런 상징성을 갖고 있기 때문이 아니었을까? 이런 추측이 단순히 억측이 아님을 말해주는 자료가 있다.

조선 후기 정조를 도와 활자를 만들었던 서명응의 문집《보만재집》권8에 실린 〈규장자서기奎章字瑞記〉라는 글이다.

하늘이 장차 대통大統을 제왕에게 주려고 하면 반드시 기물器物을 가탁하여 그 부서符瑞로 삼는다. 그러므로 천구天球, 대패大貝, 적도赤刀 따위가 진실로 실제의 쓰임에는 관련이 없는데도 옛날의 제왕들은 매우 정성들여 소장하고 매우 엄중하게 간수하면서 조회朝會와 대례大禮에는 반드시 궁궐 안에 늘어놓곤 하였다. 심지어 죽을 끓이지 못하는 구정九鼎과 박자를 맞추지 못하는 석고石鼓까지도 또한 반드시 종묘와 태학에 봉안함으로써 나라를 상징하는 보배로 삼았으며, 심한 경우에는 이 두 보물을 얻고 잃는 것으로써 나라의 운명의 성하고 쇠함을 가늠하기까지 하였다. 이는 유가에서 옷과 신발을 전하는 것과 더불어 그 일은 똑같되 그 뜻은 더 큰 것이다. 우리나라의 세종조에 주조한 활자로 말하자면 아마 대대로 전할 부서符瑞라고 하겠다.

조선시대 금속활자 연표

연도	활자
1403년(태종 3)	계미자
1420년(세종 2)	경자자
1434년(세종 16)	초주 갑인자
1436년(세종 18)	병진자
1450년(문종 즉위)	경오자
1455년(세조 1)	을해자
1465년(세조 11)	을유자
1484년(성종 15)	갑진자
1493년(성종 24)	계축자
1516년(중종 11)	병자자
1580년(선조 13)	경진자(재주갑인자)
1618년(광해군 10)	무오자(삼주갑인자)
1668년(현종 9)	무신자(사주갑인자)
1676년(숙종 2)	병진왜언자
1677년(숙종 3) 이전	현종실록자
1679년(숙종 5) 이전	초주한구자
1684년(숙종 10) 이전	교서관인서체자
1749년(영조 25)	율곡전서자
1772년(영조 48)	임진자(오주갑인자)
1777년(정조 1)	정유자(육주갑인자)
1782년(정조 6)	재주한구자
1796년(정조 20)	초주정리자
1816년(순조 16)	전사자
1858년(철종 9)	재주정리자 / 삼주한구자

정유자(육주갑인자)본《갱장록》. 국립중앙박물관. 정유자는 세종이 만든 갑인자의 서체로 정조가 즉위 1년인 1777년에 만든 활자다. 정조가 세손 시절에 만든 임진자와 함께 왕실의 보물로 여기며 왕실의 권위를 드러내는 책을 펴내는 데 사용했다.

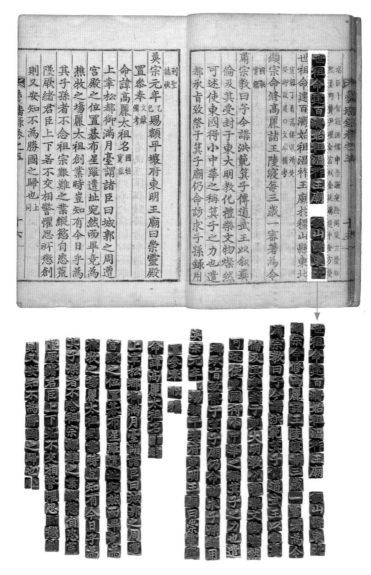

《갱장록》의 한 부분을 오주갑인자(임진자)로 배열해본 모습. (※활자 반전 이미지)

이 글은 서명응이 1777년(정조 1)에 정조의 명을 받아 세종 때 만든 갑인자의 서체로 새로운 활자 '정유자丁酉字'를 만들고 나서 이를 축하하며 '자서字瑞'라고 활자 이름을 정하면서 올린 글이다. 여기서 서명응은 세종이 만든 활자를 대대로 전할 부서라고 했다. 부서는 상서로운 징조를 뜻하며, 왕권의 상징, 징표와 같은 물건이다. 여기에 나오는 천구, 대패, 적도, 구정, 석고는 모두 중국의 유교 경전에 나오는 보물로 제왕을 상징한다. 서명응은 세종 때 주조한 활자를 중국 제왕의 상징과 같은 반열에 올려놓은 것이다. 아니 죽을 끓일 수도 없는 구정이나 소리를 낼 수 없는 석고를 보물이라 하고 국운의 상징으로 삼는 것에 비하면 활자는 실용성까지 갖추었으니 더 중요한 보물이라 말하고 있다. 이러한 논리 전개는 정조가 다시 만든 정유자 역시 제왕의 상징이자 보물임을 강조하는 것이고, 활자 이름 '자서'는 그런 의미를 담고 있다.

서명응이 정조에게 잘 보이기 위해 온갖 전거를 들어가면서 미사여구를 썼지만, 그 본질은 활자가 왕권의 상징이자 보물이고, 비록 크기는 작지만 중국의 어떤 보물보다 더 훌륭한 보물이라는 것이다.

학문과 문장을 중시하며 문치주의를 내세웠으니 활자를 보물로 생각하는 것이 설득력이 있다. 그런데 여전히 책이 아니라 활자인 것에는 더 설명이 필요해 보인다. 귀한 금속이고 만들기도 어렵다는 점만으로는 충분하지 않다. 그래서 금속이라는 재질 자체에 주목하고 싶다.

서명응이 제왕의 상징으로 열거한 것 중에서 활자를 만드는 재료와 같은 재질이 구정이다. 구정은 중국 최초의 왕조인 하나라의 우왕이 만들었다고 하는데, 《사기》 권28 〈봉선서〉에 "우임금이 구주(천하)의 금金을 모

금빛으로 빛나는 한구자. 국립중앙박물관. 철종 때 만들어 거의 사용하지 않은 삼주한구자는 원래의 금빛을 유지하고 있다.

아 구정을 만들었다禹收九牧之金, 鑄九鼎"라고 기록되어 있다. 이후 구정은 제왕의 상징으로 구정을 얻은 자가 천하를 얻는다고 전해져 내려왔다.《사기》에서 금을 모았다고 했지만 이때 금은 골드gold가 아니라 금속을 대표하는 단어이며, 실제 금속은 청동이다. 오늘날 남아 있는 중국 고대 청동기들이 이를 잘 말해준다.

청동은 한자 그대로 해석하면 '푸른 구리'라는 뜻이다. 현재 남아 있는 청동기 유물도 대부분 푸른색을 띤다. 그래서 청동이 푸른색이라고 착각할 수도 있다. 하지만 청동의 푸른색은 녹이 생겨서 띠는 색깔이지 원래의 색이 아니다. 청동은 구리에 주석 등을 합금해서 인위적으로 만든 금속이다. 순동은 원래 붉은빛을 띠는데 여기에 주석 등을 첨가하면 누런 빛을 띤다. 이렇게 첨가물을 넣는 것은 구리의 무른 성질을 보완하고 두드리거나 압력을 가하면 얇게 펴지는 전성展性도 강화해주기 때문이다.

구리를 금으로 표현한 것은 금이 귀중한 것이어서 모든 금속을 대변하는 의미를 담고 있기 때문이기도 하지만 오늘날 청동기로 불리는 이 구리 합금 재질 역시 원래는 금처럼 빛이 났기 때문일 것이다. 오늘날에도 황금은 귀금속의 대명사이며 변하지 않는 부와 권력의 상징이다. 하지만 금은 구리에 비해 훨씬 비싼 금속이어서 대량으로 물건을 만들 수 없다. 구리는 바로 이런 황금을 대체하는 금속으로서 왕들의 마음을 사로잡았을 것이다.

인사동에서 출토된 조선시대 금속활자들은 대부분 푸른 녹이 끼어 원래의 광채를 잃어버린 상태였다. 하지만 국립중앙박물관에 남아 있는 보존 상태가 좋은 활자들은 금속 특유의 광채를 띤다. 특히 청동으로 만든 조선 후기의 활자들은 황금빛을 띠고 있다. 이런 활자의 모습과 상징성이 왕들의 마음을 사로잡지 않았을까? 더욱이 활자는 문치주의 통치에 필요한 책을 펴내기 위한 것이므로 누구의 반대를 무릅쓸 필요 없이 떳떳하게 만들 수 있었을 것이다.

금속활자의 제작은
문화와 경제력의 척도

조선시대의 금속활자는 값비싼 구리를 사용하여 문자를 새긴 보물과 같은 것이었다. 그래서 조선에서 수십 차례 금속활자가 제작되었을 것이다. 조선의 왕들은 누구나 금속활자를 만들고 싶었을 테지만 그렇다고 어느 왕이나 마음껏 만들 수 있었던 것은 아니다. 조선시대에 가장 많은 활자를 만든 왕은 누구일까? 세종이라고 생각하기 쉽지만 아마도 정조가 아닐까 한다. 정조는 세손 시절에 이미 임진자壬辰字 15만 자의 주조를 주관했으며, 즉위한 다음 해에 정유자 15만 자를 만들었고, 이어 1782년(정조 6) 임인년에는 숙종 때 만든 한구자韓構字의 서체로 다시 8만여 자의 활자를 주조하게 했다. 이어서 목활자인 생생자生生字 32만 자를 만들고, 이 생생자의 서체로 다시 금속활자인 정리자整理字 30여만 자를 만들었다. 이 외에도 《춘추좌씨전》을 간행하기 위해 큰 글자로 목활자를 만들었고, 한글 목활자인 오륜행실자五倫行實字를 만들었다. 이 숫자를 합치면 100만 자가 넘는다. 정조가 만든 활자는 한 국왕의 재위 기간에 만든 것으로는 조선은 물론 세계적으로도 가장 많은 수량으로 기네스북 등재감이 아닌가 한다.

그다음으로 활자를 많이 만든 왕은 누구일까? 아마도 세종과 세조가 2위와 3위를 차지하거나 공동 2위 정도 될 것 같다. 이렇게 애매하게 말할 수밖에 없는 이유는 정조의 활자 제작 수량에 대해서는 상세하게 기록되어 있지만 세종과 세조 때의 것은 명확하게 기록되어 있지 않기 때문이다. 태종이 만든 계미자는 수십만 자였고, 세종이 1420년에 만든 금속활자인 경자자는 수량에 관한 기록이 없고, 1434년에 갑인자 20여만 자를 만들었다. 1436년에는 병진자丙辰字를 만들었다. 수량이 명확하게 나오지는 않지만 경자자 역시 10만 자 이상일 것이고, 병진자는《자치통감강목》의 강綱 부분을 찍기 위해 만든 큰 글자이니 그렇게 많이 만들지는 않았을 것이다. 세종은 아울러 한글로 만든 최초의 금속활자로《석보상절》과《월인천강지곡》,《사리영응기》를 찍었다. 동국정운자와 홍무정운자 등의 목활자를 한글 활자와 함께 만들기도 했다. 하지만 이 활자들의 수량은 물론 활자를 만들었다는 기록도 없다.

활자의 종류로 따지면, 세조가 세종보다 더 많이 만들었다. 즉위한 해인 1455년에 을해자를 만들었고, 10년 후인 1465년에는 을유자를 만들었다. 이외에 을해자 병용 한글 활자와 정축자丁丑字, 무인자戊寅字 등을 만들었는데 제작 수량은 알 수 없다. 더욱이 14년이라는 재위 기간을 감안하면, 재위 기간 대비 활자 제작 수량에서는 세종을 제칠 수 있는 기록이다. 세조는 간경도감을 만들어 목판본 불경도 많이 간행했으니, 출판에 대한 열정은 세종 못지않았다.

세조를 이어 성종은 재위 기간 동안 두 차례 금속활자를 만들었다. 1484년에 갑진자甲辰字 30여만 자를 만들었고 1493년에도 금속활자 계축자癸丑字를 만들었다. 계축자의 제작 수량은 기록에 없지만 아마 10만 자 이상 만들었을 것이다. 연산군 때는 대비들이 불경을 찍기 위해 목활자를 만들었을 뿐 금속활자는 만들지 않았다. 한편 중종도 중국판본《자치통감》의 서체로 병자자丙子字를 만들었다.

이처럼 조선 전기 금속활자는 대부분 15세기에 만들어졌고, 16세기 초 중종 때는 병자자가 만들어진 정도다. 이후 임진왜란 이전까지 부족한 금속활자를 일부 만들었다고는 하지만 이전 시기에 비해 미미한 수준이다. 임진왜란과 병자호란 이후인 17세기 후반까지는 금속활자를 거의 만들지 못했다. 특히 인조, 효종 때는 금속활자를 전혀 만들지 못했다. 17세기 후반 현종 때와 숙종 때 금속활자를 만들었지만, 국왕이 활자 제작을 주도하지는 않았다. 정조의 주도로 마침내 금속활자 제작이 정점을 찍었다. 정조 이후에는 철종 때 정리자와 한구자를 다시 만들었는데, 그 이유는 주자소에 불이 나서 정조 때 만든 활자가 대부분 소실되었기 때문이다.

조선의 활자 제작 수량, 특히 금속활자 제작 수량의 그래프는 조선의 성쇠와 대체로 비례한다. 이것은 우연의 일치일까? 결코 그렇지 않다. 조선 왕조를 안정시킨 태종이 처음으로 금속활자를 만들었고, 세종은 조선의 문치주의를 꽃피우기 위해 많은 금속활자를 만들었다. 세조 시대 역시 왕위를 찬탈한 도덕적 문제가 있지만, 훈신들로부터 왕권을 지켜냄으로써 조선의 왕권을 강화한 시대라는 성격과 활자 제작이 일치하는 지점이다. 이를 이어받아 유교적인 문물제도를 완성했다고 평가받는 성종 때에 활자를 보완한 셈이 된다. 그리고 정조 때 가장 많은 활자가 만들어진 것은 왕권을 다시 강화하려는 정조의 의지와 무관하지 않을 것이다.

　많은 활자를 제작하려면 그에 상응하는 돈과 인력, 기술이 필요하다. 정조의 대표 활자인 정리자의 제작에 대해서는 《일성록》 1796년(정조 20) 3월 17일자에 제작 과정, 들어간 물자, 비용 등이 상세히 나와 있다. 이에 따르면 정리자를 주조하기 위해 2250근의 금속이 필요했으며, 공장들에게 지급한 급료를 포함해 들어간 비용이 2300여 냥이었다. 정리자를 주조하기 위해 5개의 용광로를 설치하여 약 130일 동안 작업했다. 정리자 제작에 투입된 비용 2300냥은 같은 해에 완성된 수원 화성 건설에 투입된 장인들에게 지급한 급료 2만 3971냥*의 10분의 1에 조금 못 미친다. 정리자 주조에는 4개월 넘게 걸렸고, 화성 건설에는 31개월 걸렸는데 중간에 여름 가뭄으로 중단한 시기가 있었으니, 정리자 주조에 화성 건설의 대략 7분의 1 정도 기간이 걸린 셈이다. 한 달을 기준으로 단순 계산하면 정리자 주조에 들어간 비용은 화성 건설에 동원된 장인에게 지급된 급료의 75퍼센트에 달한다는 결과가 나온다. 화성 건설에는 1821명의 장인이 동원되었지만 이들이 31개월 동안 계속 일을 한 것은 아니었다. 그러니 한 달 기준으로 정리자 주조에 들어간 비용은 화성 건설에 동원된 장인 급료의 75퍼센트보다 높을 것이다. 그만큼 정리자 주조에 많은 비용과 인력이 들어갔다고 볼 수 있다.

　게다가 앞서 말한 것처럼 정조는 이미 임진자, 정유자, 임인자王寅字 등

---

* 《화성성역의궤華城城役儀軌》 권5 재용財用 상, 조비措備.

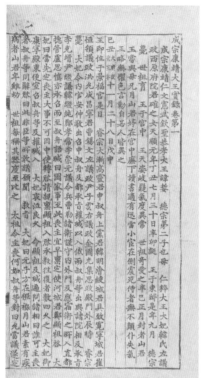

갑인자로 인쇄한 《성종실록》(왼쪽)과 목활자로 인쇄한 《선조실록》(오른쪽). 규장각한국학연구원. 양란 동안 금속활자가 사라졌으나 재정이 뒷받침되지 않아 금속활자를 다시 제작할 생각은 하지 못하고 《선조 실록》부터 《효종실록》까지는 목활자로 인쇄했다. 이때 목활자로 인쇄한 실록은 품질이 확연히 떨어진다.

40만 자 가까이 주조했으니, 정조의 활자에 대한 관심이 어떠했는지를 짐작할 수 있겠다. 또한 당시 경제력이 뒷받침되지 않았다면 실현하기 어려웠을 일이다.

인력, 기술, 경제력의 기반이 갖추어지지 않은 시기에는 부득이 목활자를 사용했다. 태조 4년에 찍은 《대명률직해》는 서찬이 만든 목활자로 간행하고, 태조 초기에 조선 개국공신 녹권도 목활자로 인쇄했다. 당시에는 아직 금속활자를 만들 형편이 아니었던 것이다.

16세기 후반부터 금속활자 제작이 뜸했던 것은 이미 상당량의 활자를 만든 탓이기도 하지만, 광해군 후기에서 인조, 효종 때는 임진왜란과 병자호란으로 나라가 혼란스러웠기 때문이다. 전란으로 인해 많은 활자와 책이 불에 타버린 상황이었지만 피폐해진 재정 때문에 금속활자를 새로 만들 수 있는 형편이 아니었다. 대신 이 시기에는 앞서 만들었던 금속활자의 글씨체와 비슷한 모양으로 목활자를 만들어서 인쇄를 했는데 금속활자와 비교해보면 정교함이 떨어진다. 대표적으로 《조선왕조실록》을 보면 금속활자로 찍은 것과 목활자로 찍은 것은 책 크기를 포함해 글자 모양, 품질 등에서 뚜렷하게 차이가 난다.

조선의 왕 중 가장 오래 재위한 영조의 시대에는 52년이라는 재위 기간만큼 많은 책이 간행되었고 본인 스스로도 여러 책을 편찬했다. 그럼에도 영조는 금속활자를 제작하지 않았다. 다음의 기록에서 그 이유를 짐작해볼 수 있다.

홍계희가 아뢰었다. 교서관에서 책을 인쇄할 때 반드시 위부인자衛夫人字를 사용해왔습니다. 신이 교서관에서 근무를 하며 살펴보니 (활자가) 유실된 것이 태반이어서 목활자로 보충하여 사용하는 것이 매우 많아 극히 한심합니다. 세종조 이후 주자소를 설치한 거룩한 뜻이 도탑고 지극하니 버리거나 느슨하게 둘 수 없습니다. (…) 비록 재용을 절약해야 하는 시기이지만 호부와 각 군영에 명하여 구리 약간 근을 올려 보내 추가로 활자를 주조하여 사용하게 함이 어떠합니까? 왕이 말하였다. "경의 말이 옳다. 그러나 지금은 비용을 절약해야 할 때이니 잠시 늦추는 것이 옳겠다."

1757년(영조 33) 9월 23일자 《승정원일기》에 실려 있는 내용이다. 홍계희가 교서관에 근무하면서 위부인자가 태반이 없어져 목활자로 보충하는 상황을 직접 보고하고 있다. 위부인자는 세종 때 만든 갑인자의 다른 이름인데, 여기서 말하는 위부인자는 세종 때 만든 것이 아니라 그 이후 같은 서체로 만든 활자일 것이다. 홍계희는 금속활자를 목활자로 보충하는 상황에 대해 세종조에 만든 활자 주조 전통을 폐기하는 것이라며 금속활자를 추가로 주조해야 한다고 건의했지만 영조는 비용이 많이 드는 금속활자의 제작을 미루었다. 국가 재정이 어렵다는 이유에서다. 사실 영조는 누구보다 절검을 중요하게 생각하여 스스로 절검을 실천하기 위해 노력한 왕이었다.

그러나 이처럼 절검을 강조한 영조라도 손자의 요청은 거절할 수 없었던 것일까? 영조는 1772년에 당시 세손이던 정조가 임진자 15만 자를 만드는 것을 윤허했다.

한편 세종대왕이 한글을 창제했지만 공식 문자는 아니었기 때문에 한글로 된 책은 불경이나 유교 경전의 언해본 위주로 간행되었고, 그나마도 한문본에 비해 간행 수량이 매우 적었다. 활자 역시 많이 만들어지지 않았다. 금속활자로는 세종이 《석보상절》과 《월인천강지곡》을 간행하기 위해 만든 것이 최초이고, 이어서 세조 때 을해자와 함께 불경 간행에 쓴 금속활자가 두 번째다. 세종과 세조 때 한글을 창제하여 보급하려는 의지가 강했고 한글을 소중하게 생각했기 때문에 금속활자를 만든 것이 아닐까 한다. 그러나 이후에는 한글 금속활자를 만든 사례가 별로 없다. 국립중앙박물관에 17~18세기 유교 경전 언해본에 주로 쓰인 활자 720여 점이 남아 있는데, 아마도 임진왜란과 병자호란 후 한글 금속활자로는 처음 만든 것 같다. 물론 동일한 글씨체로 목활자는 많이 만들었다. 고종은 1894년에 한글을 공식 문자로 선포한 후 금속활자를 만들어 《관보官報》 등을 찍었는데, 이것이 조선에서 만든 마지막 한글 금속활자다. 정조는 많은 금속활자를 만들었지만 한글 활자는 목활자로 만들었음을 생각할 때 아마도 고종이 한글을 금속활자로 만든 것은 한글을 공식 문자로 선포한 것과 관련이 있는 듯하다. 한글 금속활자의 제작과 관련된 이런 사실들은 해당 시기의 상황이나 왕들의 한글에 대한 생각을 반영하고 있는 것으로 보인다.

조선시대 금속활자의 제작 수량이나 제작 시기를 보면 금속활자 제작이 시기별 경제적 역량의 척도가 되는 것을 알 수 있다. 아울러 활자가 단순히 책을 찍기 위한 실용적인 목적으로 만들어진 것이 아니라 왕권을 상징하는 것이라는 사실도 저절로 드러난다.

王들의 시그니처 활자

1474년(성종 5) 11월 22일 성종은 경연經筵을 마친 후 신하들과 책 편찬에 대해 논의하면서 요즘 어떤 활자로 책을 인쇄하는지 물었다. 그러자 우부승지 김영견이 "갑인과 을해 두 해에 만든 활자입니다. 그러나 인쇄는 경오자보다 좋은 것이 없었는데 이용이 쓴 것이라 하여 이미 헐어 없애고 강희안에게 명하여 쓰게 해서 활자를 만들었으니 이것이 을해자입니다"라고 대답했다.

　이용은 안평대군의 이름이고, 경오자는 안평대군의 글씨체로 1450년(문종 즉위) 경오년에 만든 금속활자다. 조선시대 손꼽히는 명필 가운데 한 사람이었던 안평대군이 쓴 글씨였던 만큼 경오자로 찍은 책의 글자는 힘차고 멋진 모습이다. 그런데 1455년(세조 1)에 이 활자를 녹여서 강희안의 글씨체로 을해자를 만들었다. 그래서 실제로 경오자로 찍은 책은《상설고문진보대전》등 4~5종류밖에 남아 있지 않다. 을해자로 찍은 책이 수백 종 남아 있는 것과 확연히 대비된다. 만든 지 5년밖에 안 된 활자를

활자본색

녹인 까닭이 짐작되지 않는가?

세조가 단종을 폐위하고 왕위를 찬탈할 때 안평대군은 세조와 반대편에 있었다. 형제 사이지만 정치적 노선을 달리하여 결국 숙청되었고, 경오자도 안평대군과 같은 운명을 맞이하고 만 것이다. 두 활자를 만든 시기도 공교롭다. 문종이 즉위한 해에 안평대군은 자신의 글씨체로 경오자를 만들었고, 세조는 즉위하자 바로 안평대군의 흔적을 지우고자 그 활자를 녹여 새로운 활자를 만든 것이다.

국왕이 경연 자리에서 어떤 활자를 쓰고 있는지 묻는 것도 오늘날의 관점에서 보면 의아한 일이다. 만든 지 얼마 되지 않은 활자를 안평대군의 글씨체라는 이유만으로 녹인다는 것도 요즘 시각으로 이해하기 어렵다. 그러나 당시 금속활자가 권력의 상징이었다면 충분히 이해할 수 있는 일이 아니겠는가?

그런데 이런 질문을 한 성종 역시 새로운 활자를 만들었다. 1484년에 성종은 갑진자를 만들었는데 이 활자에 대한 〈주자발〉을 김종직이 썼다. 그 내용은 다음과 같다.

갑진년(1484년, 성종 15) 가을 8월에 우리 전하께서 승정원에 전지를 내리시고 이르시기를 갑인자와 을해자가 매우 정교하고 좋기는 하지만 글씨체가 너무 커서 인쇄하는 서적이 적은 분량이라도 일이 번거롭다. 또한 이미 세월이 오래되어 흩어지고 없어진 것이 많아 비록 보충해서 주조하여 사용하려 해도 그 처음과 같지 않다. 을유자는 그 글씨체가 단정하지 못하여 사용할 만하지 못하다. 내가 별도로 새로운 활자를 만듦에 크기와 정밀하기를 적당하게 하여 여러 서적을 인쇄하여 사방에 널리 배포하고자 하는데 어떠하겠는가?*

성종은 갑진자를 만든 이유를 기존의 갑인자와 을해자, 을유자에 문제가 있기 때문이라고 말한다. 갑인자와 을해자는 글자가 커서 인쇄에 적당하지 않고 을유자는 글씨체가 단정하지 못하다며 은근히 깎아내리는 듯한 뉘앙스를 풍긴다. 그리고 본인이 더 좋은 활자를 만들겠다는 의지를 표하고 있다. 갑인자는 1434년(세종 16), 을해자는 1455년(세조 1), 을유자는 1465년(세조 11)에 만들었다. 갑인자와 을해자는 그렇다 치더라도 을유자를 만든 지 20년도 채 지나지 않았는데 새로 활자를 만든 것이다. 또 성종이 만든 갑진자가 을유자에 비해 좀 작기는 하지만 그렇게 큰 차이가 나지도 않는데 글씨체를 흠잡아 새로 활자를 만들었다. 성종은 선대의 왕들처럼 자신을 상징하는 활자를 만들고 싶었던 것은 아닐까?

그리고 성종은 "내가 당본_{唐本}《구양수집》을 보건대, 글자 모양의 크고 작은 것이 알맞으니, 이 글자 모양으로 글자를 주조하는 것이 어떠한가?"라며 직접 글씨체를 골랐다. 또한 성종은 새로 만든 갑진자로 무슨 책을 찍을지를 두고 신하들과 의견이 충돌했지만 끝내 자신의 뜻대로《왕형공집》을 인쇄하는 것을 관철시켰다. 그러면서 신하들이 주장하는《사문유취》가 아니라《왕형공집》을 먼저 인쇄하려는 까닭을 새로 만든 갑진자의 글씨체가 좋을지 어떨지 알 수 없으니 시험 삼아《왕형공집》을 인

---

* 갑진자 〈주자발〉은 이 활자로 찍은《치평요람_{治平要覽}》등에 있다. 원문은 천혜봉,《한국금속활자 인쇄사》, 범우사, 2012, 149쪽에 나와 있다.

경오자본 《상설고문진보대전》. 국립중앙박물관. 안평대군의 글씨체로 만든 경오자는 세조가 즉위하자마자 사라지게 된다. 그래서 경오자로 찍은 책은 《상설고문진보대전》을 비롯해 4~5종류밖에 남아 있지 않다.

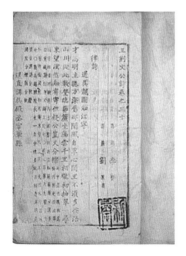

갑진자본 《왕형문공시》. 국립중앙박물관. 성종은 신하들의 반대를 무릅쓰고 갑진자로 《왕형공집》을 제일 먼저 인쇄했다. 왕안석의 시들을 모은 이 책은 그중 일부다.

쇄해보고, 그 모양이 좋으면 신하들이 원하는 책을 찍겠다고 했다.*

한편 을유자는 세조가 원각사를 짓고 《대방광원각수다라요의경》을 간행할 때 만든 활자다. 을유자가 불경 간행을 위해 만든 활자여서, 성종 때 성리학을 중시하는 사림파가 등장함에 따라 이 활자를 탐탁지 않게 여기는 분위기가 조성되었고, 그래서 성종이 새로운 활자를 만들자고 했을 때 찬성한 것은 아닐까? 갑진자의 〈주자발〉을 쓴 김종직이 당시 사림의 대표였다는 점을 감안하면 글씨체가 단정하지 못하다는 것은 핑계가 아닐까 하는 생각이 든다.

조선시대에 가장 널리 사용된 활자체는 세종이 만든 갑인자의 서체다. 갑인자는 조선 전기에 유행했던 조맹부의 글씨와 같은 계열의 서체로 매우 우아하고 아름답다. 이후 갑인자의 서체로 여러 차례 활자가 계속 만들어진 것은 물론 이 활자가 아름답기 때문이겠지만 동시에 이 활자가 세종을 상징하는 글씨체였기 때문이 아닐까 생각된다. 서명응도 세종대에 만든 활자가 대대로 전할 '부서^{符瑞}'라고 하지 않았던가?

오늘날 우리는 조선시대의 최고 성군으로 주저 없이 세종을 꼽는다. 그래서 세종대왕이라고 한다. 조선의 왕들도 그런 마음이었을 것이다. 정조가 두 차례나 이 글씨체로 활자를 만들었다는 것이 이를 잘 말해준다. 정조는 세종에 비해 활자를 더 많이 만들 정도로 책과 학문에 관심이 많았던 왕이다. 그런 그가 세종 때 만든 활자체로 다시 활자를 만들었다는 건 그에 대한 존경심의 표현일 것이다. 유교에서는 조상을 잘 섬기는 것, 옛

---

* 《성종실록》1484년(성종 15) 8월 21일, 1485년(성종 16) 1월 26일.

활자본색

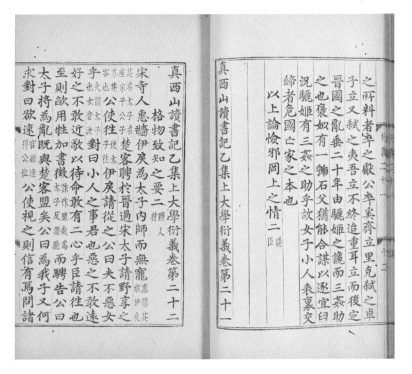

갑인자본 《대학연의》. 국립중앙박물관. 갑인자는 세종의 상징이다. 제왕의 지침서인 《대학연의》를 갑인
자로 찍은 것은 금속활자가 무엇보다 왕이 보는 책을 찍기 위해 만든 것임을 보여준다.

것을 본받는 것이 중요하지만 정조가 특히 세종의 갑인자체로 활자를 만
든 것은 세종이 후손들에게 성군으로 여겨졌음을 보여준다. 실제로 정조
는 1777년 갑인자의 서체로 정유자를 만들고 나서 "우리 영묘英廟(세종의
묘호)의 뜻한 일이 몇 천백 년토록 길이 전해 가게 되었으니 이 어찌 한가
한 노역에 비하겠으며, 하물며 이전에도 전례가 있는 것이겠는가"* 라며

---

* 《정조실록》 1777년(정조 1) 8월 3일.

자신의 업적을 과시하고 세종을 이었음을 자찬했다.

그러나 정조는 세종의 상징이 갑인자인 것처럼 자신을 상징하는 활자를 갖고 싶어 했던 것 같다. 정리자는 바로 그 결과물이다. 정리자는 정조가 실패를 거듭한 끝에 만든 활자인데, 이 활자로 제일 먼저 찍은 책이 《원행을묘정리의궤 園幸乙卯整理儀軌》다. 이 의궤는 1795년(정조 19, 을묘년)에 정조가 어머니 혜경궁 홍씨의 탄생 60주년이 되는 해에 생부인 사도세자의 묘소가 있는 화성의 현륭원顯隆園에 어머니를 모시고 행차한 기록을 담은 것으로, 활자로 인쇄된 최초의 의궤다. 1794년 12월에 이 행사를 준비하기 위해 '정리소整理所'를 설치했고, 행사의 기록을 《원행을묘정리의궤》라고 이름 붙이고 이를 찍은 활자를 '정리자'라고 불렀다. 그만큼 을묘년의 화성 행차는 왕실의 권위를 드높이고 정조의 정치력과 정치 구상을 펼쳐 보이는 데 중요한 의미를 지녔다. 정리자 역시 그런 구상에 들어 있었던 것이다. 정리자는 왕실의 권위와 정조를 상징하는 보물과 같은 것이었다. 정조의 뒤를 이은 순조는 아버지 정조가 쓴 글들을 모아 인쇄할 때 정리자를 사용하라고 지시했다.* 이것이 정조의 문집인《홍재전서》다. 정조를 상징하는 활자가 정리자이기 때문에 이렇게 지시한 것이 아니겠는가?

중종 역시 1515년(중종 10)에 세종 때 만든 책이 종이의 품질도 좋고 인쇄도 뛰어난데 근래 책의 품질이 좋지 않다고 한탄하면서 갑진자와 갑인자 중에 닳은 것을 다시 주조하게 했다. 그러면서도 중종은 중국《자치통

---

* 《순조실록》1813년 (순조 13) 6월 9일.

　　　　　　　　　　　　　　　　　　　활자본색

《원행을묘정리의궤》의 한 부분대로 배열한 정리자 식자판. 국립중앙박물관. 가운데 부분을 반으로 접으면 책의 앞면과 뒷면이 된다.

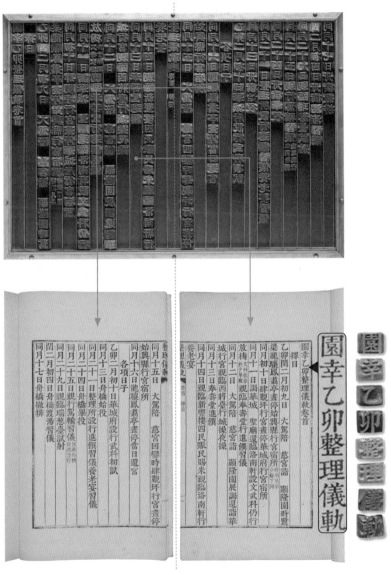

정리자본 《원행을묘정리의궤》. 규장각한국학연구원. 정리자는 정조를 상징하는 활자다. 이 활자로 아버지 사도세자의 묘소 방문을 기록한 《원행을묘정리의궤》를 찍었다. (※ 활자 반전 이미지)

감》의 글씨체로 새로운 활자를 만들었다.* 아마도 선왕들을 이어서 자신만의 활자를 만들고 싶었던 욕심이 있었던 것 같다. 이 활자가 병자자다.

숙종도 자신과 원종元宗의 글씨체로 활자를 만들었다. 1814년에 주자소에서 보관 중인 활자와 목판, 책 등의 현황과 관리 규정 등을 기록한 《주자소응행절목》이라는 책에 수록된 활자 목록에 나온다. 어필서문대자 435자, 맹자진서자孟子眞書字 5594자, 언서자諺書字 4605자가 그것이다. 이 활자들로 1693년(숙종 19)에 찍은 《맹자언해》가 남아 있는데, 책 마지막에 숙종이 지은 발문이 있다. 원종이 손으로 쓴 《맹자》와 《맹자정음》의 글씨를 모사하고 모자라는 글자는 원종의 글씨체대로 쓰게 해서 활자를 만들었다는 내용이다. 위 목록의 맹자진서자가 《맹자》 원문을 찍은 한자 활자다. '진정한 글자'라는 뜻의 진서는 한글에 대비하여 한자를 높여 부르는 표현이다. 언서자는 언해에 사용한 한글 활자다. 그리고 숙종이 지은 발문을 찍은 활자가 바로 어필서문대자다.

앞서 활자는 한 번에 10만 자 이상 만들었다고 했는데, 이 활자들의 수량은 이에 훨씬 못 미치니 의아할 것이다. 분실되고 남아 있는 숫자가 아닐까 생각할 수도 있지만, 실제로 이 정도만 만든 것 같다. 《맹자언해》와 《맹자대문》 딱 2종만 찍기 위해 만든 활자로 보이기 때문이다. 딱 2종의 책을 찍으려고 활자를 만든 이유는 무엇일까? 그전에 원종이 누구일까? 원종은 숙종의 고조할아버지이자 인조의 생부로 인조가 왕이 된 후 추존되었다. 돌아가신 지 한참이나 지나 그의 글씨로 활자를 만들고 책을 찍

---

* 《중종실록》 1515년(중종 10) 11월 4일.

활자본색

은 것은 책 내용이 아니라 원종의 글씨, 즉 어필을 남기려는 목적으로 보인다. 왕실의 위엄을 상징하는 어필은 존숭의 대상이다. 양란 이후 약화된 왕실의 권위를 회복해야 했던 조선 후기에는 선왕들에 대한 추모의 일환으로 목판과 석각으로 선왕의 어필을 남기는 일이 성행했으며, 특히 숙종은 거기에 많은 노력을 쏟았다. 그러니까 《맹자언해》 활자는 이런 목판이나 석각과 같은 차원으로 만든 것이다. 거기에 숙종은 자신의 서체로 만든 활자도 살짝 얹었다. 활자가 전혀 실용적인 용도가 아니라 왕실의 위엄과 권위를 드러내는 용도였음을 잘 보여주는 사례다.

지금까지 언급한 금속활자들은 대체로 왕이 즉위한 해 또는 즉위한 지 얼마 되지 않아 만든 것들이다. 조선 최초의 금속활자 계미자는 태종 3년에, 세종이 처음 만든 활자 경자자는 세종 2년에, 안평대군의 글씨로 만든 경오자는 문종 즉위년에, 경오자를 녹여서 만든 을해자는 세조 1년에 만들었다. 1677년(숙종 3)에는 《현종실록》을 간행하기 위해 금속활자를 만들었다. 이 활자는 실록을 찍기 위해 만든 최초의 금속활자이자, 양란 이후 국가에서 만든 최초의 금속활자다. 양란 이전의 실록은 갑인자와 을해자로 찍었으며, 앞에서도 말한 것처럼 양란 이후 한동안은 금속활자를 만들 형편이 되지 않아 목활자로 실록을 인쇄했다. 뒤에 자세히 이야기하겠지만 양란 이후 최초의 금속활자는 1668년에 김좌명이 만들었고, 《현종실록》을 편찬하면서 마침내 왕명으로 금속활자를 만들었다. 이때 만든 활자는 실록 전용 활자로는 처음 만든 것으로 실록자 또는 현종실록자라고 한다. 실록을 간행하는 행위 자체가 새로운 권력의 시작을 상징하는 것이므로 숙종이 실록자를 만들 때 이런 의도가 있었는지도 모른다. 그리고 정조는 세손 시절에 갑인자의 글씨체로 15만 자를 만들고, 1777년(정조 1)에 똑같은 서체로 15만 자를 더 만들었다. 이것이 단순한 우연일까? 즉 위교서를 반포하고 연호를 만들고 뭔가 즉위를 기념하듯이 자신의 등극을 상징하는 활자를 만들고자 했던 것은 아닐까?

막을 수 없었던 민간의 금속활자 제작

조선시대 금속활자는 왕권의 상징으로 국왕만이 가질 수 있는 배타적인 것으로 인식되었다는 점은 기록에서도 드러난다. 조선 후기의 기록 중에 활자를 사사로이 소장하는 자에 대해서 사사로이 동전을 만드는 것과 같은 죄로 다스리자는 주장이 있었다. 요즘 식으로 말하자면 위조지폐를 만드는 행위와 똑같이 처벌한다는 뜻이다. 조선 전기에는 동전을 녹여 다른 물건을 만들 만큼 동전이 잘 통용되지 않았는데, 상평통보가 만들어진 숙종 때쯤이면 화폐경제가 발달하면서 동전을 사사로이 주조하는 일이 종종 발생했기에 이런 주장이 나온 것이다.

이런 살벌한 주장은 함열현감 이인채의 상소에서 나온 것이다. 1799년(정조 23) 3월 30일자 《승정원일기》에 따르면, 그가 이런 주장을 한 이유는 당시 민간에서 사사로이 활자를 제작해 족보를 위조하는 일이 많았기 때문이다. 양반이 되면 군역을 면할 수 있으므로 족보를 위조하는 일이 성행했는데, 동전을 사사로이 주조하는 것과 족보 위조로 군역을 피하는 것 둘 다 경제 질서를 어지럽히는 일이었다. 그런데 왜 하필 활자가 문제였을까? 활자로 족보를 만들면 목판에 비해 위조하기가 쉬웠다. 목판으로 족보를 만들면 남의 족보에 이름을 넣기 위해 판 하나를 갈아 끼워야 하지만, 활자는 이름만 바꿔치기 하면 되기 때문이었다.

이긍익李肯翊이 쓴 《연려실기술燃藜室記述》에 따르면 숙종 때 이미 군역면제를 위해 활자로 족보를 위조하는 일이 횡행했으며, 영조 때는 한 역관이 여러 족보를 취합하고 사사로이 활자를 주조하여 서울과 지방에서 군역을 면제받고자 하는 사람들을 유인해 양반의 족보에 그들의 이름을 올렸다. 칼로 책장을 잘라내어 이름을 바꿔치기 하거나 후손이 없는 집에 이름을 올리는 방식으로 위조된 족보를 비싼 값에 판 것이다.*

이런 문제를 해결하기 위해 함열현감 이인채는 목판이 아닌 활자본 족보를 일체 금지해야 한다고 상소하면서, 활자를 사주하는 자를 사주전을 만든 자와 똑같이 처벌하자고 주장했던 것이다. 실제로는 어땠는지 모르지만 그의 상소는 대체로 받아들여졌다. 이인채는 이 상소에서 활자를 사용하는 것은 '문원文苑의 절실한 보배'라고 하면서 개인이 마음대로 사용할 수 없는 것이라고 했다. 또 "사가에서 글 중에 교화에 도움이 되지 않고 후세에 전할 만한 것이 아닌 것을 툭하면 인출하고 배포하여 이미 나쁜 풍습이 되었습니다"라고 하며 개인이 사사로이 활자를 소지하도록 내버려두어서는 안 된다고 강조했다. 빠른 시간에 인쇄할 수 있으며 내용을 고치기도 쉽다는 것은 활자 인쇄의 이점이다. 그런데 악용될 경우 국가의

---

* 이긍익, 〈문예전고文藝典故〉, 《연려실기술》 별집 제14권 족보族譜; 《승정원일기》, 1764년(영조 40) 10월 19일.

활자본색

정책에 위배되는 책을 빠른 시간에 인쇄하여 보급하는 도구가 될 수 있으므로 활자의 사유화를 방지하고자 했던 것이다. 실제로 정조 때 천주교 박해 사건인 신해사옥辛亥死獄을 주도한 홍낙안은 정조에게 올리는 상소에서 천주교 서적을 베끼거나 활자로 인쇄해 배포하는 일이 성행하고 있다고 주장했다. 《승정원일기》1791년 11월 3일자 기록에 따르면 홍낙안은 전해 들은 말이라 했지만, 충분히 있을 수 있는 일이며 활자가 국가의 통제를 벗어났을 때의 파급력을 염두에 둔 말이다.

하지만 개인이 활자를 만드는 일을 막을 수는 없었다. 뿐만 아니라 국가가 금속활자를 만들기 어려운 상황이 되자 오히려 국가권력은 이를 활용하기까지 한다. 양란 이후에 개인이 활자를 만드는 일이 종종 있었는데, 이는 양란 이전의 기록이나 실물이 제대로 남아 있지 않아서이기도 하겠지만, 그보다는 개인이 활자를 만드는 일이 훨씬 많아서일 가능성이 높다.

기록으로 볼 때 조선시대 최초로 개인이 만든 금속활자는 1668년(현종 9)에 김좌명이 만든 활자다. 1668년은 무신년이라 보통 무신자라 불린다. 당시 김좌명 집안은 유력 가문이었다. 그의 아버지는 대동법으로 유명한 김육으로 영의정까지 지냈다. 그의 아우 김우명은 현종의 비인 명성왕후의 아버지로 왕의 장인이니, 김좌명은 왕의 처삼촌이다. 그는 1662년 공조, 예조판서를 거쳐 병조판서가 되었고 이듬해에 수어사를 겸직하고 1668년에는 호조판서가 되었다. 조선의 병권과 재정을 한 손에 쥔 실세였던 것이다.

그는 이러한 실권을 바탕으로 수어청의 병사들을 이용해서 1668년에 금속활자 큰 자 6만 6100여 자, 작은 자 4만 6600여 자를 주조했다. 비용은 호조와 병조에서 지급되었다.* 김좌명은 이 활자로 먼저 아버지 김육의 연보와 문집을 인쇄했다. 당시에 연보와 문집 등을 만드는 일은 가문을 빛내고 양반 가문임을 자랑하는 데 아주 중요한 요소였다.

이 활자는 개인적인 용도로 사용했지만 수어청의 군사를 동원해서 만들었고 또 국가에서 이들에게 급여를 지급했기 때문에 어찌 보면 개인적인 용도에 국가의 비용과 인력을 동원한 것이라 할 수 있다. 이 활자는 1671년(현종 12) 김좌명이 죽은 후에도 한동안 집안에서 보관하고 있다가 다음 해 국가의 공식 출판 기구인 교서관으로 옮겨와서 숙종, 영조 때 여러 책을 찍는 데 사용되었다. 결국 국가 또는 국왕을 대신해서 김좌명 집안이 활자를 만드는 역할을 주도했던 것이다. 개인과 국가의 경계가 모호하다.

김좌명의 아들 김석주도 숙종 초기인 1677년경에 사비를 들여 식솔들을 동원해 한구자라는 활자를 만들어 책을 찍어 숙종에게 바치기도 했다. 김석주는 이 활자로 집안의 여러 책을 찍었고, 결국 1695년(숙종 21) 왕실에서 이 활자를 사들였다.**

김좌명과 김석주가 만든 활자가 한 집안에서 만든 것이라면, 여러 집안이 모인 계에서 만든 활자도 있다. 이른바 낙동계자洛東契字라는 활자다.***

---

* 《현종개수실록》1668년(현종 9) 8월 5일, 1672년(현종 13) 10월 4일; 김좌명, 〈소차疏箚〉《귀계유고歸溪遺稿》권상, 사호조판서차辭戶曹判書箚, 무신戊申 7월 별지別紙.
** 《숙종실록》1695년(숙종 21) 3월 21일.
*** 낙동계자와 (현종)실록자에 대해서는 나의 논문 〈국립중앙박물관 소장 實錄字 고찰〉《규장각》40, 2012)과 〈洛東契字를 통해 본 조선시대 文人들의 지적 교류〉《민족문화연구》60, 2013)에서 상세히 밝혔다.

활자본색

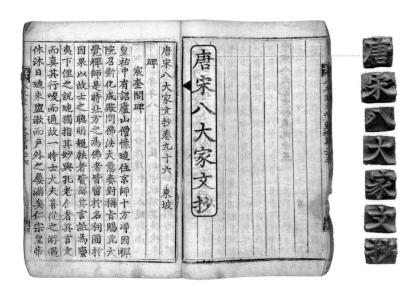

낙동계자로 찍은 《당송팔대가문초》(개인 소장)와 현종실록자(국립중앙박물관). 양란 후 국가가 책을 원활히 공급하지 못하자 낙동의 유력가들이 계를 만들어 활자를 제작해 필요한 책을 찍었다. (※활자 반전 이미지)

낙동에 살았던 사람들이 만든 금속활자를 말한다. 낙동은 서울의 동쪽 지역(지금의 종로구 이화동, 혜화동, 창신동 일대)으로 연화방, 건덕방, 덕성방을 가리킨다. 당시 이 지역에 명사들이 많이 모여 살았고, 그중 한 사람인 이명한의 문집 《백주집》에 1643년 낙동계를 결성한 것을 기념하여 만든 계첩에 쓴 서문 〈낙동계첩서洛東稧帖序〉가 있다. 역시 건덕방 낙산 아래 살고 있던 인조의 셋째 아들 인평대군의 아들 복창군을 '낙동공자洛東公子'로 표현한 예도 있다.

낙동계자에 대한 언급은 《현종실록》을 간행한 후 그 경과를 기록한 《현종실록찬수청의궤》에 나온다. 《현종실록》을 인쇄할 때 사가, 즉 낙동계에

현종실록자. 국립중앙박물관.《현종실록》을 간행할때 낙동계자를 들여오고 모자라는 활자를 추가로 제작했는데, 활자들이 서로 섞여서 구분하기 어렵다.

서 가져온 활자 3만 5830개에 실록 간행을 위해 만든 임시관청(도감)에서 4만여 자를 더 주조했다고 했다. 당시에는 나라에서 책을 제대로 만들 형편이 안 되었으니 왕족과 사대부들이 결성한 계에서 금속활자를 만들어 《당송팔대가문》 등을 찍고《현종실록》을 찍는다고 하니 활자를 내준 것이다.

그런데《현종실록》을 만든 후 활자를 낙동계에 돌려주지 않았다. 사가에서 만든 활자이므로 주인에게 돌려주어야 하지만,《현종실록》을 찍을 때 이미 합쳐버렸으므로 구분하기도 어렵고 둘로 나누면 책을 인쇄하는 데 부족하다는 이유에서다. 그리하여 활자들을 교서관으로 보내 계속 책을 찍는 대신 주인에게 대가를 지급하려 했으나 사양했으므로 책을 찍을 때 1건식 더 찍어 배포하기로 했다. 태종이 구리를 징발한 것처럼 말하자면 국가에서 활자를 징발한 것이다. 돈으로 대가를 지급할 기준도 없고, 사가에서 달라고 하기도 어려웠을 것이다. 어찌 보면 국가에서 할 일을 왕족이나 유력자들이 대신한 셈이다.

《승정원일기》에는 사가의 계에서 활자를 만든 사실이 종종 거론된다. 1703년(숙종 29)에 이수광의 증손자인 이현석이 지어 영조 때 인쇄된《명사강목》은 사가의 계에서 자금을 모아 인쇄했다고 하며, 1770년(영조 46)에는 영조가 사가의 계에서 만든 금속활자를 교서관이 보관하고 있는지 묻기도 했다. 어떤 활자를 말하는지 정확히 알 수 없지만 당시 개인들이 계를 모아 활자를 만들었는데 교서관에서 책을 인쇄할 때도 사용했던 것으로 보인다.[*]

《조선왕조실록》이나 《승정원일기》외에 조선시대의 기록물 중 세계기록유산으로 등재된 중요 자료 중 하나가 조선 왕실의 의궤다. 의궤의 내용 중에 활자 제작 등과 관련하여 다른 곳에서 볼 수 없는 기록이 나와 있는 경우가 있다.《현종실록찬수청의궤》에 낙동계자에 관한 상세한 기록이 있는 것이 그런 예다.

또 다른 예로《녹훈도감의궤》를 들 수 있다.《녹훈도감의궤》는 공신

---

[*]　《승정원일기》, 1734년(영조 10) 9월 5일, 1736년(영조 12) 7월 12일, 1770년(영조 46) 8월 23일.

칭호를 주는 절차와 관련 행사 등을 기록한 의궤다. 이 행사 중의 하나가 공신명부를 작성해 공신들에게 배포하는 것이다. 대개 공신명부인 공신녹권을 찍어 나누어주었다. 1680년(숙종 6)에 남인들이 쫓겨나고 서인들이 집권하는 경신환국에 공을 세운 사람들에게 보사공신이라는 칭호를 주고, 이 과정을 기록한 《보사녹훈도감의궤》에 공신들의 명단을 인쇄할 때 사주자, 즉 개인이 만든 활자를 가져다 사용했다는 기록이 있다.[*] 1694년(숙종 20) 5월에 경신환국으로 공신이 되었다가 기사환국으로 삭탈당한 보사공신의 공신 칭호를 회복시키면서 녹권을 다시 인쇄했다. 이때 경신년에 사용한 사주자를 가져다 찍었다.[**] 이 과정과 절차를 기록한 《보사복훈도감의궤》에는 이때 사주자가 훼손되어 새로 활자를 만들어서 돌려주자는 의논이 있었다는 내용이 나온다.[***] 실제로 그렇게 했는지는 알 수 없다.

오늘날 남아 있는 《보사원종공신개수녹권》, 즉 공신 칭호를 회복한 후다시 작성한 녹권을 보면 갑인자체의 활자로 찍었다. 보통 서지정보에는이 활자를 무신자, 즉 현종 때 김좌명이 만들고 그가 죽은 후 조정에서 거둬들인 활자로 찍은 것으로 기록되어 있다. 그런데 위 의궤의 기록들을보면 이 녹권들을 사주자로 인쇄했다고 하니, 갑인자체로 활자를 만든 사람이 김좌명 말고 또 있었던 것일까? 개인이 금속활자를 만드는 일이 생각보다 자주 있었을지도 모르겠다.

---

[*] 《보사녹훈도감의궤保社錄勳都監儀軌》삼방인출색三房印出色.

[**] 《승정원일기》, 1694년(숙종 20) 윤5월 19일.

[***] 《보사복훈도감의궤保社復勳都監儀軌》별공작別工作 甲戌(1694) 10월 19일.

같은 녹권이지만 1722년(경종 3)에 노론이 경종을 암살하거나 폐위시키기 위해 일으킨 역모사건으로 일어난 임인옥사를 밝히는 데 공을 세운 부사공신의 녹권을 인쇄할 때는 새로 활자를 만들 여력이 없다 하여 교서관에 있는 활자를 사용하기로 했다. 영조가 즉위한 후 부사공신이 삭탈되어 이 녹권은 현재 자취를 알 수 없지만 여기서는 위와 반대로 교서관 활자를 가지고 녹권을 찍은 경우다.* 사실상 국가에서 만든 활자와 개인이 만든 활자가 통용되었음이 분명하다. 물론 이때 개인이란 상당한 권력을 가진 자들이다.

이외에도 홍계희와 그의 사우士友들이 스승 이재가 엮은《율곡선생전서》를 간행하기 위해 금속활자를 사사로이 만들었다. 정조의 명으로《규장자서기》를 쓴 서명응의 집안 역시 조선 후기의 대표적인 명문가이자 활자 제작과 관련이 깊다. 서명응이 임진자와 정유자 제작에 관여했고, 아들 서호수도 재주한구자, 정리자 등 정조의 활자 제작에 깊이 참여했다. 아들인 서유구의 집안에도 금속활자인지는 알 수 없지만 활자 수만 자가 있었다.** 순조의 생모인 수빈 박씨의 오빠 박종경도 1816년(순조 16)에 금속활자 20만 자를 주조해 가장 먼저 자신의 아버지 시문집을 찍었는데, 여기에서 몇 해 동안 재물을 모아 당본唐本 활자 20만 자를 주조했다고 밝혔다. 그 후 이 활자로 집안의 족보, 자신의 문집, 집안사람들의

---

* 《승정원일기》, 1722년(경종 2) 10월 29일.

** 서유구,《풍석전집楓石全集》;《금화지비집金華知非集》권3, 서書, 여연천홍상서론계원필경서與淵泉洪尙書論桂苑筆耕書.

경기도 성남시 고등동 공공주택지구 조성부
지 발굴 조사에서 나온 활자의 정면과 측면.
이 활자는 민간에서도 금속활자를 만들었음
을 증명한다.

문집과 저작 등도 이어서 출판했다.*

금속활자는 왕권의 상징으로 아무나 가질 수 없는 것이었으나 재력과
권력을 가진 자들은 어떻게 해서든 이를 갖고 싶어 했을 것이다. 임진왜
란과 병자호란을 겪으면서 왕권이 약화되자 유력 집안들은 스스로 금속
활자를 만들어 왕만이 가질 수 있는 특권에 도전했고, 왕실 역시 이를 용
인하고 이들과 공존할 수밖에 없었다. 그래서 왕실의 사정이 여의치 않을

* 　박종경,《돈암집敦巖集》권6 발跋, 서금석집후書錦石集後.

때 민간에서 활자를 만드는 것을 용인하고, 국가에서 필요하면 징발하기도 하고, 썩 내키지는 않지만 관아에서 쓰는 활자를 내주어 민간에서 필요한 책을 찍게 할 수밖에 없었던 것이다.

여기에 또 하나 알려지지 않은 활자가 있다. 2017년 경기도 성남시 고등동 공공주택지구 조성부지 발굴 조사에서 나온 활자다.* 이 활자는 2구역 조선시대 건물 터의 부엌 옆 배수시설에서 나왔다. 건물 터는 가로세로 12.5×15미터 규모인데, 일반 거주지에는 흔치 않은 ㅁ자 구조인 점 등으로 보아 재실齋室이었을 것으로 추정한다. 활자는 '拙'(졸) 자인데, 현재까지 알려진 금속활자본에서는 확인되지 않는 서체다. 크기는 세로 가로 높이 1.1×1.3×0.7센티미터, 뒷면에 쐐기 모양의 홈이 파여 있다. 딱 하나만 나왔기 때문에 어떤 맥락인지 알 수 없지만, 형태로 보건대 만든 시기는 분명 조선 중기로 올라갈 듯하다. 어느 유력 집안에서 만든 것이 분명하다. 우리가 생각하는 것보다 훨씬 많은 사람들이 몰래, 아니면 대놓고 금속활자를 만들었을지도 모른다. 감춰두었던 어느 집안의 또 다른 활자가 세상에 드러나기를 기대해본다.

---

* 《성남 고등 공공주택지구 내 성남 고등동 유적 발굴보고서》(우리문화재연구원, 2019)에 자세히 나와 있다.

4

활자의 서체는 어떻게 만들었을까?

활자의 실체를 찾으려고 다양한 고서들에 찍힌 글자와 대조하면서 관심 영역이 활자에서 책으로 확대되었다. 그러면서 물질로서의 책이 주는 다양한 신호를 얼마나 많이 놓치고 있었는지 깨닫게 되었다. 특히 활자로 찍은 책을 찾는 데 관건이 되는 서체에 눈을 뜨게 되었다. 서체를 잘 모를 때는 똑같아 보이던 책이 서체에 관심을 갖고 보면 다르게 다가온다. 그리고 그것이 나름의 미감과 의미와 메시지를 담고 있음을 알게 된다. 고서의 서체에 관심을 갖고 관찰하는 습관은 자연스레 오늘날의 서체에 대한 관심으로 이어져서 서체의 개성과 유행에 민감해졌다. 서체의 미학을 추구하는 사람들이 들려주는 은밀한 메시지도 즐기고 공감할 수 있게 되었다.

조선은 '활자의 나라'라고 할 수 있을 만큼 수많은 활자를 제작했다. 지금까지 설명했듯이 기록을 통해, 또는 남아 있는 실물을 통해 수십 차례 활자를 제작했음을 알 수 있다. 그런데 수십 차례 만든 이 활자들을 어떻게 구분할 수 있을까? 어떤 책을 무슨 활자로 찍었는지 판단하는 기준은 무엇일까? 활자를 구분하는 첫 번째 기준은 활자의 글씨 모양, 즉 서체라 할 수 있다. 같은 서체로 활자를 다시 만들기도 하지만, 대부분의 경우 활자가 다르다는 것은 서체가 다르다는 것을 의미한다. 인사동에서 출토된 활자가 1434년에 만든 갑인자인지 1455년에 만든 을해자인지를 구분하는 것도 일차적으로는 서체를 통해서다. 출토된 한글 활자 중에 이른바 동국정운식 한자음 표기법으로 쓴 활자를 세종 때 만든 것이라고 오해하는 경우도 있지만, 그것이 사실이 아닌 이유는 갑인자로 찍은 책에 있는 한글 활자와 서체가 다르고, 을해자로 찍은 책에 있는 서체와 같기 때문이다. 서체는 활자를 이야기할 때 빼놓을 수 없는 요소이며, 조선의 왕들도 어떤 서체로 활자를 만들지, 어떤 책에 어떤 서체를 쓸지 고민한 흔적이 역력하다. 그렇다면 활자의 서체는 어떻게 만들어졌을까?

활자본이든 목판본이든 인쇄본을 만들려면 제일 먼저 붓으로 글씨를 써야 한다. 이걸 자본字本, 즉 글자본이라고 한다. 붓글씨는 오늘날 서예, 즉 붓으로 쓰는 예술이라고 하는데, 조선시대에도 마찬가지였다. 군자라면 아름답고도 개성 있는 붓글씨로 자신의 교양과 예술적 감성을 드러낼 수 있어야 했다. 인쇄본을 만드는 글씨체는 아름다움에 더하여 읽기 쉬워야 했다. 아름답고 읽기 좋은 글씨의 기준은 무엇일까? 그 기준은 '해법준미楷法遵美'라는 표현으로 요약할 수 있지 않을까 생각한다. "법도에 맞고 보기에 아름답게 쓴 해서楷書" 정도로 번역될 수 있는 이 사자성어는 중국 당나라의 역사 기록인 《신당서》의 〈선거지〉에 나온다. 〈선거지〉는 관료 선발의 절차, 시험 과목 등 제도 전반을 서술한 글이다. 이에 따르면 '해법준미'는 관료 선발의 마지막 단계에서 합격자를 뽑는 기준인 '신언서판身言書判' 중 '서'의 합격 여부를 판단하는 잣대다. 요즘에도 간혹 인물 판단 기준으로 거론되곤 하는 신언서판에서 '신'은 외모, 풍채를 뜻하고 '언'은 논리적인 표현력, '서'는 글씨, '판'은 관료로서 실무적인 판단력 정도로 보면 될 것 같다. 그런데 흔히 짐작하는 것과 달리 서와 판을 평가하는 시험에 합격한 사람만이 신과 언의 시험을 볼 수 있었다. 말하자면 공무원 임용이나 승진 시험을 볼 때, 논술시험 답안지를 자필로 쓰게 하여 서술 내용과 함께 글씨를 얼마나 잘 썼는지를 보고 합격자를 걸러낸 다음 그들을 대상으로 일종의 면접시험이라 할 수 있는 외모와 논리적 표현력을 평가하는 방식이다. 그러니까 외모와 언변보다 글씨를 얼마나 잘 쓰느냐가 더 중요했던 것이다.

글씨가 뭐 그렇게까지 중요할까 의아해할 수도 있겠다. 하지만 반듯하고 알아보기 쉽게 쓴 글씨가 환영을 받는 것은 어찌 보면 당연한 일이다. 요즘도 필기시험에서 일단 글씨를 잘 써야 채점자들이 채점할 맛이 나며 아무리 좋은 내용이라도 악필이라면 일단 감점 요인이 되지 않을까? 더욱이 문자를 읽고 쓸 수 있는 사람이 많지 않은 시대에 문자는 지식과 명예의 상징이자 출세의 조건이 되기도 하여, 글씨를 사람 됨됨이를 판단하는 기준으로 여겼다. 그래서 오늘날에도 보기 좋지 않은 손글씨가 간혹 문제가 되곤 한다.

해법준미에서 '해법'은 앞서도 말했듯이 해서를 뜻한다. 해서는 한자의 다섯 가지 서체, 즉 전서, 예서, 해서, 행서, 초서 중에서 정자로 바르게 쓴 서체다. 그래서 정체正體, 진체眞體로도 불렸다. 중국 한나라 때 등장한 해서체는 당나라 시대에는 표준 서체로 자리 잡았다. 서예에 관심 있는 사람들에게는 너무나 유명한 구양순, 안진경 등도 당나라 시대에 해서체의 표준을 만든 사람들이다.

중국에서 해서가 가장 규범적이고 알아보기 쉬운 서체로 널리 쓰이던 시기에 인쇄술이 등장하면서, 인쇄용 서체도 해서체를 따랐다. 고려시대와 조선시대의 인쇄본도 대부분 해서체를 따랐다. 활자나 목판을 만들기 위해 붓으로 글씨를 직접 써야 했고 해서가 표준 서체였기 때문에 인쇄에도 해서체가 쓰인 것은 당연하다고 생각할 수 있다. 하지만 종이에 붓으로 글씨를 쓰는 것과 나무에 글자를 새기는 것은 별개의 문제다. 붓글씨는 붓의 특성상 획의 굵기가 일정하지 않으며, 직선을 이루지도 않는다. 이런 구양순의 해서(왼쪽)와 안진경의 해서(오른쪽). 국립중앙박물관. 당나라의 명필가인 이들의 글씨 중에서 정자체인 해서는 이후 해서의 모범이 되었다. 활자나 목판의 서체도 이런 해서체를 따랐다.

붓글씨의 느낌을 그대로 나무에 새겨 조각하는 데는 시간과 정성이 많이 들어간다. 더욱이 한자는 획이 많고 복잡한 글자도 많다. 현존하는 임진자 중에 "그릇에 이가 빠지다"라는 뜻을 가진 '齞'(엄) 자는 35획이나 된다. 이와 비슷한 획수의 글자가 한둘이 아니다.

그럼에도 불구하고 활자 또는 목판으로 인쇄한 조선시대의 책은 얼핏 보면 붓글씨로 쓴 것과 구분이 안 될 정도로 섬세하다. 어떤 경우에는 정자 해서에 없는 약자, 이체자 등을 활자로 그대로 만들어 사용했기 때문에 손으로 쓴 느낌이 살아 있다. 특히 한구자로 찍은 책은 글자가 작고 획이 가늘 뿐만 아니라 다른 활자의 서체에 비해 행서체처럼 흘려 쓴 것이 많아, 얼핏 보면 가는 붓으로 쓴 것으로 착각할 정도다. 국립중앙박물관에는 한구자 실물이 수만 자 남아 있는데, 볼 때마다 이걸 어떻게 활자로 만들었을까 감탄하게 된다.

한구자. 국립중앙박물관. 한구자의 크기는 다른 활자보다 작다. 이 작은 활자에 획수도 많은 복잡한 한자를 구현한 것을 보면 감탄이 절로 나온다.

이런 인쇄본의 서체들은 붓글씨의 모습, 즉 필사본의 모습을 인쇄본에서 최대한 살리려는 의도를 보여준다. 서예는 하나의 예술일 뿐만 아니라 글씨가 그 사람의 인품을 드러낸다고 생각할 정도였으며, 손으로 쓰는 책은 시간과 정성을 들인 귀하고 가치 있는 것으로 여겼기 때문이다. 책이란 모름지기 붓으로 한 자 한 자 써내려가는 것이 당연했던 시절에 새로 등장한 인쇄술은 기존의 형식을 최대한 따르고 모방해야 한다고 생각했을 것이다.

이러한 현상은 서양에서도 마찬가지로 나타났다. 오늘날 우리가 접하는 보기 좋고 읽기 편한 로마자 활자체 역시 여러 차례 변천을 거쳐 발전해온 것이다. 구텐베르크가 최초로 만든 활자로 인쇄한 《42행 성서》를 비롯해 초기에 인쇄된 책들은 분명 인쇄본이고 로마자를 사용했지만 알아보기가 어렵다. 단순히 구두점이 없거나, 단어가 생소하기 때문만은 아니다. 서체 자체를 중세 필사본 글씨체를 흉내 내어 만들었기 때문이다. 서양에서도 인쇄술이 등장하기 전에는 수도원에서 필경사들이 손으로 쓴 필사본이 유통되었으며, 이 필사본은 아무나 가질 수 없는 귀중한 것이었다. 따라서 구텐베르크가 처음에 금속활자로 《42행 성서》를 인쇄할 때도 이 값비싼 필사본의 모양을 그대로 재현하고자 했던 것이다.

덧붙여 이야기하자면 책의 모양도 이런 경향을 보인다. 서양에서 필기 재료로 사용한 파피루스가 기원전 2세기 무렵부터 양피지로 대체되면서 형식도 양피지의 성격에 맞게 두루마리에서 코덱스codex 형식으로 변화했다. 코덱스는 오늘날과 같은 책자 형태의 원형이며 두루마리에 비해 글을 쓰고 읽기에 훨씬 편리한 형식이다. 그럼에도 불구하고 이런 형태 변화에 대한 저항은 오랫동안 지속되어 5세기가 되어서야 코덱스가 책의 형태로 일반화되었다. 심지어 그때까지도 성 아우구스티누스 같은 인물은 사적인 통신에서 여전히 두루마리를 사용했다고 한다.

그러나 동양이든 서양이든, 서체의 모양이든 책자의 형식이든, 효율적이고 합리적인 형태로 변화해나가는 것은 필연적인 과정이었다. 한자로 활자나 목판을 만들 때 붓글씨의 느낌을 그대로 살리려면 시간과 공력이 많이 들기 때문에 점차 새로운 서체가 등장하게 되었다. 붓글씨를 쓸 때 붓끝을 세웠다가 구부려서 방향을 바꿔야 하기 때문에 획의 시작 부분이 뾰족하다. 세로획의 경우 일정한 굵기를 유지하다가 끝부분은 다시 뾰족하게 마무리한다. 가로획의 경우 시작 부분에서 붓을 눌렀다가 가운데 부분에서 가늘어지며, 끝부분에서는 붓을 꾹 눌러 쓴 듯이 뭉툭해진다. 그런데 이런 서체로 쓴 글씨를 나무에 조각하려면 시간과 공력이 많이 들기 때문에, 이런 요소를 점차 생략하여 직선화했다. 글자 모양도 정방형으로 규격화했다. 그러다 보니 리듬감이나 곡선의 아름다움이 사라져 글씨가 딱딱한 느낌을 준다. 반면 이런 서체는 내리긋는 세로획은 굵고, 건너긋는 가로획은 가늘어 균형이 잡혀서 읽기 쉬운 장점이 있다. 이런 서체를

필사하는 모습이 그려진 서양의 필사본(왼쪽, 영국 국립도서관)과 구텐베르크의 《42행 성서》 복제품(오른쪽, 국제성서박물관). 서양의 경우 구텐베르크가 인쇄술을 발명하기 전에는 수도원의 필경사들이 필사하여 책을 만들었다. 구텐베르크가 활자를 만들 때도 이런 필사본의 형태를 그대로 모방했다.

오늘날 명조체明朝體*라고 부른다.

명조체는 중국 송나라 시대에 목판 인쇄가 성행하면서 각수刻手들이 판목에 글자를 새기는 속도를 높이기 위해 먼저 만들기 시작했다. 그래서 중국에서는 이를 송체자宋體字라 부르기도 한다. 그러나 남송시대에 이런 서체는 아직 과도기 형태였으며, 본격적으로 이런 서체가 등장한 것은 15세기 중·후반 명나라 시대다. 그럼에도 이를 송체자라고 부르는 이유는 명나라의 서적 애호가와 수장가들이 송대에 간행한 책을 모방하되, 비용을 절약하기 위해 송나라 판본이 갖는 해서체의 특징을 생략하기 시작했

---

* 명조체에 대해서는 이용제·박지훈, 《활자 흔적─근대 한글 활자의 역사》(물고기, 2015)를 주로 참고했다.

기 때문이라고 한다.* 이후 청나라에서도 해서체 대신 이런 서체가 주류를 이루었다. 그중에서도 가장 전형적인 서체가 《강희자전康熙字典》의 서체다.

1800년대 유럽에서는 중국에 대한 관심이 높아지며 서양식 납활자로 명조체를 만들었다. 당시 유럽에서 사용하던 로마자 서체인 세리프serif(로마자 활자의 서체에서 획의 시작이나 끝부분에 있는 작은 돌출선)가 있는 서체와 명조체가 잘 어울렸기 때문이었을 것이다. 이러한 한자 서체는 서양 선교사들을 통해 서양의 인쇄술과 함께 마카오와 중국으로 역수입되었다. 한편 히라가나, 가타가나와 함께 한자를 사용하는 일본은 이 무렵 서양식 납활자를 만들면서 상해 미화서관美華書館 소속의 미국인 선교사 윌리엄 갬블William Gamble을 통해 유럽에서 만든 이 한자 서체를 도입했는데, 이것이 오늘날 우리가 아는 명조체의 기원이다. 명조체라는 이름도 일본에서 유래하여** 이 서체를 명조明朝의 일본식 발음에 따라 민초체Mincho-font라 부르게 되었다. 해서체와 대비하여 명조체는 획의 시작과 끝부분을 각이 지게 처리했는데 이런 모양이 로마자 폰트의 세리프와 유사하다고 하여 명조체를 세리프가 있는 서체로 설명하기도 한다. 근대 납활자용 서체가 일본에서 개발·보급되고 서체 이름도 중국이 아니라 일

---

* 중국의 검색 포털 사이트 바이두百度에는 명대에 나온 명조체가 송체로 불리는 이유를 이렇게 설명하고 있다. 또 '송체'라는 이름은 1673년(강희 12) 강희제의 명으로 간행한 《문헌통고文獻通考》 서문에 "이후 책을 인쇄할 때 방체方體(각진 서체)는 송체자라 하고, 해서는 연자軟字(붓글씨 느낌을 살린 부드러운 서체)라고 칭한다"라는 데서 유래했다고 했다.

** 바이두의 '宋体'에 따르면 명조체(송체)로 인쇄한 서적이 명대에 일본에 전래되어 일본에서 납활자로 만든 이 서체를 명조체로 불렀다고 한다.

활자본색

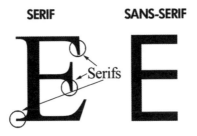

SERIF　　　SANS-SERIF

Serifs

세리프체(왼쪽)와 산세리프체(오른쪽). 로마자에서 획의 시작이나 끝부분의 돌출된 부분을 세리프라 하며, 세리프가 있는 서체는 세리프체, 세리프가 없는 서체는 산세리프라 한다. 로마자의 세리프가 한자 명조체 획의 모양과 비슷하여 명조체를 세리프가 있는 서체라고 표현하기도 한다.

본에서 시작된 것이 꺼림칙해서인지, 중국에서는 '송체'를 공식적인 서체 이름으로 정했다.

　중국에서 서적을 수입하던 조선에도 사신을 통해 이런 서체의 책들이 들어왔고, 마침내 활자에서도 해서체가 아닌 명조체가 등장하게 된다. 지금까지 알려진 가장 이른 시기의 이런 활자체는 17세기 후반에 여러 문집 등을 찍을 때 사용한 금속활자로 '교서관인서체자'로 부른다. 이 활자 실물이 국립중앙박물관에 남아 있는데, 자세히 보면 글자마다 조금씩 달라 아마도 중국의 여러 판본을 그때그때 모방해서 만든 것이 아닌가 생각된다.

　이후 조선에서 만든 활자의 서체는 이전 서체를 그대로 사용한 갑인자체와 한구자체, 실록자체를 제외하고 모두 이런 모습이다. 그중 대표적인 것이 정조가 만든 정리자의 서체다. 정조는 이 활자를 만들고 나서 중국의 《무영전취진판정식》보다 더 뛰어나다며 만족스러워했지만, "글씨체가 너무 모가 나서 자못 원후圓厚한 맛을 잃었다"라는 점을 단점으로 지적

했다.* 원후는 글자 그대로 해석하면 둥글둥글하고 뭔가 살진 느낌이 난다는 뜻이다. 정리자와 정리자로 찍은 책을 보면 종래에 갑인자체로 찍은 것과 다르게 명조체의 특징이 잘 드러난다. 정조는 이런 모습을 원후하지 않다고 표현한 것이다.

《조선왕조실록》 등에 정리자의 서체는 중국 청나라 강희제의 명으로 간행된 《강희자전》의 서체에서 따왔다고 기록되어 있다. 실제로 《강희자전》의 서체를 보면 정리자와 완전히 같지는 않지만 전체적으로 가로 세로획의 굵기가 일정한 점, 획의 처음과 마지막에 보이는 꺾임이나 눌림이 없다는 점 등이 비슷하다. 이런 서체는 명대 판본과는 또 다른 더 규격화되고 정형화되고 간소화된 모습이어서 명조체와 구분하여 청조체라고 부르기도 한다.

정리자처럼 명조체 활자는 만드는 시간이 단축되고 가독성도 높아 효율적이었다. 글씨는 서예로 인식되었던 만큼 해서체로 쓴 글씨가 더 뛰어나다고 생각했기 때문에 비록 정조는 이 서체를 싫어했지만, 확실히 가독성이 더 높았던 정리자는 근대적인 서체의 특징을 지녔다. 정조를 상징하는 정리자가 정조의 문집 《홍재전서》와 왕실의 권위를 드러내는 의궤 외에도, 1896년에 간행한 최초의 서양 법학서인 《공법회통》이나 갑오개혁 후 발행한 근대적 성격의 국가 기관지인 《관보》의 인쇄에 사용된 것은 정리자의 이런 특징 때문일 것이다.

19세기의 활자본에 이런 서체가 유행하면서 역으로 붓글씨를 이런 서

---

* 정조, 《홍재전서弘齋全書》 권165, 일득록日得錄 5, 문학.

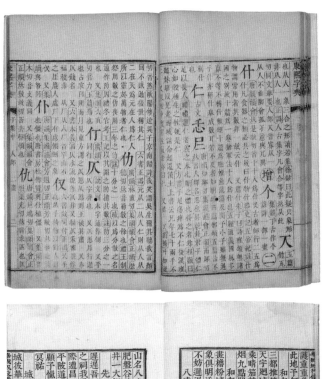

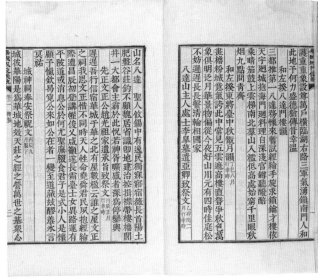

전형적인 명조체로 간행한《강희자전》(위)과《강희자전》의 서체를 본떠 만든 정리자로 간행한《화성성역의궤》(아래). 국립중앙박물관.《강희자전》의 서체와 정리자의 서체가 완전히 일치하지는 않지만 둘 다 명조체의 특징을 가지고 있다.

체로 쓴 사례도 있어, 해서를 제치고 명조체가 유행하는 서체로 자리 잡아가는 모습을 확인할 수 있다. 19세기 말에 이르면 일본으로부터 도입한 신식 납활자와 인쇄술이 전통 활자와 인쇄술을 대체함에 따라, 전통적인 해서체는 점차 자취를 감추고 일본에서 들어온 명조체가 그 자리를 대신하게 되었다.

세종의 셋째 아들 안평대군은 형 수양대군과의 권력 다툼에서 패배함으로써 36세라는 젊은 나이에 세상을 떠났다. 이 이야기는 사극 드라마나 소설 등을 통해 널리 알려져 있지만, 안평대군이 글씨를 아주 잘 써서, 조선 전기 또는 조선시대 전체를 대표하는 명필 중 한 명으로 꼽힌다는 사실을 아는 사람은 많지 않다. 그는 고려시대 말부터 조선시대 전기에 걸쳐 유행했던 조맹부체를 잘 썼는데, 중국 사신들이 명나라에서 조맹부체로 이름난 진겸陳謙보다 더 뛰어나다고 칭송할 정도였다.* 하지만 그의 서예 작품은 남아 있는 것이 별로 없다. 안견에게 자신이 꾼 꿈을 들려주며 그리게 했다는 〈몽유도원도〉의 발문이 대표적이지만, 현재 일본에 있어서 접하기 힘들고 그 외 탁본 몇 점이 남아 있을 뿐이다.

그런 중에도 그의 필적을 볼 수 있는 책이 남아 있다. 바로 1450년에 만

---

* 《세종실록》1450년(세종 32) 윤1월 11일.

조선의 대표 명필 안평대군의 서체를 확인할 수 있는 〈몽유도원도〉 발문. 일본 덴리대학교.

든 경오자로 찍은 책이다. 경오자의 글자본을 안평대군이 썼기 때문이다. 앞서 본 것처럼 세조는 즉위 후에 바로 안평대군의 글씨체로 만든 경오자를 녹여 1455년에 을해자를 만들었기 때문에, 활자는 물론 경오자로 찍은 책도 몇 점 되지 않는다. 《홍재전서》에 따르면 정조 역시 조선의 명필 중 으뜸은 안평대군이라면서 그의 글씨체가 마음에 들어 활자로 만들고 싶지만 목판은 물론 찍은 책도 드물어 글씨체를 전체 복원할 수 없어 만들지 못하는 것에 대한 아쉬움을 표했다.* 그럼에도 불구하고 경오자로 찍은 책에 남아 있는 글씨에서 조맹부체 특유의 기름지고 유려한 글씨체와 안평대군의 호방한 필치를 충분히 느낄 수 있다.

일국의 왕자가 활자의 서체를 쓴다는 것이 지금의 관점에서는 이해하

---

* 정조, 《홍재전서》 권165, 일득록 5, 문학.

기 힘들겠지만, 조선시대에는 글씨를 잘 쓰는 것은 군자가 갖추어야 할 중요한 덕목이었다. 그런 만큼 군자들이 봐야 할 책을 찍는 데 사용하는 활자 역시 바르고 단정해야 했다. 그래서 글씨를 잘 쓰는 군자라면 활자의 글자본을 쓰는 일에 도전해봄 직했던 것이다.

경오자를 녹여 만든 을해자는 강희안의 글씨를 글자본으로 삼은 것이다. 강희안 역시 그림과 글씨에 뛰어난 조선의 명필 중 한 사람이다. 그는 왕실의 인척, 즉 세조, 안평대군과 이종사촌 사이였다. 이들은 함께 어울리며, 세종의 비 소헌왕후의 명복을 빌기 위해 불경을 필사하는 일 등에 참여하고, 세종 때의 여러 편찬 사업에서도 중요한 역할을 했다. 하지만 한때 의기투합했던 이들은 정치적으로 끝내 다른 길을 걸었고, 이들 사이의 비극이 활자를 통해서도 드러난다.

강희안의 글씨체로 만든 을해자는 갑인자보다 더 반듯한 정자체이며, 당시 대부분 활자의 서체와 달리 가로가 세로보다 길어 옆으로 약간 퍼진 듯한 독특한 서체다. 강희안의 서예 역시 지금은 거의 남아 있지 않다. 비록 활자의 서체와 서예 작품의 필체가 반드시 일치하지는 않지만, 활자를 통해서나마 그의 필적을 볼 수 있어 다행이다.

오늘날 자주 언급되거나 조명되지는 않지만 세조 역시 글씨를 무척 잘 썼던 것 같다. 《조선왕조실록》 등의 갑인자 제작 기록에 따르면, 갑인자의 글자본에도 세조의 글씨가 담겨 있다. 세종이 갑인자를 만들 때 명나라 황실에서 인쇄한 목판본 《위선음즐爲善陰騭》과 《효순사실孝順事實》 등에서 글자를 따오고, 여기에 없는 글자들을 당시 대군이던 세조에게 명나라 판본

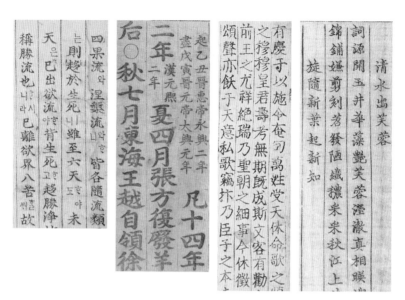

왼쪽부터 강희안의 글씨체로 만든 을해자로 인쇄한 《능엄경언해》, 세조의 글씨체로 만든 병진자(큰 글
자) 인쇄본 《자치통감강목》, 정난종의 글씨체로 만든 을유자 인쇄본 《문한류선》, 한구의 글씨체로 만든
한구자 인쇄본 《규화명선》. 국립중앙박물관.

글씨체를 본떠 쓰게 했다는 것이다.* 갑인자 중 어떤 글자를 세조가 직접
썼는지 알 수 없지만, 세종이 야심차게 만든 갑인자의 서체를 쓰게 했다는
것만으로도 세조의 글씨가 예사롭지 않았음을 짐작할 수 있다. 세조의 필
체를 볼 수 있는 활자는 이외에도 몇 종류가 더 있다. 1436년(세종 18)에
《자치통감강목》의 큰 글자를 인쇄하기 위해 만든 병진자丙辰字의 글자본
을 썼고, 자신이 왕이 된 후에는 불경 간행에 주로 사용한 활자인 정축자丁
丑字 등의 글자본을 직접 썼다. 그의 글씨 역시 남아 있는 것이 별로 없어 그

---

* 《세종실록》1434년(세종 16) 7월 2일.

가 쓴 글씨로 만든 활자체에서 엿볼 수 있을 뿐이다. 왕의 글씨로 만든 활자는 이외에 앞서 말한 숙종의 글씨로 쓴 어필서문대자와 원종의 글씨로 《맹자언해》를 찍은 활자가 있다. 이 활자는 오늘날 각각 숙종대자와 원종자元宗字로 불린다.

성종이 글씨가 가지런하지 않다고 깎아내렸던 을유자의 서체는 정난종이 쓴 것이다. 정난종은 세조의 측근으로 이시애의 난(1467)을 평정하는 데 공을 세웠으며, 《세조실록》 편찬에도 참여한 훈구파의 중진이다. 《성종실록》에 그의 졸기卒記(죽은 사람의 간단한 이력과 함께 그에 대한 사관의 평이나 세평을 적은 글)가 실려 있다. 실록에 졸기가 실릴 정도라면 시쳇말로 상당히 출세한 인물이다. 성종은 이 활자의 서체가 단정하지 못하다고 했지만, 정난종 졸기에는 서법이 뛰어나다고 했으며 신라시대부터 16세기 전반기까지 우리나라 명필들의 글씨를 모은 《해동명적海東名蹟》에 그의 필적이 실려 있을 만큼 당대의 이름난 서예가였다.

을유자 대신에 성종이 새로 만든 갑진자甲辰字는 중국 판본 《구양공집》과 《열녀전》의 서체를 글자본으로 삼고, 모자라는 글자는 박경이 썼다. 박경은 왕족이나 고관이 아니라 서자 출신이었다. 글씨 쓰는 일을 전문으로 하는 하급 관리인 서사관書寫官에서 출발했고, 역모에 얽혀 1507년에 처형을 당한 인물이다. 하지만 글씨를 잘 써서 1536년 중종이 중국 사신에게 서예 작품을 주려고 할 때 이용, 즉 안평대군과 최흥효, 그리고 박경의 글씨를 주어야겠다고 한 기록이 전한다.*

---

* 《중종실록》 1536년(중종 31) 12월 24일.

한구자의 서체를 쓴 한구의 경우 글씨를 잘 썼다고는 하지만 오늘날 잘 알려진 조선시대의 대표적인 서예가에 포함되지는 않는다. 그가 쓴 서예도 알려진 것이 없다. 그는 한미한 집안 출신으로 1675년(숙종 1)에 문과에 합격했다. 그의 집안에서 9대 만에 문과 합격자가 나온 것이었다. 그의 필체가 한구자로 만들어진 것은 김석주와의 인연 덕분이었다.

김석주는 한구가 치렀던 문과의 시험관 가운데 한 사람이었다. 또 한구가 충청도에서 상경해 신익성의 집에 문객으로 지내면서 집안사람들이 남긴 글을 정리하고 정서하는 일을 했다고 하는데, 신익성은 김석주의 외할아버지다. 외할아버지 집에서 두 사람이 만나서 그의 글씨를 보고, 그 글씨로 활자를 만들어야겠다고 생각했을 것이다.

한구자가 특히 주목받는 이유는 이 활자가 중국의 판본에서 따온 것도 아니고, 한구가 널리 알려진 인물도 아닌데 개인이 쓴 글씨체로 만든 활자라는 점 때문이다. 결국 김석주의 안목 덕분에 한구의 글씨체가 활자로 탄생할 수 있었고, 오늘날 우리가 한구라는 인물을 알 수 있게 된 것이다.

정조는 서체에 굉장히 예민하고 취향이 뚜렷했던 것 같다. 정리자의 서체가 너무 각이 져서 원후한 맛이 없다고 했는데, 《춘추좌씨전》을 찍을 때는 원하는 서체로 활자를 만들기 위해 당대의 명필들에게 마음에 들 때까지 활자의 글자본을 쓰게 했다. 《춘추좌씨전》은 공자가 쓴 《춘추》에 후대 사람이 해설을 단 책이다. 이때 《춘추》 본문에 사용한 큰 글자의 서체는 조윤형과 황운조 두 사람이 썼다. 《승정원일기》 1797년(정조 21) 1월 6일과 7월 2일의 기사를 보면, 정조는 '돈실敦實'한 서체를 좋아했던 것 같다. 조윤형의 글씨에 대해서는 마음에 들지만 글자 획을 좀 더 '돈실'하게

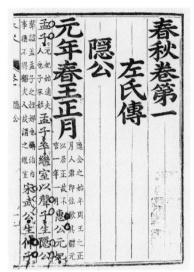

조윤형의 글씨체로 만든 춘추강자로 찍은 《춘추좌씨전》(왼쪽), 황운조의 글씨체로 만든 춘추강자로 찍은 《춘추좌씨전》(오른쪽). 국립중앙도서관. 정조는 글씨체에 예민했고 특히 돈실한 글씨를 좋아했다. 조윤형과 황운조의 글씨 둘 다 마음에 꼭 들지 않아 두 서체로 모두 활자를 만들었다.

하라고 주문하고, 황운조의 서체로 만든 활자로 인쇄한 것으로 짐작되는 견본을 보고는 서체가 '돈실'하지 않다며 퇴짜를 놓았다. 두 사람 모두 둘째가라면 서러워할 명필이었지만 정조의 마음에는 차지 않았던 것이다. 정조는 결국 두 사람의 글씨로 다 활자를 만들어 책을 찍게 했다. 그리고 그 책이 현재 남아 있다. 황운조의 글씨로 만든 활자는 획이 약간 굵고 폭이 넓적하여 활달하고 박력이 느껴지며, 조윤형의 것은 글씨 획이 좀 가늘고 폭이 좁으며 서법이 얌전하고 예쁜 감을 갖게 된다.* 두 인쇄본의 서

---

* 황운조와 조윤형이 쓴 활자의 서체에 대한 평은 천혜봉,《한국 서지학》 개정판(민음사, 2006) 495쪽에 나오는 표현이다.

체를 비교해보면 정조가 말한 '돈실'이 어떤 의미인지 짐작할 수 있을 것 같다.

이렇게 조선시대 명필들의 서체로 만든 활자가 있는가 하면, 대다수의 서체는 중국 판본의 서체에서 따온 것이다. 그리고 앞에서도 언급했던 것처럼 모자라는 글자는 그 서체대로 글씨를 잘 쓰는 사람에게 쓰게 해서 만들었다. 먼저 태종이 만든 조선 최초의 금속활자 계미자는 권근의 발문에 따르면 태종이 경연經筵에서 사용하기 위해 보유하고 있던《시경》,《서경》,《춘추좌씨전》등을 내놓아 글자본으로 삼게 했다고 한다. 이어서 세종이 가장 먼저 만든 경자자의 글자본에 대해서는 성종 때 갑진자를 만들면서 김종직이 쓴 〈주자발〉에 나와 있다. 김종직은 계미자, 경자자 둘 다《시경》,《서경》,《춘추좌씨전》등의 서적에서 글자본을 따왔다고 했다. 그런데 두 활자의 글씨체는 확연히 다르다. 김종직이 착각한 것인지, 책 이름은 같지만 서로 다른 판본의 글씨체를 사용했다는 것인지 모르겠다. 어떻든 계미자, 경자자 모두 중국 판본의 서체를 글자본으로 삼았는데, 이때는 명나라에서 책을 수입할 상황이 아니었으므로 이 서체는 송나라나 원나라 때 만든 판본의 서체일 것이다.

한편 갑인자의 서체는 명나라 황실 목판본《위선음즐》과《효순사실》등에서 따온 서체를 글자본으로 삼아 만들었다. 역시 중국 판본의 서체이지만 계미자나 경자자에 비해 유려하여 다른 느낌을 준다. 이 서체는 중국에서 이른바 명조체가 나오기 전까지, 즉 명나라 전기까지 판본의 서체에 주로 사용했던 조맹부체다. 당시 중국뿐만 아니라 조선에서도 조맹부체가 서예의 주류였다. 세종은 자신을 대표하는 갑인자에 고려시대에 주류를 이루었던 서체와 다른, 당시 중국과 조선에서 유행하는 새로운 서체를 담고자 했던 것이 아닐까 추측해본다. 성종이 심혈을 기울여 마음에 드는 것으로 골라 만든 갑진자의 서체 역시 중국 명나라 판본 《구양공집》과 《열녀전》에서 따온 것이다. 중종 때 만든 병자자도 중국 판본 《자치통감》이 글자 모양과 크기가 알맞다며 활자로 주조하라는 중종의 명으로 만들어진 것이다.

이후 조선 후기에 만든 이른바 명조체 활자들도 중국 판본의 서체를 사용했다. 18세기에 만들어서 19세기까지 문집 등에 사용된 교서관인서체자, 홍계희가 개인적으로 만든 율곡전서자栗谷全書字, 명조체의 대표 서체인 정리자, 순조의 외삼촌인 박종경이 만든 전사자全史字가 명조체를 글자본으로 삼아 만든 것이다. 명조체라고 해도 활자의 서체는 어떤 시기, 어떤 서체를 바탕으로 만들었는지에 따라 서체가 조금씩 달라, 중국 서체의 변화와 유행에 주목했음을 알 수 있다.

여기서 한 가지 주목하고 싶은 현상이 있다. 조선시대 활자의 글자본은 크게 두 가지로 나누어진다. 하나는 중국의 책자에서 서체를 가져오는 것이고, 다른 하나는 조선 명필들의 글씨로 쓴 것이다. 물론 갑인자나 을유자와 같이 일부 없는 글자는 글씨를 잘 쓰는 사람이 직접 썼지만, 이는 중국 서체를 그대로 모방한 것이라 독창성을 주장할 수는 없다. 그런데 조선 사람의 필적으로 만든 활자와 중국 서책의 서체로 만든 활자의 분포는 어떨까? 조선 명필의 서체로 처음 만든 활자는 세조의 글씨체로 1436년에 만든 병진자다. 이어서 1450년 안평대군의 글씨체로 경오자를 만들고, 그 활자를 녹여서 1455년에 강희안의 글씨체로 을해자를 만들었다. 세조는 1457년에 자신의 글씨체로 정축자를 만들었고, 1465년에 정난종의 글씨체로 을유자를 만들었다. 이 활자들의 제작 시기는 1436~1465년이라는 짧은 시간, 세종~세조 재위 기간에 집중된다. 물론 이때 집중적으로 활자를 만든 것도 이런 현상의 요인 중 하나일 것이다. 하지만 초기의 세 활자, 즉 계미자, 경자자, 갑인자가 모두 중국 서체로 만들어졌다. 또 을유자에 이어서 만든 갑진자, 계축자, 병자자는 모두 중국 판본의 서체로 만든 것이다. 조선 후기에 나온 활자의 서체도 한구자 외에는 거의 중국 서적에서 따온 것이다. 왕의 서체로 만든 원종자와 숙종대자(어필서문대자)가 있지만 여러 책을 찍기 위해서가 아니라 원종과 숙종의 글씨를 남기려는 특별한 목적으로 만든 것이었다.

이렇게 본다면 조선 사람의 글씨체로 만든 활자가 조선 초기인 15세기에 집중되어 있다는 것은 단순히 활자를 만든 빈도로 설명하기 어렵다. 활자의 서체 선택을 국왕의 취향만으로 설명하기도 어렵다. 조선시대에 활자의 글씨체를 고르는 일은 정치적 상황, 활자를 만드는 의도 등을 드러내는 일종의 정치 행위였던 것이다.

활자의 이름은 어떻게 불일까?

나는 이 글을 컴퓨터 '흔글' 프로그램에 내장되어 있는 함초롬바탕체로 쓰고 있다. 아니 자판, 즉 키보드로 치고 있다. 이 글이 어떤 서체(폰트)로 인쇄될 지 아직은 알 수 없다. '흔글'에는 그밖에 다양한 이름의 서체가 내장되어 쓰임을 기다리고 있다. 함초롬은 '젖거나 서려 있는 모습이 가지런하고 차분한 모양'이라고 국어사전에 나와 있다. 개인적으로 서체의 특성을 잘 드러내는 이름을 짓기 위해 고민하고 정성을 들인 것이 느껴지는 이름이라고 생각한다. 서체를 만드는 것이 하나의 디자인, 나아가 상품이 된 오늘날에는 서체의 이름이 특성을 드러내는 데 한몫을 한다. 그렇다면 조선시대 활자의 서체 이름은 어땠을까? 서체의 특징을 드러내는 이름을 붙였을까?

지금까지 많은 활자의 이름을 언급했지만 활자 특성에 맞게 이름을 짓는 것에 대한 기록은 거의 남아 있지 않다. 그나마 남아 있는 기록이라면 서명응이 1777년에 갑인자의 서체로 정유자를 새로 만든 것을 축하하며

'자서字瑞'라는 활자 이름을 정하면서 올린 글 〈규장자서기〉 정도다. 이 글을 정조의 명으로 지은 것인지 아니면 서명응이 자발적으로 지은 것인지는 알 수 없지만 실제로 이 활자의 이름이 채택되지는 않은 것 같다.

서양에서는 서체 자체가 하나의 디자인으로 인식되기 때문에 서체를 만든 사람의 이름을 붙이는 경우가 많았다. 예를 들어 로마자의 유명한 서체인 디도체는 1783년 프랑스의 피르맹 디도Firmin Didot가 만든 서체이며, 보도니체는 이탈리아의 잠바티스타 보도니Giambattista Bodoni가 1787년에 디자인한 서체다. 모두 서체 개발자의 이름을 붙였다. 우리나라에는 안상수체가 있다. 그러나 조선시대에 활자체는 기본적으로 개성을 표출하는 것이 아니라 반듯한 해서체로 쓴 표준적인 서체여야 했다. 그래서 명필이나 유명 인사의 서체를 글자본으로 만든 활자의 경우도 별칭으로 서체를 쓴 사람의 이름이 간혹 쓰이기는 하지만, 정식 명칭으로 쓰이는 경우는 거의 없다.

한구자는 조선에서 활자의 글자본을 쓴 사람의 이름을 활자 이름으로 삼은 거의 유일한 경우다. 숙종 때 김석주가 한구의 글씨체로 금속활자를 처음 만들었을 당시에도 활자 이름을 한구자라고 했는지는 명확히 알 수 없다. 그의 글씨체로 한구자를 만들었다는 사실이 1770년(영조 46)에 간행한 《동국문헌비고》를 승보하여 1908년 무렵에 편찬한 《승보문헌비고》에 나와 있다.* 정조 때 이 활자의 서체로 다시 활자를 주조하면서 만든 해의 간지에 따라 임인자壬寅字로 부르기도 했지만, 이후 여러 기록에 한구

---

* 《증보문헌비고增補文獻備考》권243, 〈예문고藝文考〉 역대서적 숙종 26년.

QPWt1269

QPWt1269

안상수체

위부터 디도체, 보도니체, 안상수체. 디도와 보도니는 서양의 유명한 서체 디자이너다. 서양에서는 일찍부터 서체 개발자가 알려지고 그 이름을 활자 이름으로 삼았던 반면, 우리나라에서는 그렇지 못했다. 드물게 안상수체가 서체 개발자의 이름이 붙은 경우다.

자라고 정식으로 명명되었다. 한구는 안평대군이나 세조 등 활자의 서체를 쓴 다른 사람들에 비해 변변치 못한 집안 출신임에도 불구하고 그의 이름을 붙였다는 점에서 흥미롭다. 이 점에서 그를 발탁한 김석주의 역할을 다시 한번 언급하지 않을 수 없다.

한편 글씨를 쓴 사람 또는 글씨체로 활자 이름을 삼은 비슷한 사례로 갑인자체의 별칭인 위부인자衛夫人字를 들 수 있다. 사실 조선시대의 기록을 보면 갑인자만큼이나 위부인자라는 별칭이 많이 쓰였다. 이 명칭이 언제부터 쓰였는지는 알 수 없으며, 부인, 즉 여성의 글씨체가 활자 이름이 되었다는 사실도 조선과 왠지 어울리지 않지만 어쨌든 널리 사용되었다. 그래서 영조는 부인이 어떻게 이리 글씨를 잘 썼느냐고 물었고, 이에 대해 신하들이 부인이 쓴 글씨가 맞다 아니다를 두고 설왕설래하기도 했다.* 서명응은 앞서 소개한 〈규장자서기〉에서 위부인은 중국의 서예가 왕희지의 스승인 진나라 이충李充의 어머니를 가리킨다고 했다. 그러니까 갑인자의 서체가 이 위부인의 서체와 닮아 위부인자로 부르게 되었다는 뜻이다. 하지만 서명응은 갑인자의 서체는 명나라 초기 한림학사가 쓴 《위선음즐》에서 따온 것으로 위부인의 글씨체와는 완전히 다르므로 위부인자로 부를 수 없다고 주장했다.

조선시대 활자 이름 중에는 그 활자와 관련이 있는 책이나 만든 장소로 활자 이름을 삼은 경우가 있다. 활자를 만들어서 찍은 대표적인 책, 또는 처음 찍은 책의 제목으로 활자 이름을 정한 예가 정조가 만든 정리자다. 정리자는 정조가 《원행을묘정리의궤》를 인쇄할 때 처음 사용한 활자여서 이런 이름이 붙었다. 앞서 정조가 《춘추좌씨전》을 간행할 때 공자가 지은 《춘추》 부분을 인쇄하기 위해 조윤형과 황운조의 글씨체로 목활자를 만든 일을 설명했는데, 이 활자는 춘추강자春秋綱字로 불린다. 이 활자가 책 이름과 관련이 있음을 설명하려면 1436년에 세종이 간행한 《자치통감강목》까지 거슬러 올라가야 한다. 사마광이 쓴 《자치통감》을 주희가 강綱과 목目으로 나누어 편찬한 책이 《자치통감강목》이다. 세종은 신하들과 《자치통감강목》에 대한 여러 주석들을 참고하여 조선 사람들이 이해할 수 있도록 《자치통감강목사정전훈의》를 편찬했다. 이 책을 간행할 때 당시 진양대군이던 세조에게 강에 해당하는 큰 글씨를 쓰게 했다. 이 글씨로 만든 활자가 병진자다. 목에 해당하는 내용은 갑인자를 사용했

---

* 《승정원일기》 1749년(영조 25) 4월 23일.

활자본색

다. 즉 병진자와 갑인자를 조합해 《자치통감강목》을 인쇄한 것이다. 《자치통감강목》은 공자의 《춘추》에 해설을 붙인 《춘추좌씨전》에 따라 《자치통감》을 강과 목으로 나누어 편찬한 것이다. 때문에 정조는 《춘추좌씨전》을 새로 간행할 때, 세종 때 만든 《자치통감강목》편집 체재에 따라 공자가 쓴 《춘추》 부분을 큰 글자로 인쇄하기 위해 새로 목활자를 만들었다. 그래서 이 활자를 춘추강자로 부른다. 해설 부분인 '전'은 《자치통감강목》의 '목'과 마찬가지로 갑인자의 서체로 만든 임진자를 사용했다. 《춘추좌씨전》은 조선시대에 여러 차례 간행되었지만, 이런 체재로 편집한 것은 이때가 처음이었다.

앞서 《현종실록》을 간행하면서 처음으로 실록용 활자를 만들었다는 사실을 소개했는데, 이 활자는 이후 '실록자'로 불렸다. 역시 실록을 찍기 위해 만든 활자라서 이런 이름이 붙은 것이다. 19세기에 순조의 외삼촌인 박종경이 만든 전사자는 청대에 간행한 중국 정사正史의 서체를 모방해서 만든 활자로 전사全史, 즉 전체 역사라는 뜻으로 활자 이름을 지었다.

활자를 만든 곳, 또는 만든 주체로 활자 이름을 삼은 경우도 있다. 앞서 말한 낙동계자가 그런 경우다. 1668년에 갑인자의 서체로 김좌명이 만든 활자는 만든 해의 간지를 따서 오늘날 무신자戊申字로 불리지만 《승정원일기》1678년(숙종 4) 1월 17일 기사 등 당시의 사료에서는 수어청 철자守禦廳 鐵字라는 명칭으로 주로 등장한다. 김좌명이 수어청의 병사들을 동원해 이 활자를 만들었기 때문이다. 이와 비슷한 예로 운각활자芸閣活字 또는 운관활자芸館活字라는 것이 있다. 운각 또는 운관은 조선시대에 책의 인쇄·출판 등을 담당하던 중앙 기구인 교서관의 다른 이름이다. 그러니

위부터 임진자, 실록자, 정리자. 국립중앙박물관. 임진자는 갑인자의 서체로 만들었다. 갑인자와 임진자는 활자를 만든 해의 간지로 이름을 붙였다. 실록자는 실록을 찍을 때 만든 활자, 정리자는 찍은 책(《원행을묘정리의궤》)의 제목에서 활자 이름을 취한 경우다.

까 이 활자는 교서관에서 만들거나 보관하고 있는 활자를 뜻한다. 이 명칭은 이 활자로 찍은 책인 《문곡집》과 《모주집》의 발문에 각각 "운관 활자를 취하여 약간본을 인쇄했다取芸館活字 印出若干本", "운각 활자를 사용하여 약간본을 인쇄했다用芸閣活字 印若干本"라고 기록되어 있는 것에 근거하고 있다.

교서관은 여러 활자를 보관하고 있었을 테지만, 위의 책들을 인쇄한 활자의 서체는 갑인자 계열의 해서체와는 다른 명조체다. 이 책들에 찍힌 활자와 같은 글씨체의 활자 1천여 점이 국립중앙박물관에 소장되어 있다. 조선총독부 참사관 분실에서 이 활자들의 쓰임을 알지 못해 자명미정자, 즉 "이름이 정해지지 않은 활자"라고 이름 붙였다. 나는 국립중앙박물관 활자를 정리하면서 이 활자의 실체를 확인하고, 이 활자 이름을 교서관인서체자로 수정했다.

사실 교서관인서체자는 조선시대에 쓰던 이름이 아니라, 이 활자의 서체에 대해 연구자들이 붙인 이름 중 가장 널리 인정받는 이름이다. 이 활자 이름은 지금까지 설명한 활자 이름 짓는 법에 맞지 않고, 조선시대에도 기록마다 조금씩 다르고 책마다 서체도 조금씩 달라서 어떤 하나를 고를 수가 없었다. 또 교서관에 보관되어 있는 갑인자체 활자도 운각활자로 불리기도 했기 때문에 혼동을 불러일으키기도 한다.* 학계에서도 옛 기록에 근거하여 어느 한 이름을 정할 수가 없어서 교서관인서체자로 명명한 것 같다. 이 이름이 썩 마음에 들지는 않지만, 어쨌든 이 활자 이름의 방점은 '인서체자'에 있다. 인서체는 글자 그대로 하면 인쇄본에 쓰는 서체라는 뜻이다. 활자는 모두 인쇄할 때 쓰는 것인데 굳이 이 서체를 인서체라 한 것은 필서체에 대비한 개념이다. 앞서도 말했지만 조선시대, 특히 양란 이전 활자는 붓글씨체를 그대로 살린 것으로 필사의 느낌이 남아 있기 때문이다. 그런데 인서체는 효율성을 위해 획을 단순화한 것이어서 이런 이름을 갖게 되었다.

활자 이름 중에 가장 심오한 이름은 생생자生生字일 것 같다. 생생자는 정조가 정리자를 만들기에 앞서 만든 목활자인데, 왜 이 이름인지는 기록에 나오지 않는다. 아마도 생생불식生生不息과 같이 《주역》에 나오는 좋은

---

* 《승정원일기》 1734년(영조 10) 6월 16일 기사에 《시경대문詩經大文》을 급히 인쇄하기 위해 운각활자로 급히 인출하자고 하니, 영조가 운각에 명하여 위부인자로 인출하라고 한 사실이 나와 있다.

의미를 담은 것이 아닌가 생각된다. 나무로 만든 활자여서 오행 중에 만물이 소생하는 의미를 가진 나무의 성격과도 잘 맞는 이름인 것 같다.

그럼 나머지 활자들은 어떤가? 지금까지 이 글을 읽어온 독자들은 이미 익숙해졌을 텐데, 우리가 알고 있는 조선시대 대부분의 활자 이름은 60간지에 따라 지어진 것이다. 조선시대에 최초로 만든 금속활자는 계미자, 그다음 세종이 처음 만든 활자는 경자자, 가장 개량되고 세종이 만족한 활자이자 조선의 대표 활자는 갑인자다. 이 활자를 만든 해가 각각 계미년(1403), 경자년(1420), 갑인년(1434)이기 때문에 붙여진 이름이다.

어떤 사람들은 조선시대에도 계미자, 경자자, 갑인자 이런 식으로 불렀는지 궁금해한다. 계미자, 경자자, 갑인자를 만들 때의 〈주자발〉에서는 만든 해를 60간지로 언급했지만 이름을 붙이지는 않았다. 활자 이름을 지어야겠다는 생각은 딱히 없었던 것 같다. 성종 때 갑진자를 만들면서 쓴 김종직의 〈주자발〉에 이전에 만든 활자들을 각각 계미자, 경자자, 갑인자, 을해자 등으로 부르고 있다. 이후에도 대체로 이런 방식을 따랐다.

활자나 서체가 디자인 작품이 되고 상품이 된 현대 사회에서는 서체뿐 아니라 기억하기 쉽고 서체의 특징을 잘 드러내는 이름을 지으려고 고심하는데 이와는 사뭇 대조적이다. 활자를 중요하게 생각했던 것에 비해 이름이 밋밋해서 실망스러울 수도 있고 서기로 연도를 표시하는 요즘에는 다소 생소한 이름이기도 하다.

서기, 즉 서양에서 예수 그리스도가 탄생한 해를 기준으로 시간을 계산하는 방법이 전 지구적으로 통용되고 있지만, 서력기원이 전 세계적으로 통용된 것은 19세기 이후의 일이다. 그 이전에는 나라나 문화권마다 시간을 세는 방법이 달랐다. 우리나라의 경우 갑오개혁 때 서력기원의 사용을 정식으로 선포했다. 고려시대에는 중국 황제의 연호와 다른 독자적인 연호를 사용하기도 했고, 조선시대에는 중국 연호를 사용하거나 조선 국왕의 재위년을 사용하기도 했다. 우리나라에서 가장 널리 쓰인 해를 세는 방법 중의 하나가 60간지였다. 60년에 한 번 돌아오는 이 간지는 음양오행이라는 믿음이나 과학에 입각한 것으로 생활 리듬에도 잘 맞았기 때문에 아마도 가장 기억하기 좋은 방식이었던 것 같다. 그래서 활자 이름뿐 아니라 책의 간행 연도를 비롯해 기념할 해를 표시할 때는 60간지가 가장 널리 사용되었다.

문제는 60간지가 60년에 한 번 돌아오기 때문에 조선 500여 년 동안 계미년은 1403년부터 1883년까지 총 9번이 들어 있다는 점이다. 그래서 간지만으로는 정확한 연도를 알 수 없다. 때로는 추정에 그치거나 논란거리가 되기도 한다. 연호 등 오늘날 쉽게 알 수 있는 방식을 쓰지 않는 것에 대한 아쉬움이 있지만, 당시 사람들은 이런 방식에 익숙했고 어쩌면 합리적이라고 생각했을지도 모르겠다.

다행히 활자 이름의 경우 《조선왕조실록》을 비롯한 여러 자료에 어느 왕대라는 것이 나와 있어 헷갈리지는 않는다. 하지만 어떤 경우에, 특히 갑인자의 경우에는 여러 차례 같은 서체의 활자를 만들었는데 제작 연대에 대한 논란이 있어 활자의 이름이 오락가락하기도 한다. 성종 때 만든 병자자의 경우도 마찬가지다. 1516년(중종 11) 병자년에 가뭄이 심해 활자 주조를 중단했는데, 3년 뒤인 기묘년에 다시 활자 주조 논의가 재개되었다. 그래서 기묘년에 활자를 만들었는지, 만들었다면 병자자의 연장선에 위치하는지 아닌지 등 의견이 분분하다. 기묘년에 활자를 만들었다 해도 병자자라 해야 할지 기묘자라 해야 할지 헷갈리는 것은 마찬가지다. 한편으론 참으로 공교롭게도 60간지를 사용한 활자 이름 중에 같은 해가 겹치지 않는다. 당시 사람들도 나중에 혼동하지 않게 활자를 만들 때 일부러 같은 간지를 피했던 것일까?

활자 이름에 대한 여러 가지 이야기를 했지만, 학자들은 여러 별칭을 붙이기도 했다. 갑인자체 활자의 경우 초주, 재주, 삼주, 즉 처음 주조한 것, 두 번째 주조한 것, 세 번째 주조한 것… 이런 식으로 부르기도 한다. 그러나 이 역시 여러 차례 더 만들었을 수도 있고 제작 연대에 대한 이견도 있어 정확하지 않다. 심지어 정확한 이름이 없는 활자들도 있다. 가령 경기도 성남에서 새로 발견된 활자들에 우리는 어떤 이름을 붙여주어야 할까? 우리 활자에 대한 애정은 이름을 붙여주는 것에서부터 시작해야 하지 않을까?

　　　　　　　　　　　　　　　　　　　　활자본색

책에 따라 달라지는 서체

언제부터인지 텔레비전의 예능 프로그램에 자막이 부쩍 많아졌다. 소리를 듣지 않고 자막만으로 내용을 알 수 있도록 한 장치인 것 같은데, 글자를 보면 자동적으로 읽어야 하는 습성이 있는 나로서는 다 읽어내기가 벅차서 불편할 때가 더러 있다. 활자와 서체에 관심을 갖다 보니 자막의 내용뿐 아니라 서체도 눈에 들어온다. 자막의 내용만큼 거기에 쓰인 서체도 다양하고 때로는 현란하다. 한편으로는 재미있는 자막을 만들기 위해, 그리고 내용에 맞는 서체를 선택하기 위해 얼마나 고심했을까 짐작이 가기도 한다. 영화 포스터나 텔레비전 프로그램의 제목 등의 서체가 내용과 잘 어울리는 것을 볼 때는 감탄하기도 한다. 이런 서체 디자인에 대한 고려, 디자인 감각이 요즘에만 있는 것은 아닌 듯하다. 조선시대 인쇄본에서도 이런 개념이나 선호가 있었다.

우선 조선의 왕들은 활자 크기에 민감했던 것 같다. 세종이 처음 만든 경자자의 주자발이 변계량의 문집 《춘정집》의 〈대학연의 주자발〉에 나와

계미자본《송조표전총류》.규장각한국학연구원.

경자자본《자치통감강목》.국립중앙박물관.

세종은 계미자의 글자 모양이 완벽하지 않아 인쇄 속도가 느리다며 경자자를 만들었지만, 경자자는 크기가 너무 작아 읽기에 불편하다고 했다.

있는데, 여기서 새로 만든 경자자는 글자 모양이 정치精緻, 즉 정교하고 치밀하다고 했다. 그런데도 세종은 1434년에 다시 갑인자를 만들었고, 갑인자 주자발에 따르면 경자자는 인쇄에는 나무랄 바가 없지만 너무 섬밀纖密, 즉 섬세하고 치밀하여 읽기에 불편하다는 이유로 다시 명나라 판본 《위선음즐》등의 글씨를 글자본으로 삼아 활자를 주조하게 했다. 세종은 경자자를 만들면서 계미자가 인쇄 속도가 빠르지 않다는 점과 함께 글자가 너무 큰 것이 흠이라 여겨 경자자를 작게 만들었다. 그런데 경자자를 만들고 보니 활자가 개량되어 인쇄 속도는 빨라졌지만 이번에는 글자 크

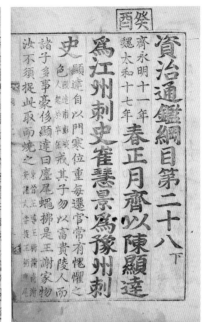

병진자본《자치통감강목》. 국립중앙박물관.

갑인자본《자치통감》. 국립중앙박물관.

갑인자는 세종의 의도대로 계미자보다 작고 경자자보다 크게 만들었다. 세종은《자치통감강목》을 간행할 때 강과 목을 대비시키기 위해 강에 사용할 큰 활자인 병진자를 만들었다.

기가 너무 작았다. 그래서 세종은 다시 갑인자를 만들어 1434년《자치통감》을 인쇄하면서 "이제 큰 글자의 활자를 주조하였으니 중한 보배가 되었다. 나는《자치통감》을 박아서 중외에 반포하여 노인들이 보기 쉽게 하고자 한다"*라고 말했다. 갑인자에 이르러서는 경자자보다 인쇄 속도가 더 빨라지기도 했지만, 서체 크기도 세종의 마음에 꼭 들었던 것이다.

---

* 《세종실록》1434년(세종 16) 7월 16일.

실제로 갑인자로 인쇄된 책을 보면 갑인자의 크기는 계미자보다는 조금 작고 경자자보다는 커서 세종이 의도했던 크기에 적합했던 것 같다. 서체는 계미자, 경자자와 다른 조맹부체로 서체의 유행이 바뀐 것을 반영한 것이다. 앞의 인용문처럼 세종이 활자를 크게 만든 이유는 노인들이 보기 쉽게 하려는 것, 눈이 잘 보이지 않을 때를 대비한 것이다. 그런데 세종 때 갑인자로 찍은 책을 보면 글자가 충분히 크다. 세종은 눈병을 앓고 있었으니 시력이 많이 나빴을 것이고, 그래서 큰 글자로 인쇄할 필요가 있었는지도 모르겠다. 1436년에 인쇄한 《자치통감강목》에서 진양대군, 즉 세조의 글씨체로 만든 큰 사인 병진자는 세로 2센티미터, 가로 3.5센티미터 정도로 매우 크다. 《세종실록》에도 "주상께서 춘추가 높아지시면 보시기가 어려울까 염려하시어, 진양대군 유瑈에게 대자를 써서 새로 주조하도록 하였다"*라고 활자를 크게 만든 이유가 나온다. 생각해보면 밤에 책을 보려면 촛불에 의지했을 테니 오늘날의 기준으로 활자 크기를 논해서는 안 될 것 같기도 하다.

대체로 조선시대 왕들이 활자와 관련하여 언급한 내용들을 보면 큰 글자를 선호했던 것은 분명하다. 하지만 그 이유는 단순히 큰 글자가 보기에 좋아서만은 아니었다. 정조는 1794년(정조 18)에 유교 경전 오경(《시경》,《서경》,《역경》,《예기》,《춘추》) 중 중요한 내용을 뽑아 편찬한 《오경백편》을 큰 글자로 목판에 새기도록 했는데, 그 이유를 "성경聖經은 의리상 높이 받들어 소장해야 하고, 또 내가 만년에 성경을 읽기에 편리하게 하고

* 《세종실록》1436년(세종 18) 7월 29일.

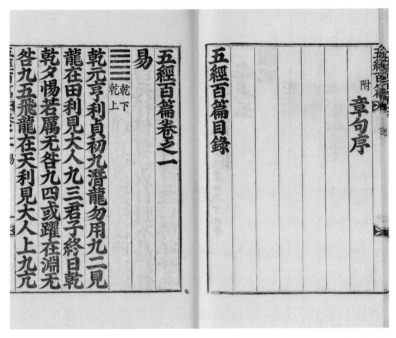

유교 경전 오경의 중요 내용을 뽑아 인쇄한《오경백편》. 국립중앙박물관. 성인의 말씀을 높이 받든다는 의미로 큰 글자로 인쇄했다.

자 한다"*라고 말했다. 즉 큰 글자가 보기에 좋아서 선호한 것이기도 하지만,《오경백편》이 유교 경전의 내용, 즉 성인의 말씀을 담은 책이기 때문에 큰 글씨로 된 큰 책을 만들어 경전의 위엄을 보여야 한다는 의미를 내포한 것이다.

　반대로 정조는 1782년 5월 내각에서 보관하고 있는 활자 현황에 대해 물으면서 "큰 활자는 사용할 수 있는 곳이 매우 적으니 지금《속강목續

---

*　《정조실록》1798년(정조 22) 5월 3일.

綱目》을 인쇄한 작은 활자로 1만여 자를 만들면 문집이나 작은 책자를 인출할 수 있을 것"*이라고 했다. 여기서 큰 글자는 갑인자 계열의 임진자와 정유자를 뜻하며, 《속강목》은 《속자치통감강목》을 가리킨다. 《속자치통감강목》은 숙종 때 한구자로 인쇄한 예가 있는데, 정조는 이때 한구의 글씨체로 다시 한구자를 만들라고 한 것이다.

정조가 무조건 큰 글자를 선호할 것이라는 추측과 달리 큰 글자는 사용할 곳이 적다고 했다. 큰 글자는 읽기에 편리한 점이 있으나 인쇄하면 지나치게 책이 두꺼워지는 단점이 있다. 그러니까 무조건 크고 두꺼운 책을 만드는 것이 아니라 성인의 말씀으로 크게 만들 가치가 있는 책만 그렇게 하려고 한 것이었다. 문집은 성인의 말씀을 담은 경전에 비해 가치가 낮기 때문에 경전과 같은 급으로 큰 글자를 써서 큰 책을 만들 필요가 없다고 생각했던 것이다. 정조는 한구자의 글씨가 작은 점에 착안하여 이 활자를 다시 주조하고 신하들이 지은 시문을 모은 《규화명선》이나 상대적으로 가벼운 책을 인쇄할 때 주로 사용했다.

정조의 활자에 대한 이런 확고한 생각은 중국 책에 대한 견해에서도 잘 나타난다. 정조는 1792년 10월 중국으로 떠나는 사신을 불러놓고 이전에도 누누이 말했지만, 패관소기稗官小記(소설이나 수필 따위의 가벼운 한문 문체로 쓴 글)는 물론 경서나 역사서라도 중국판인 경우 절대 들여오지 말라고 명했다. 조선에도 경서는 충분히 갖추고 있으며, 조선의 책은 종이가 질겨 오랫동안 두고 볼 수 있고 글자가 커서 보기에도 편하므로 그것만

---

* 《일성록》1782년(정조 6) 5월 4일.

활자본색

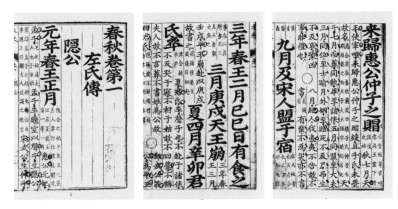

정조의 지시대로 간행된《춘추좌씨전》. 국립중앙도서관. 왼쪽은 제목 부분, 가운데 첫 번째 행은 경만 있는 부분, 오른쪽의 ○표시 아래 두 행은 전만 있는 부분이다.

외우고 읽어도 충분하다는 것이었다. 그럼에도 불구하고 하필 종이도 얇고 글씨도 자잘한 중국 책을 멀리서 구해오려는 까닭은 중국에서 간행된 책이 누워서 보기에 편리해서라고 정조는 분석했다. 그리고 정조는 "누워서 보는 것이 어찌 성인의 말씀을 높이 받드는 도리이겠는가"라고 했다. 1796년 중국으로 떠나는 사신들을 불러놓고 역시 누워서 볼 수 있는 중국의 경서를 들여오지 못하도록 주의를 주면서 "다리를 펴고 앉아서 마음이 태만해지지 않을 사람은 없는 법이다"* 라고 말했다.

이런 기록들을 통해 조선시대 활자의 크기나 서체는 책의 내용과 깊은 관련이 있음을 알 수 있다. 중요한 사람의 말이나 글일수록 큰 글자를 사용했던 것이다. 정조의 명으로 편찬한《춘추좌씨전》의 경우 정조는 공자의 말씀인 경, 즉《춘추》와 주석인 전(傳)의 위계를 구별하여 경의 글자를

---

* 《정조실록》1792년(정조 16) 10월 19일, 1796년(정조 20) 10월 18일.

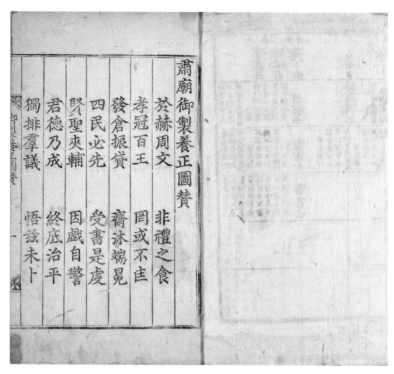

숙종의 어제를 넣은 《양정도해》. 국립중앙박물관. 숙종이 쓴 찬과 이어지는 어제는 본문보다 조금 큰 글씨로 써서 왕의 위엄을 드러냈다.

더 크게 쓰고 전은 갑인자체로 만든 임진자로 찍었다. 물론 전에 대해 주석이나 보충 설명을 달 때는 작은 활자로 찍어서 위계를 나타냈다. 정조는 이 책의 편집 지침을 다음과 같이 제시했다.

각 권의 제1행에 서명을 쓰는 곳에 춘추라고 쓴다. 두 번째 행에는 한 칸 낮추어서 좌씨전이라고 쓴다. 경을 한 단락 쓰고 그 아래에 전 한 단락을 쓴다. 전은 위부인자를 사용하고, 경은 큰 글자를 사용한다. 경만 있고 전이 없으면 경만 쓴다. 전만 있고 경이 없으면 한 칸을 띄우고 원점을 넣은 다음에 쓴다.*

여기서 말하는 큰 글자가 춘추강자다. 실제로 인쇄된 《춘추좌씨전》을 보면 꼭 정조의 지시대로 편찬되었다.

영조 역시 역사상 모범이 될 만한 제왕들의 언행을 모은 《양정도해》라는 책의 간행에 대해 지시하면서, 마땅히 활자로 인쇄해야 하며 어제 서문은 글씨체를 조금 큰 것으로 하고 나머지 내용의 서체는 조금 작은 것으로 하라고 당부했다. 《양정도해》는 숙종이 1704년(숙종 30)에 세자 교육을 위해 명나라에서 편찬한 《양정도해》 가운데 불필요한 부분을 제외하고 다시 편찬한 책이다. 이 책을 영조가 간행했는데, 책머리에 숙종이 지은 찬讚(《양정도해》를 칭송하는 124구절의 문장)과 서문이 있다. 영조가 말하는 서문은 바로 숙종이 쓴 찬과 서문이다. 이 책을 찍은 활자는 갑인자 서체이며 어제 서문은 목판으로 제작되었는데, 서문의 글씨체가 영조의 지시처럼 본문보다 좀 더 크다. 책의 마지막에 《양정도해》 간행 내력 등을 기록한 영조의 소지小識 역시 어제 서문과 같은 크기다. 이처럼 왕명으로 간행한 책에 실리는 왕이 지은 서문이나 발문은 대개 본문보다 큰 글자를 사용하여 왕의 권위를 드러내고자 했다.

글씨체도 어떤 책을 인쇄하느냐 등에 따라 결정되었다. 1776년 3월 5일 영조가 승하하고 3월 10일 정조의 즉위식이 거행되었다. 다음 날 정조

---

* 《승정원일기》 1796년(정조 20) 12월 12일.

는 중요한 책을 편찬하기 위한 임시기구인 찬집청을 설치하여 영조의 행장과 시장을 짓도록 하고 영조가 생전에 지은 글, 즉 어제를 교정하여 올리도록 했다. 실록과 함께 승하한 선왕의 업적을 기리는 글과 생전에 남긴 글을 모아 편찬하는 일은 새로 즉위한 왕이 필수적으로 해야 하는 일이었다. 앞서 영조는 생전에 선대왕들의 어제를 모아 《열성어제》를 편찬하고 어제 편찬 원칙을 스스로 마련했다. 정조는 이에 따라 영조의 어제를 편찬했는데, 이때 정조는 영조의 어제를 어떤 활자로 간행할지를 하명해달라는 신하에게 "어제는 귀중한 것이니 문집주자文集鑄字로 인쇄할 수는 없다"라고 했다.* 정조가 말한 문집주자가 어떤 활자인지는 확실하지 않다. 아마도 영조 때 유력 문인들의 문집을 찍을 때 사용한 소위 교서관 인서체자를 뜻하는 것이 아닌가 짐작된다. 오늘날 남아 있는 《열성어제》는 《조선왕조실록》을 찍은 실록자로 인쇄되었다. 어제는 왕이 쓴 글이니 일반 문인이 쓴 문집과는 다르고, 따라서 그에 걸맞은 글씨체를 사용해야 한다고 정조는 생각했던 것이다. 이처럼 조선시대에 책을 간행할 때도 내용에 맞게 글씨체를 달리해야 한다는 인식이 있었다.

한편 정조는 1772년 세손 시절에 갑인자의 서체로 임진자 15만 자를 만들고, 1777년 즉위 1년에 같은 서체로 정유자 15만 자를 만들고, 1782년 임인년에는 한구자를 다시 만들었는데 책을 찍을 때 신하들은 어떤 활자로 찍을지를 왕에게 물어 재가를 받았다. 정조의 왕립도서관이자 학술기관이었던 규장각의 여러 규정을 담은 《규장각지》에 이런 규정

---

* 《승정원일기》 1776년(영조 52) 3월 14일.

이 명시되어 있다. "활자로 인쇄할 때는 감독을 맡은 내각의 신하가 임진자, 정유자, 임인자 중 어떤 것으로 할지 그 뜻을 받들어 거행한다." 같은 서체의 활자라도 정조에게는 다른 의미가 있었던 것이다. 정조는 임진자는 교서관에 보관해두고 통치에 필요한 여러 책을 간행할 때 주로 사용하도록 했으며, 정유자는 규장각에 보관해두고 주로 어제를 간행할 때 사용하도록 했다. 이처럼 서체의 모양과 크기 등은 단순히 기능적이고 심미적인 의미를 넘어 정치적 상징을 담고 있었다.

5

한글 활자 이야기

조선시대 책은 대부분 한자로 되어 있고 한글은 쓰였다 해도 한자에 가려 빛을 발하지 못했다. 내 스스로도 그다지 주의 깊게 보지 않았다. 2년여 동안 국립한글박물관에 근무하면서 이런 사실을 새삼 깨달았고, 〈문자 혁명—한국과 독일의 문자 이야기〉 특별전을 준비하면서 서체를 비롯한 한글 인쇄본을 유심히 들여다보게 되었다. 그때 한자와 동등한 지위를 부여함이 마땅한데도 한글 서체와 활자, 책에 대해 우리가 너무나 몰랐고 소홀히 해왔다는 것을 알게 되었다. 한글 활자와 옛 책에 나오는 다양한 한글 서체들, 그 속에는 우리가 매일 쓰면서도 알지 못했던 한글 서체의 탄생, 발전, 변화의 여정과 사람들의 흔적이 각인되어 있다.

한글 활자가 걸어온 길

2006년 9월 어느 수요일 늦은 저녁이었다. 전시실 점검 당번이었던 나는 야간개장이 끝날 무렵 전시품들을 둘러보다가 한글실(당시에는 국립중앙박물관 상설전시실에 한글실이 따로 있었다)에 전시된 《두시언해》라는 책 앞에서 걸음을 멈췄다. 《두시언해》의 펼쳐진 면에서 낯익은 글자 하나를 발견했기 때문이다. 바로 '깃' 자다. 유레카! 몇 주 동안 찾아 헤매던 바로 그 글자였다!

당시 나는 국립중앙박물관 소장 활자 연구의 첫 번째 작업으로 750여 점에 이르는 한글 금속활자 조사를 진행하고 있었다. 그때까지 박물관의 한글 활자는 제대로 규명되지 않아 금속활자와 목활자로만 분류되어 있었다. 그래서 이 활자가 어디에 쓰였는지를 먼저 찾아야 했다. 방법은 기존에 확인된 인쇄본의 서체와 비교하는 것이었다. 한글 금속활자가 민간에서 쓰일 일이 거의 없어서 대조할 대상이 그리 많지 않은 편이라, 한글 활자로 찍었다고 알려진 책에서 같은 글자를 찾아 대조했다. 그 결과 한글 금속활자는 대부분 17~18세기에 갑인자체 활자인 무신자, 임진자, 정유자와 함께 사용된 언해본에 쓰였음을 확인했다. 목활자 중에《오륜행실도》에 사용한 '오륜행실언서자'도 구분할 수 있었다. 그런데 750여 점 중에 30여 점은 활자 모양이나 서체의 느낌이 조금 달랐다. 당시에는 조선 전기 활자가 존재하리라고 기대하지 않았기 때문에 조선 전기 활자일 가능성은 염두에 두지 않았다. 그래서 조선 후기, 적어도 17세기 이후 한글 활자로 찍은 책에서 대조했는데, 같은 글자가 나오지 않아 속을 태우고 있었다.

그런데 전시된《두시언해》에 인쇄된 '깃' 자가 머릿속에 각인된 활자 '깃'과 모양이 똑같았다. 활자와 인쇄된 글자는 좌우가 반대지만 삿갓처럼 생긴 'ㅅ' 받침이 유난히 커서 한눈에 알아볼 수 있었다. 곧바로《두시언해》를 어떤 활자로 찍었는지 확인했고,《두시언해》에 사용한 활자로 처음 찍은 책이 1461년에 찍은《능엄경언해》라는 사실을 알게 되었다. 확인이 안 되었던 30여 점의 활자 중《능엄경언해》에서 같은 글자 여러 자를 확인할 수 있었다. 이 30여 점이 바로 '을해자 병용 한글 금속활자'다. 인사동에서 조선 전기 활자가 출토되기 전까지 제작 연대를 알 수 있는 가장 오래된 금속활자였다. 이런 이야기를 장황하게 늘어놓는 까닭은 유난히 크고 삿갓처럼 생긴 'ㅅ' 받침이 조선 후기의 한글 서체에는 보이지 않는다는 사실을 강조하고 싶어서다. 바꾸어 말하면 한글 서체도 시대에 따라 다른 특징을 보이기에 활자의 정체를 밝힐 수 있었던 것이다.

사실 지금까지 다룬 활자 이야기는 대부분 한자 활자와 관련된 것이다. 세종대왕이 심혈을 기울여 훈민정음을 창제했지만 신하들의 반대에 부딪혀 훈민정음은 공식 문자가 되지 못했다. 그러나 한글은 여러 용도로

을해자 병용 한글 금속활자 인쇄본 《두시언해》와 을해자 병용 한글 금속활자 '깃' 자. 국립중앙박물관.
(※활자 반전 이미지)

사용되었으며, 한자만큼은 아니지만 활자로 만들어져서 인쇄에도 사용
되었다. 그럼에도 불구하고 한글에 대한 관심은 미미했기에 한글 활자를
만든 기록, 누가 글씨체를 썼는지, 언제 만들었는지, 어떤 이름으로 불렸
는지 등의 정보를 거의 찾아볼 수 없다.*

---

* 한글 활자 서체에 대해서는 이용재·박지훈, 《활자흔적—근대 한글 활자의 역사》, 물고기, 2015; 유
지원, 《글자 풍경》, 을유문화사, 2019; 홍윤표, 〈훈민정음체와 궁체〉, 《쉼표 마침표》, 국립국어원 웹진,
2012년 9월 외에 인터넷 자료 《한글 글꼴 용어사전》 프린팅 코리아 홈페이지의 근대 활자의 역사, 한
국신문협회 홈페이지의 관련 내용을 바탕으로 작성했다.

세종대왕이 창제한 훈민정음, 즉 오늘날의 한글을 최초로 접할 수 있는 자료는 1446년에 간행된 《훈민정음해례본》이다. 《훈민정음해례본》은 훈민정음을 만든 원리와 사용 방법 등을 담은 일종의 해설서다. 그래서 책 이름도 해례본이다. 많은 사람이 이 책이 한글로 간행된 것으로 오해하지만 사실 한문으로 되어 있다. 한글은 글자를 만든 원리와 사용 방법 등을 설명할 때 예시로만 사용되었다. 《훈민정음해례본》이라는 이름도 오늘날에 붙인 것이다. 훈민정음을 언해한, 즉 한글로 번역한 《훈민정음언해본》과 구분하기 위해서다. 《훈민정음언해본》은 우리가 다 알고 있는 "나랏 말싸미 듕귁에 달아"로 시작하는데, 오늘날 남아 있는 가장 오래된 것은 1459년에 세조가 간행한 《월인석보》 첫 번째 권의 시작 부분에 실려 있다.

어쨌든 《훈민정음해례본》에 나오는 한글이 최초의 한글 모양이지만 우리가 보기에 매우 생소하다. 오늘날에는 쓰지 않는 글자들이 나오기도 하고 표기법이나 글자의 모양이 지금과 다른 점이 많다. 그리고 1459년, 즉 10여 년 뒤 《월인석보》에 실려 있는 《훈민정음언해본》과 비교해보면 글씨체가 달라 서체에 변화가 있었음을 알 수 있다. 《훈민정음언해본》의 서체가 《월인석보》 본문의 서체와도 달라 《훈민정음언해본》이 1459년보다 뒤에 만들어졌다는 주장도 있다. 이후에도 한글 서체는 변화를 거듭해왔다. 어떻게 변화해왔고, 변화의 원인과 의미는 무엇일까?

《훈민정음해례본》에는 훈민정음 창제 원리와 자모음을 만든 원리 등이 설명되어 있다. 특히 정인지가 쓴 서문에 "모양을 본떠 만들되 글자는 고전古篆을 모방하였으며 소리에 따랐으니 그 음이 칠음과 조화를 이룬다. 천지인, 삼재三才의 뜻과 음양이기의 묘리가 갖추어지지 않은 것이 없다"라고 했다. 훈민정음의 자음의 기본이 되는 ㄱ, ㄴ, ㅁ, ㅅ, ㅇ은 각각 소리가 나는 기관을 형상화한 것이다. 고전은 한자의 전서를 뜻하는데, 훈민정음 자모음이 전서의 직선적인 형태를 유지한 것을 뜻한다. 모음의 기본이 된 ·, ㅡ, ㅣ, 삼재는 하늘, 땅, 사람의 형태를 본떠 만들었다. 이를 자음에도 적용하여 둥근 하늘(ㅇ)과 네모난 땅(ㅁ), 세모인 사람(ㅅ ㅿ)으로 설명하기도 한다. 자음에서 오행의 분류에 따라 만든 기본 자 ㄱ(木), ㄴ(火), ㅁ(土), ㅅ(金), ㅇ(水)은 형태가 모두 동그라미, 세모, 네모에서 벗어나지 않는다. 나아가 자음의 기본 자 17자 모두 동그라미, 세모, 네모의 형태에서 벗어나지 않는다. 이를 근거로 자음의 창제 원리도 삼재의 형태로 유추할 수 있다고 보는 것이다.[*]

어떻든 훈민정음에 사용된 한글 자모음은 이런 원리를 그대로 적용하여, 마치 기하학적 도형들을 모아놓은 듯하다. ㅏ, ㅓ 등 모음을 조합할 때도 수직선 또는 수평선과 ·(원점)을 조합하여 훈민정음 창제 원리를 그대로 드러냈다(예를 들어 '·ㅣ'와 같은 모습이다). 그래서 오늘날에 쓰는 한글과 사뭇 다른 《훈민정음해례본》의 한글은 같이 쓴 해서체 한자와 뚜렷하게 대비되어 눈에 확 들어온다.

훈민정음에 쓰인 한글이 오늘날과 또 하나 다른 점은 획수나 글자 모양에 상관없이 동일한 정사각형 안에 한 글자씩 세로쓰기로 배열한 것이다. 이는 당시 한문을 쓰고 인쇄하는 방식과 같은 형식을 취해야 했기 때문일

---

[*]   박상원, 〈도상체계로 본 한글 창제의 철학적 원리〉, 《동양예술》 제33호, 2016 참조.

《훈민정음해례본》. 간송미술관. 최초의 한글 형태는 한글 창제의 원리를 반영하여 기하학적 도형처럼 생겼다.

것이다. 이 때문에 훈민정음의 자모음 결합 방식은 로마자의 풀어쓰기와 가로쓰기 방식과 달리 자음과 모음으로 이루어진 한 음절을 사각형 안에 넣는 모아쓰기 방식으로 표기되었다. 모아쓰기로 표현된 하나의 음절에서 자모음의 조합과 배치 방식은 서체의 특징을 결정짓는 중요한 요소다.

초기의 한글 활자본 또는 목판 인쇄본의 서체는 한자와 달리 모방할 대상이 없었기 때문에 훈민정음 창제 원리를 그대로 드러내는 서체를 사용한 것 같다. 그런데 이런 서체는 붓글씨에 맞지 않았다. 전서체는 직선적인 형태를 한자 서체에서 따왔으니 완전히 맞지 않다고 할 수는 없지만, 당시 일반화된 해서체에 비해서는 쓰기가 불편했다. 특히 하늘을 상징하는 'ㆍ'는 붓으로 구현하기 어려우며 읽기에도 불편하다. 그래서 훈민정음을 창제한 후 가장 먼저 만든 한글 금속활자로 1447년에 인쇄한《석보상절》과 잇달아 인쇄한《월인천강지곡》,《사리영응기》에서 이미 'ㆍ'가 단독으로 사용될 때 외에 ㅡ, ㅣ와 결합하여 ㅗ, ㅏ, ㅓ 등의 형태로 쓰일 때는 원점을 쓰지 않고 직선으로 표시했다. 이어서 10여 년 후인 1459년에 간행된 목판본《월인석보》에서는 'ㆍ'가 단독으로 쓰일 때도 붓으로 내려찍은 듯이 오른쪽으로 내려가는 사선의 형태로 바뀌었다. 이런 모양이 붓글씨로 쓰기에 알맞았고 알아보기도 쉽기 때문이다(176쪽 도판 참조).

1455년에 목활자로 인쇄한《홍무정운洪武正韻》에서 이미 붓글씨의 느낌을 살린 서체가 나타난다. 현존하는 가장 오래된 한글 손글씨본인〈평창 상원사 중창권선문〉은 1464년에 붓글씨의 느낌을 살린 서체로 쓴 것이다. 1461년에《능엄경언해》를 찍을 때 사용한 두 번째 만든 한글 금속활자도 이와 비슷하다.《능엄경언해》에는 한글을 작은 자만 사용했는데,

비슷한 시기에 간행된 《아미타경언해》에는 한글 큰 활자를 사용했다(177쪽 도판 참조). 역시 〈평창 상원사 중창권선문〉 서체처럼 획의 굵기가 일정한 직선이 아니라 붓글씨의 느낌이 드러나며, 획이 시작하는 부분에 꺾임이 있다. 이런 한글 서체는 한자의 해서체와 비슷한 모습이다. 1465년에 만든 을유자와 함께 쓰인 한글 활자는 을해자 병용 한글 활자보다는 더 직선적인 느낌이지만, 16세기까지 활자본이나 목판본에 사용한 한글 활자는 《석보상절》과 《월인천강지곡》에 쓰인 한글 활자 서체와는 다른 모습이다.

한편 조선 전기 한글 서체는 직선적인 모습에서 붓글씨의 해서체로 변화했다는 흐름 외에 또 하나 공통점이 보인다. 그것은 사각형 안에 들어가는 모아쓰기로 표기한 한 음절 내의 자모음 배치와 관련된 것이다. 즉 조선 전기 한글 인쇄본 서체의 특징은 한 음절 내의 자모음을 상하좌우가 대칭되게 배치하여 앞서 말한 '깃' 자의 'ㅅ'처럼 받침 자가 오늘날의 조형 감각에서 보면 지나치게 크다는 것이다. 또 사각형 안에 글자가 여백 없이 꽉 들어차 있어 본문 서체로 적절하지 않을 수도 있다.

17세기 이후 한글 인쇄본에 사용한 서체는 조선 전기 한글 서체와 다른 모습이다. 첫 번째 특징은 이전에 비해 붓글씨 해서체의 느낌이 더 강하게 나타난다는 점이다. 또 하나는 사각형 안에 들어간 글자를 구성하는 초성, 중성, 종성의 비율에 변화가 생겼다는 점이다. 즉 받침은 작아지고 자음과 모음이 함께 쓰일 때 자음은 작고 모음은 커지고, 받침이 있을 때 자모음이 사각형 안에서 조화를 이루도록 배치했다는 점이다. 초기의 서체는 초성, 중성, 종성을 조합하는 한글의 원리를 사각형 공간 안에서 시

활자본색

인사동에서 출토된 을해자 병용 한글 금속활자 큰 자(위, 국립고궁박물관)와 무신자 병용 한글 금속활자 (아래, 국립중앙박물관). 15세기에 만든 을해자 병용 한글 활자와 17세기에 만든 무신자 병용 한글 활자는 서체가 다른데, 특히 받침의 크기와 자모음의 배치 방식에 차이가 있다.

각적으로 드러내기 위해 의식적으로 각각의 비중을 동일하게 맞춘 것이다. 그러나 이런 인위적인 구성이 구현하기도 어렵고 비례적으로 아름답지도 않다고 판단했던 것 같다. 그래서 점점 자연스러워진 것이다. 이런 변화된 서체로 만든 대표적인 활자가 국립중앙박물관에 남아 있는 무신자 병용 한글 금속활자다. 이 활자는 조선 후기 갑인자체로 인쇄한 여러 언해본에 두루 쓰였다. 세종이 최초의 한글 금속활자로 찍은 《월인천강지곡》,《석보상절》과 무신자 병용 한글 금속활자로 찍은 언해본을 비교해보면, 한자의 서체는 같은데 한글은 완전히 달라진 모습이다(176~177쪽 도판 참고).

17~18세기에는 해서체 한글 서체와는 또 다른 새로운 서체가 등장했는데 《중수무원록언해》에 쓰인 목활자가 대표적이다. 이 활자는 《석보

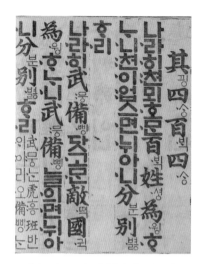

1459년에 목판으로 찍은《월인석보》, 국립중앙박물관.

1447년에 금속활자로 찍은《석보상절》, 국립중앙박물관.

초창기 한글 활자로 찍은 인쇄본들을 자세히 보면 한글 서체의 변화를 알 수 있다. 특히 아래아(ㆍ)의 표기 방식이 붓글씨에 맞게 변해가는 모습이 잘 드러난다.

을해자 병용 한글 활자 큰 자로 찍은《아미타경언해》(왼쪽, 성암고서박물관)와 을해자 병용 한글 활자 작은 자로 찍은《능엄경언해》(오른쪽, 국립중앙박물관). 15세기 중반에 이미 붓글씨의 특징을 살린 해서체가 등장했음을 알 수 있다.

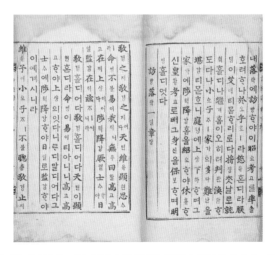

17세기 무신자 병용 한글 활자로 찍은《시경언해》, 국립중앙박물관.《석보상절》과 비교해보면 한자는 갑인자체로 같지만, 한글 활자는 완전히 다른 모습임을 확인할 수 있다.

상절》에 쓰인 서체처럼 직선적이고 붓글씨로 쓴 듯한 꺾임이 생략되었지만, 서체의 굵기, 사각형 안 자모음의 배치는 조선 후기 활자 서체와 닮았다.《증수무원록언해》에 쓰인 한자 활자는 교서관인서체자인데, 활자본 중에서 가장 먼저 쓰인 명조체다. 명조체는 붓글씨 느낌을 생략한 것이어서 아마도 한글 활자에서도 그 경향을 따라 이런 서체를 적용한 것이 아닌가 생각된다.

한글 필사 서체의 이후 흐름은 어땠을까? 그리고 인쇄본과는 어떤 관계였을까? 붓으로 쓴 필사본은 인쇄본 서체에 비해 붓글씨의 흐름을 더 강하게 반영하는 방향으로 발전했다. 당시는 한글 세로쓰기가 대세였는데 붓글씨로 한글 세로쓰기를 하다 보면 자연히 글자의 중심이 오른쪽으로 치우친다. 한자의 경우는 글자의 중심이 가운데에 있는 것과 대조적이다. 한글 창제 초기를 제외하고 인쇄본에서 한글은 대부분 한자와 함께 쓰였기 때문에 한글도 처음에는 한자와 마찬가지로 글자의 중심을 가운데 두려고 했다. 그러나 필사본에서 한글만으로 쓰는 일이 많아지면서 이런 원칙에 제약을 받지 않게 되었고, 글자의 중심이 세로축을 따라 오른쪽으로 옮겨가게 되었다. 한글을 모아쓰기로 표기할 때 받침이 없는 글자와 받침이 있는 글자를 비교하면 공간 구성에 차이가 있는데 이를 고려하지 않고 동일한 사각형 안에 한 음절을 넣어야 하는 문제가 있다. 그런데 한글 위주로 필사를 하는 경우에 이런 원칙도 지켜지지 않게 되었다. 즉 받침이 있는 글자는 길게, 받침이 없는 글자는 짧게 쓸 수 있었다. 이런 모양의 한글 서체를 궁체 또는 궁서체라고 부른다. 17~18세기 궁중에서 한글이 많이 쓰이면서 한글 손글씨 쓰기를 도맡아 하는 일종의 전문 직종

교서관인서체자와 한글 목활자로 찍은 《중수무원록언해》(왼쪽, 국립중앙도서관)와 오륜행실언서자로 찍은 《오륜행실도언해》(오른쪽, 국립중앙박물관). 《중수무원록언해》의 한글 서체는 붓글씨의 꺾임이 없고, 《오륜행실도언해》는 궁체의 영향을 받아 붓글씨 해서체의 느낌이 좀 더 살아 있다.

인 서사상궁이 이런 서체의 모습을 갖춰갔기 때문이다. 궁체는 서사상궁들에 의해 한자에 정자체인 해서, 반흘림체인 행서, 흘림체인 초서가 있듯이 정자체, 반흘림체, 흘림체로 발전해나갔다.

한글 궁체가 궁중을 중심으로 유행하면서, 18세기경에는 인쇄본의 한글 서체에서도 이런 특징들을 모방하기 시작했다. 정조가 정리자와 함께 《오륜행실도》를 찍을 때 만든 한글 활자인 '오륜행실언서자'는 붓글씨 정자체의 느낌이 살아 있는 이른 시기의 서체다. 그보다 조금 앞선 시기에 만들어 같은 시기에 사용되었던 무신자 병용 한글 활자와 비교해보면

이 활자의 서체가 손글씨로 쓴 궁체와 더 가깝다는 것을 알 수 있다(177쪽 《시경언해》도판 참조). 그러면서도 한자 명조체처럼 가로획은 가늘고 세로획은 굵고 자모음의 조합이 균형을 이루어, 근대 명조체의 원형으로 보기도 한다. 19세기에 궁서체가 한글 손글씨의 대표적인 서체로 자리 잡게 됨에 따라 《오륜행실도언해》의 서체보다 더 손글씨를 그대로 쓴 듯한 궁서체가 활자본과 목판본에서 유행하게 되었다.

특히 고종 때 만든 한글 금속활자인 재주정리자再鑄整理字 병용 한글 활자는 'ㅇ'을 표기할 때 붓글씨체처럼 시작 부분에 꼭지를 살린 것, 글자의 중심축이 오른쪽으로 치우친 궁체의 특징을 잘 살린 것 등 붓글씨 궁체를 가장 잘 보여주는 서체다. 재주정리자는 정조가 만든 정리자가 철종 때 주자소 화재로 소실되자 1858년에 다시 주조한 것이다. 그런데 이때는 한글 활자를 만들었다는 기록도 없고 실제 사용된 예도 없어, 한글 활자는 이때 만들어진 것은 아닌 듯하다. 이 활자는 1895년 1월 29일자 《관보》에 처음 등장한다. 《관보》는 1894년(개국 503년) 갑오개혁 후 6월 21일부터 순한문으로 정리자로 발간됐는데, 다음 해 정월 29일부터 국한문을 혼용했다. 그러니까 이 한글 활자는 1894년 말 즈음에 만든 것으로 보이는데, 이 시기는 고종이 한글을 국문으로 선포한 직후다. 이 활자는 전통 방식으로 만든 마지막 한글 금속활사이사 조선의 마지막 금속활자이기도 하다. 나라가 어려운 상황에서도 목활자가 아닌 금속활자로 한글을 만들고 근대적 성격의 국가 기관지 《관보》를 찍었던 것이다. 이는 한글에 대한 새로운 인식, 근대 인쇄술에 대한 관심, 즉 근대화를 위해 인쇄술의 보급이 필요하다는 자각 등이 있었기에 가능했을 것이다. 이후 1896년에 서양 문

활자분색

물 등을 소개하는 근대적인 교과서인 《심상소학》 등을 찍을 때도 이 한글 금속활자를 사용했다.

하지만 《관보》의 경우 5개월 후인 1895년 6월 1일부터 새로 등장한 신식 납활자에 자리를 내주었으며, 고종이 만든 이 한글 활자도 별로 사용되지 못하고 신식 납활자로 대체되었다. 일본의 활자 제조소에서 만든 신식 납활자들은 조선 사람 최지혁, 박경서 등이 손으로 직접 쓴 글씨체를 본뜬 것으로 당시에 유행하던 정자체 궁체를 그대로 사용했다. 이외에 신문사 공모를 거쳐 만든 신문 인쇄용 서체에 궁체가 사용되기도 했다. 1950~1960년대 교과서에도 붓글씨 정자체의 느낌을 그대로 살린, 오늘날의 눈으로 보면 아주 예스러운 서체가 주로 사용되었다.

전통 한글 서체 가운데는 현대 한글 서체의 기본이 되는 바탕체, 돋움체, 궁체 외에 훈민정음의 창제 원리나 기본적인 글자 배치 원리를 무시했지만, 독특하고 자유분방함이 돋보이는 서체도 있다. 지방에서 만든 판본에서 사용한 이런 서체는 어눌하고 유치해 보이기도 하지만, 개성을 중시하는 오늘날 서체 개발자들이 눈여겨볼 만한 것이다.

활자본색

한글로 된 책들의 서체와 편집

조선시대 인쇄본 활자의 크기와 서체가 내용에 따라, 시대에 따라 달라진 것은 한글도 마찬가지였다. 하지만 한글은 국가에서 특별히 관리하고 관심을 갖는 서체가 아니었기 때문에 그와 관련한 기록은 거의 남아 있지 않다. 때문에 남아 있는 활자 인쇄본이나 필사본을 통해 책에 따라 또는 시대에 따라 서체의 크기나 배치 방식을 파악할 수밖에 없다. 실물을 통해 볼 때 한자 인쇄본과 마찬가지로 내용에 따라 또는 시대에 따라 한글의 배치와 크기가 달라지는 경향을 보인다. 또 한자와의 대비와 조화를 염두에 두었던 것 같다.

왕실에서 한글을 중요하게 생각하고 한글로 된 책을 간행하는 데 공을 들였던 시기는 세종 때와 세조 때다. 이때 간행된 인쇄본에서는 한글이 돋보이도록 글자의 배치와 서체, 크기 등에 공을 들인 모습을 볼 수 있다. 최초의 한글 금속활자로 찍은 《월인천강지곡》과 《석보상절》은 같이 쓴 한자 활자인 갑인자에 비해 글자가 크고, 서체도 부드러운 붓글씨의 느낌이 살아 있는 갑인자와 강렬한 대비를 이루는 두터운 돋움체를 써서 한글이 지면을 압도하는 모습이다. 특히《월인천강지곡》은 오늘날 한자어 단어를 표기할 때 한글을 먼저 쓰고 괄호 안에 한자를 넣는 것처럼 한글을 먼저 쓰고 그 아래에 작은 글씨로 한자를 달았다. 이렇게 한글을 앞세우는 방식은 이후에 거의 찾아볼 수 없다.

세조는《월인천강지곡》과《석보상절》을 합치고 보완하여 1459년에 목판으로《월인석보》를 간행했다.《월인석보》의 서체 역시 돋움체이지만,《월인천강지곡》과《석보상절》의 서체와 조금 달라 붓글씨의 느낌이 드러난다는 점을 눈여겨볼 만하다. 이보다 더 눈에 띄는 것은 내용을 한눈에 파악할 수 있도록 한글 서체의 크기와 편집, 배치 방식을 치밀히 구상했다는 점이다. 이쯤에서《월인천강지곡》과《석보상절》,《월인석보》가 무엇인지, 또 책들은 어떤 관계인지를 먼저 설명할 필요가 있겠다.

1446년에 세종의 비 소헌왕후가 수양대군의 사저에서 돌아가셨다. 세종은 수양대군에게 왕후의 명복을 빌기 위해 석가모니의 행적을 편찬하여 번역하라고 했다. 이에 수양대군은 1447년에 석가모니의 전기를 모아《석보상절》을 편찬하고 이를 막 세상에 모습을 드러낸 한글로 번역해 세종에게 올렸다. 세종이 이를 보고《석보상절》에 담긴 석가모니의 일대기를 한글 노래 형식으로 지었다. 이 책이 바로《월인천강지곡》이다. 달빛이 천 개의 강을 비추듯 부처의 자비가 모든 중생을 비춘다는 뜻이다. 한편 1457년에 세조의 큰아들 의경세자가 세상을 떠났다. 슬픔에 휩싸인 세조는 아들과 돌아가신 부모님을 추모하기 위해《석보상절》과《월인천강지곡》을 다시 다듬고 보충하여 새로운 형식의 석가모니 일대기를 간

갑인자와 한글 금속활자로 찍은 《월인천강
지곡》. 미래엔박물관. 한글을 중요하게 생각
한 세종은 한글을 크게 쓰고, 그 아래에 작은
글자로 한자를 달았다. 이후 이렇게 한글을
앞세운 표기 방식은 거의 찾아볼 수 없다.

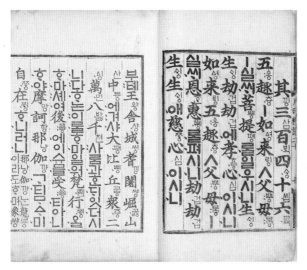

《월인천강지곡》과 《석보상절》을 합편한 《월인석보》. 국립중앙박물관. 세종이 지은 《월인천강지곡》의 내
용(오른쪽 면)은 첫째 칸부터 쓰고 이어서 《석보상절》(왼쪽 면)은 두 번째 칸부터 썼다. 글자 크기도 《월
인천강지곡》 부분이 《석보상절》보다 크다. 이런 편집 방식은 부왕에 대한 존경을 표하기 위한 것이다.

행했다. 이것이 바로 1459년에 완성된《월인석보》다.

세조는《월인석보》를 편찬하면서《석보상절》과《월인천강지곡》을 단순히 합친 것이 아니라 내용을 쉽게 이해할 수 있도록 유기적으로 결합했다. 즉 석가모니의 일생과 관련해 펼쳐지는 내용들을 단락을 나누어 먼저《월인천강지곡》을 수록했다. 이어서 해당하는 단락의 불경 내용을 한글로 번역한《석보상절》부분을 실었는데,《석보상절》원본보다 더 자세하다. 그리고 용어나 내용을 보충 설명하기 위한 주석을 해당 내용 근처에 넣었는데, 이 또한《월인천강지곡》과《석보상절》을 그대로 옮긴 것이 아니라 훨씬 다양하고 풍부하다.

《월인석보》는 이러한 구성 의도가 한눈에 드러날 수 있도록 특별한 편집 방식을 사용했다. 먼저《월인천강지곡》의 내용은 첫 번째 칸에서 시작하고, 이 내용에 해당하는《석보상절》은 두 번째 칸부터 시작하도록 배치했다. 주석은 해당 내용 가까이에 두 줄의 작은 글자로 넣었다.《월인천강지곡》과《석보상절》부분, 주석 부분을 시각적으로 명확히 구분할 수 있게 한 것이다. 여기에《월인천강지곡》은《석보상절》보다 큰 글자를 사용하고,《석보상절》은 주석보다 큰 글자를 사용함으로써 시각적 효과를 극대화했다. 주석에서는 한자음을 표기한 한글 서체를 번역문 서체보다 작게 해서 시각석으로 차이가 나게 했다. 산스크리트어를 음역한 것 역시 서체와 크기를 달리하는 등 세심한 주의를 기울였다.

운문인《월인천강지곡》을 먼저 배치하고 이어서 경전 내용인《석보상절》을 배치한 것은 불경의 일반적인 구성 방식, 즉 경전의 내용을 먼저 쓰고 부처의 공덕이나 가르침을 노래 형식으로 지은 게송偈頌을 배치하는

활자본색

방식과 반대된다. 이는 부왕인 세종이 지은《월인천강지곡》의 내용을 앞세우고 더 큰 글자를 사용함으로써 존경하는 뜻을 시각적으로 드러내는 효과도 있었다.

아쉽게도 한글이 이처럼 큰 글씨로 전면에 드러나는 인쇄본은 이후 거의 제작되지 않았다. 아마도 한글이 공식 문자가 되지 못했기 때문일 것이다. 이후 한글 인쇄본은 세조 때 주로 간행된 불경 언해류와 조선시대 내내 꾸준히 간행된 유교 경전 언해류가 주를 이룬다. 아울러 일반 백성의 삶과 직결되는 정보를 담은 의학서 등을 언해하여 보급하는 일도 지속적으로 이루어졌다. 이런 다양한 언해류를 관찰해보면 시대에 따라 서체가 변화해왔음을 확인할 수 있다. 더 중요한 것은 한글 인쇄본은 한자본에 비해 시대에 따라, 책의 성격에 따라 편집 방식, 특히 한글의 활용 방식에서 상당한 차이를 보인다는 점이다.

세조는《월인석보》외에도 재위 기간 동안 불경 언해 사업을 주도했는데, 그중 제일 먼저 언해된 것은 1461년에 간행한《능엄경언해》다.《능엄경언해》는《능엄경》원문에 계환戒環이 해설을 단《수능엄경요해首楞嚴經要解》를 세조의 주도하에 한글로 번역한 것이다. 이 책의 편집 방식을 보면, 경문을 일정한 단락으로 나누어 원문을 먼저 쓰되, 한글로 토(한문 문장의 이해를 돕기 위해 구절이 끝나는 곳에 달아놓은 표기)를 달았다. 이때《능엄경》원문은 계환이 쓴 주해문의 글자에 비해 훨씬 크다. 앞서 설명한《춘추좌씨전》에서《춘추》경문을 큰 활자로 찍은 것과 마찬가지로 경전 원문이기 때문에 특별히 큰 활자를 사용했을 것이다. 한글 토는 작은 활자를 사용했다. 단락별 원문의 주해문은 원문보다 한 칸 아래 두 번째 칸부터 을해

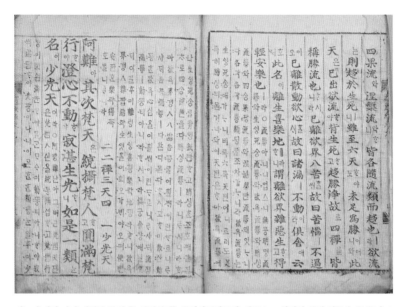

세조가 제일 먼저 번역한 불경 《능엄경언해》, 국립한글박물관. 한문으로 번역한 불경 원문을 큰 글자로 먼저 쓰고 이어서 한글 번역문을 작은 활자로 두 줄에 배치했다. 《월인천강지곡》이나 《석보상절》의 한글 사용 방식과 대조를 이룬다.

자 큰 자로 썼다. 이 크기가 일반적으로 본문에 사용하는 활자 크기다. 그리고 번역문은 작은 글자를 사용해 두 줄로 썼는데, 한자 아래에는 한글로 독음을 달았다. 《월인석보》 등과 비교하여 큰 글자로 된 한문 불경 원문이 주를 이루고 한글 번역문은 작은 글자로만 사용하여 한글이 잘 드러나지 않는다. 활자본 《능엄경언해》는 교정을 거쳐 1462년 간경도감에서 목판으로 다시 간행되었다. 이후 간경도감에서 간행한 불경은 기본적으로 같은 체재를 취해, 한글은 몇몇 예외적인 경우가 있지만 작은 자만 사용했다.

1518년 최초로 출간된 유교 서적 번역서인 《번역소학》부터 조선시대

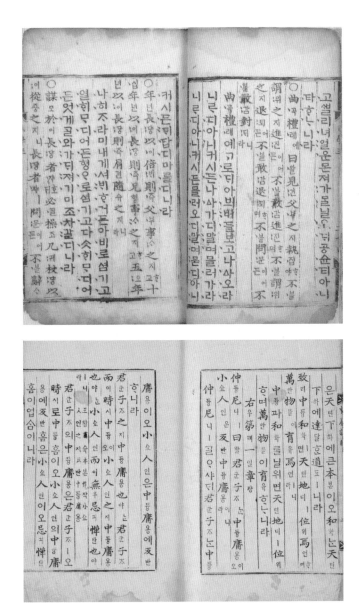

의역 방식으로 번역한 《번역소학》(위)과 직역 방식으로 번역한 《중용언해》(아래). 국립한글박물관. 《번역소학》은 한문으로 된 원문을 한글로 쉽게 풀이하여 큰 글자로 인쇄한 반면, 《중용언해》는 한자 원문 아래 작은 글자로 음과 토를 다는 방식으로 번역했다.

에 지속적으로 간행된 일련의 유교 서적 언해본도 기본적으로 일정한 단락을 단위로 한문으로 된 원문을 먼저 배치하고 이어서 번역문을 배치하는 방식을 취했다.

하지만 형식상 차이점도 보인다. 예를 들어《번역소학》의 경우 단락별로 토를 단 원문을 쓰되 불경 언해와 달리 각 원문 한자 아래에는 한글 작은 자로 음을 달았다. 번역문은 원문보다 한 칸 아래에서 시작하는데, 간경도감에서 간행한 불경 언해에서 번역문을 작은 글자로 두 줄에 배치했던 것과 달리, 큰 글자로 인쇄했다. 그리고 번역문에는 한자가 거의 없다. 최대한 한글로 쉽게 풀어서 번역했기 때문이다.《번역소학》의 이런 번역 방식은 조선 사람들이 이해하기 어려운 내용을 부연 설명을 한다든지 주석서 등을 참고하여 추가로 설명하는 의역意譯 방식이었다. 그러다 보니 원문에 없는 내용이 종종 들어가기도 했다. 이러한 문제 때문에 얼마 후 의역 방식은 직역 방식으로 바뀌었다. 1585년에 교정청을 설치하여 다시 번역한《소학언해》를 시작으로 이후 간행된 경서 언해는 모두 직역 방식을 택했다. 이런 방식은 경전의 원문을 익히는 데 더 역점을 두기 때문에 원문과 번역문에 큰 차이가 없다. 따라서 한자로 된 경전 원문은 큰 글자로 쓰고 한글은 작은 글자로 한자에 음을 달거나 토를 다는 정도로 한정되었다.

한편 비슷한 시기에 간행된《삼강행실도》는《소학언해》와 다른 편집 방식을 취했다. 성종 때 이후 계속 간행된 유교 교화서인《삼강행실도》는 삼강을 실천한 인물의 행동을 그림으로 먼저 보여주고, 그다음에 한문으로 그 행적을 쓰고, 이어서 시詩와 찬讚을 달았다. 각각의 인물의 행적에

활자본색

대한 언해는 그림 위쪽에 배치했는데, 한문 원문을 그대로 번역하지 않고 요약했다. 고유명사 등은 한자를 노출시키고 바로 아래 한글로 음을 달았다. 이러한 편집 방식은 내용을 읽기보다는 그림으로 보고 노래로 부르며 누군가를 통해 듣는 것을 목적으로 한 것이다. 《삼강행실도》의 배포 대상 자체가 한글을 해독하지 못하는 일반 백성이었기에 누군가가 그림과 간단한 글로 설명하는 형식을 염두에 둔 것이다. 'ㅁㅁ행실도'라는 이름의 소위 행실도류의 언해본은 주로 이와 같은 방식을 취했다.

하지만 행실도류 중에서도 정조 때 간행된 《오륜행실도》는 이와 다른 방식으로 편찬되었다. 《오륜행실도》는 각 인물 관련 이야기 하나당 그림, 한문 원문, 한글 번역 순으로 구성되어 있다. 즉 앞면에는 그림이 있고, 뒷면부터 한문 원문과 함께 시와 찬이 있고 이어서 한글 번역이 수록되어 있다. 이런 방식으로 한 인물에 대해 여러 면에 걸쳐 소개한다. 이는 《삼강행실도》에서 한 인물의 이야기를 2면으로 구성하여 앞면은 그림, 뒷면은 한문 원문을 수록하고, 한글 번역은 앞면 그림의 상단에 수록한 것과 대비된다.

상단의 여백을 이용하지 않고 한문 원문 다음에 한글 번역본을 넣은 《오륜행실도》의 편집 방식은 유교 서적을 비롯한 다른 언해본에서는 일반적인 사례이지만 행실도류에서는 광해군 때 간행된 《동국신속삼강행실도》에서 시작되었고, 계속 다시 간행된 《삼강행실도》에서는 볼 수 없는 방식이다.

《삼강행실도》와 《오륜행실도》의 편집 방식의 차이는 《오륜행실도》를 인쇄한 활자 크기가 커서 2면으로는 내용을 다 소개할 수 없기 때문이기

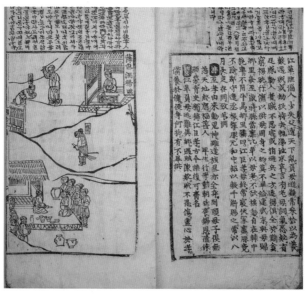

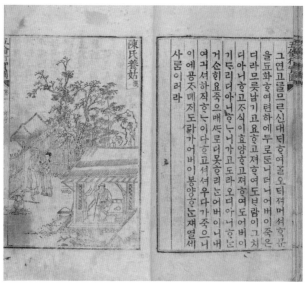

《삼강행실도》(위, 국립한글박물관)와 《오륜행실도》(아래, 국립중앙박물관). 《삼강행실도》에서는 인물의 행적을 요약해서 그림 위쪽에 넣은 번역문이 한문 위주여서 글만으로 내용을 이해하기 어렵다. 《오륜행실도》에서는 그림을 보지 않고 한글로 인물의 행적을 이해할 수 있을 정도로 상세하게 번역했다.

도 하지만, 한글 번역 자체가 원문에 가깝게 매우 자세하여 분량이 많기 때문이기도 하다. 이는 《삼강행실도》가 여러 차례 간행되면서 한글 번역이 상세해지고 한글 표현이 풍부해진 결과로 볼 수 있다.

그림을 비교해봐도 한 화면에 여러 장면을 그렸던 《삼강행실도》의 전통 방식에서 탈피해 《오륜행실도》에서는 한 화면에 대표적인 장면 하나만 들어간다. 《삼강행실도》에서는 그림이 주된 역할, 한글이 부수적인 역할을 하고 뒷면으로 넘어가는 한문 원문은 참고 역할 정도만 했다면, 《오륜행실도》에서는 그림을 보지 않고 한글 번역문 자체로 내용을 이해할 수 있도록 번역이 상세해졌다.

이런 변화는 《삼강행실도》 언해를 하던 16세기에 비해 정조 시대에는 일반 백성 중에도 한글 번역본을 읽고 이해할 수 있는 사람이 많아진 데서 비롯되었을 것이다.

농사나 질병, 무예 관련 서적 등 중인 이하 전문가나 일반 백성에게 필요한 내용을 언해한 책도 불경이나 유교 서적 언해와는 다른 방식으로 편집되었다.

중종 때 간행된 《간이벽온방》의 경우 한문 원문을 한 단락씩 나누어 먼저 쓰고 이를 한글로 번역한 것은 유교 서적을 언해한 것과 비슷한 형태다. 하지만 유교 서적 언해본과 달리 번역문에 주요 용어를 한자로 쓰고 한글 작은 자로 음을 단 것 외에는 거의 대부분 한글을 사용했다. 한글도 작은 글자가 아니라 큰 글자를 사용하여 읽기 쉽게 인쇄했다. 이 책의 간행 자체가 한문을 모르는 백성들을 위한 것이었다. 1524년(중종 19) 가을에 평안도 지방에서 발생한 역병이 다음 해까지 이어져 많은 사람이 죽어

나가자, 중종이 의관들에게 여러 가지 치료법을 한글로 번역하여 책을 만들게 했던 것이다.

1759년에 간행된 《무예도보통지》의 경우는 앞부분에 각종 무예를 그림으로 표현하여 병법을 익힐 수 있도록 했다. 이어서 각각의 무예를 단락별로 설명했는데, 전문 용어에만 한자를 사용하고 그 아래 작은 글자로 한글 음을 달았으며, 나머지는 모두 한글을 사용했다.

정조의 명으로 중국의 법의학서 《무원록》을 개정·증보하면서 언해를 한 《중수무원록언해》 역시 《무예도보통지》와 비슷한 방식으로 편집되었다. 《중수무원록언해》는 살인사건 수사 등에 필요한 시신의 감정과 보고서 작성 등에 관한 실무 지침서다. 오늘날로 치면 법의학서와 같은 것이다. 정조는 이 책이 사형에 관한 옥사를 판결하기 위해 꼭 필요한 것인데, 누구나 쉽게 읽을 수 없다며 언해를 짓도록 명했다.* 이러한 형태의 언해본들은 중인 이하의 전문 직업인이나 일반 백성이 주로 읽는 것으로, 한문을 익히려는 목적이 아니라 그 내용을 이해하는 데 주안점이 있었기 때문에 가능한 한 한글을 많이 사용한 것이다.

조선 후기에는 한문본과 한글본이 별도로 제작되기도 했다. 1755년에 영조가 형인 경종의 뒤를 이어 즉위한 경위와 그 정당성을 밝히기 위해 간행한 《천의소감》을 한글로 번역한 《천의소감언해》기 간행되었다. 《천의소감언해》는 한자를 전혀 쓰지 않고 한글로만 인쇄한 최초의 언해본이다. 정조가 여러 차례 백성들에게 내린 윤음綸音의 경우에도 하나의 책을

---

* 《정조실록》 1791년(정조 15) 3월 15일.

　　　　　　　　　　　　　　　　　　　활자본색

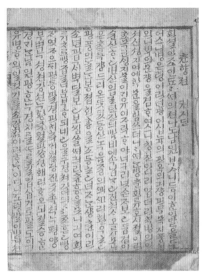

앞과 뒤로 나누어 앞에는 한문본, 뒤에는 한글로만 번역한 언해본을 함께 인쇄했다. 번역한 한글은 한문본에 비해 표현과 내용이 훨씬 더 풍부하다. 이러한 형태의 언해본이 간행되었다는 것은 한글을 사용하는 사람들이 늘어나고 한글의 중요성이 높아진 것을 국왕들도 인식했음을 잘 보여준다.

1880년대에 활자로 간행한 《이언언해》는 중국 청나라 말기 개혁파의 대표 인물 정관응鄭觀應이 저술한 책 《이언》을 한글로 번역한 것이다. 서양의 정치·제도·국방·경제 등을 소개한 책으로 조선에서 한문본으로 먼저 간행되었고, 이어서 언해본으로 간행되었다. 개항 이후 서양 문물에 대한 정보를 얻기 위해 한글 번역본을 별도로 만든 듯하다.

이 책의 한문본은 2책, 한글본은 4책이다. 한문본 1책을 2책으로 나누어 한글본이 한문본에 비해 분량이 더 많아졌다. 한자 없이 한글로만 표기된 한글본은 매우 상세하게 번역되고 전문 용어는 따로 두 줄로 주를 달았다. 따라서 한문본보다 한글본으로 읽는 편이 책의 내용을 이해하는 데 유용했을 것이다. 이처럼 신문물을 소개하는 책이 순 한글로만 번역·출간되었다는 것은 당시 한글이 정보를 습득하고 전달하는 데 중요한 비중을 차지했음을 보여준다. 조선 후기에 판매용으로 출간된 방각본 소설들도 순 한글로 간행되었다. 순 한글 소설들이 인기를 끌었다는 사실 자체가 한글을 향유할 수 있는 사람이 그만큼 늘어났음을 의미한다.

지금까지 대표적인 한글 인쇄본 몇 가지를 예로 들어 간행 시기나 책의 성격에 따라 서체의 형태뿐 아니라 배치까지 달랐음을 설명했는데, 사실 이 부분에 대해서는 어떤 체계적인 정리나 연구가 진행된 것 같지는 않다. 서체를 개발하거나 연구하는 분야에서 한글 서체의 변화 과정에 대해서는 꽤 관심을 가지고 있지만, 요즘식으로 말하자면 '레이아웃'이라는 관점으로 옛 책을 들여다보는 데까지는 미치지 못하는 것 같다. 그렇지만 실제로 조선시대 한문본뿐 아니라 한글본에도 분명 레이아웃의 개념이 있었던 것 같다. 책을 만드는 사람이라면 누구나 보기에 아름다우면서도 읽기에 편하고 전체적으로 조화를 이루는 최적의 레이아웃을 추구했을 테니까. 어쩌면 한자와 한글을 동시에 편집해야 했던 그들은 더 많은 고민을 했을지 모를 일이다.

이름조차 없는 한글 활자들

앞서 이야기했듯이 옛 활자에는 변변한 이름이 없었다. 그나마 한자 활자의 경우 만든 해의 간지를 따서 이름을 붙이기도 하고, 활자의 서체를 쓴 사람에 관한 기록도 더러 남아 있다. 하지만 한글 활자는 서체에 대한 기록은커녕 활자를 만들었다는 기록조차 거의 찾아볼 수 없다. 한글 활자의 서체를 쓴 사람에 대한 거의 유일한 기록은 아마 원종(인조의 생부)의 글씨로《맹자언해》를 찍은 활자, 즉 맹자언해언서자일 것 같다. 이 활자로 찍은《맹자언해》에서 숙종이 이 서체를 원종이 쓴 책에서 베꼈다고 했으니 말이다. 이 책의 한글 표기 중에 당시(17세기 말)에는 쓰지 않은 표기법이 있으니 원종의 글씨로 만든 것 같기는 하지만 어느 정도가 진짜 원종의 글씨체인지는 모르겠다. 맹자언해언서자에 관한 기록은 앞서 말한《주자소응행절목》에 나오는데 여기에는 또 다른 한글 활자 이름이 나온다. '오륜행실언서자五倫行實諺書字'라는 것이다. 정조가 1797년《오륜행실도》를 언해할 때 사용한 활자로 이 목록에 정리동자整理銅字, 즉 구리로 만든 정리자 다음에 적혀 있다.《오륜행실도》의 한문 원문은 금속활자인 정리자를 사용했으며, 한글 번역문에 사용하기 위해 나무로 활자를 만들었다. 이는 맹자언해언서자와 함께 유일하게 국가의 공식 기록에 나와 있는 한글 활자 이름인데, 찍은 책의 제목을 활자 이름으로 삼은 경우다.

한글 활자와 관련된 기록이 없다 보니 연구자들이 활자의 이름을 붙이게 되었다. 가장 흔한 방법이 해당 한글 활자와 함께 쓴 한자 활자의 이름을 앞세워서 '병용', 즉 '함께 사용한'이라고 붙이는 것이다. 예를 들어《월인천강지곡》과《석보상절》,《사리영응기》에 쓰인 최초의 한글 금속활자는 이 인쇄본에 같이 쓰인 한자 활자가 갑인자여서 '갑인자 병용 한글 활자'라고 불린다.《능엄경언해》등 세조 때 불경 언해본에 주로 쓰인 두 번째로 만든 한글 금속활자의 경우, 이 활자와 함께 쓰인 한자 활자가 을해자여서 '을해자 병용 한글 활자'라는 이름이 붙었다.

이런 이름들은 어렵기도 하고 서체의 특징을 잘 보여주지 못하며, 때로는 한자 활자 이름과 헷갈리기 때문에 사실상 이름이 없는 것이나 마찬가지다. 이 때문에 연구자들이나 한글 서체를 개발하는 사람들이 좀 더 구체적인 이름을 붙이기도 했다. 작명 방식은 한자 활자의 이름을 붙이는 것과 비슷하다. 즉 해당 활자로 찍은 최초의 책, 또는 가장 잘 알려진 책의 제목으로 활자 이름을 짓는 것이다. 예를 들어 갑인자와 함께 쓴 한글 활자를 '월인석보자'라 부르고 을해자와 함께 쓴 한글 활자를 '능엄한글자'라 부르는 식이다.

제일 먼저 만든 한글 금속활자를 월인석보자라 부르는 것은 혼동을 줄 수도 있다.《월인천강지곡》과《석보상절》두 책에 쓰인 활자로 올바르게 이해할 수도 있지만, 세조 때 두 책을 합쳐서 만든 《월인석보》에 쓰인 서체로 오해할 수도 있기 때문이다. 《월인석보》의 한글 서체가 《월인천강지곡》, 《석보상절》의 서체와 비슷한 점이 많긴 하지만, 《월인석보》는 목판본이고, 자세히 보면 서체도 다르다는 것을 알 수 있다.

이런 형태의 서체는 오늘날 주로 고딕체라는 이름으로 불린다. '한글' 프로그램에 내장된 서체에서도 휴먼고딕, 중고딕 등의 이름으로 되어 있다. 고딕체 하면 선이 굵고 직선이며 산세리프(로마자 활자에서 세리프가 없으며 가로획과 세로획의 굵기가 비슷한 서체) 서체를 떠올리게 된다. 《월인천강지곡》에 쓰인 활자의 특징이 마침 고딕체의 특징과 상당히 비슷해서 이런 이름을 붙이게 된 것이다. 고딕체는 본문에 쓰이기보다는 제목이나 포스터 등에서 짧고 강렬하게 주의를 집중시키고자 하는 글귀에 쓰이는 경우가 많다. 본문이 고딕체로 되어 있으면 눈이 금세 피로해지기 때문이다.

원래 고딕체란 고딕 스타일Gothic style을 뜻한다. 고딕 하면 중세 유럽의 고딕 성당이 떠오르지 않는가? 지금은 불타버렸지만 파리의 노트르담 성당처럼 뾰족한 첨탑이 있고 하늘을 찌를 듯이 높은 성당 말이다. 고딕은 원래 중세 유럽의 건축을 비롯한 예술 양식의 하나였다. 고딕 양식이 성행하던 시대의 글씨체 역시 뾰족하고 장식성이 많아 고딕체로 불렸다. 다른 말로는 블랙레터black letter라고 한다. 여백 없이 까만 잉크로 가득 찬 글자의 모습에서 비롯된 용어다. 20세기 초 미국에서 블랙레터의 여백 없이 까만 글자의 특징만 따와서 사용하던 산세리프체를 고딕체로 부르게 되었다.

어느 쪽이든 서양의 서체 이름인 고딕체가 한글 서체 이름에 붙여진 이

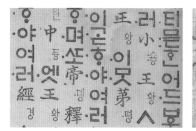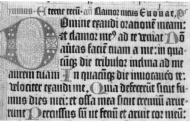

고딕체로 불리는 한글 서체 활자로 인쇄한《석보상절》(왼쪽)과 서양의 고딕체 활자로 인쇄한《마인츠시편》(오른쪽). 오늘날의 고딕체와 다른 모습이다.

유는 무엇일까? 19세기 말에 우리나라는 일본으로부터 근대 활자와 인쇄술, 서체 개념을 도입했는데, 그 용어까지 일본을 통해 서양의 것을 그대로 들여왔기 때문이다. 한글 서체를 고딕체라 부르는 것에 대한 문제의식이 제기되면서 1992년, 문화부(현재의 문화체육관광부)에서 고딕체 대신 돋움체라는 이름을 사용하도록 권장했다. 그럼에도 여전히 고딕체라는 이름이 널리 쓰이고 있다.

한글 서체에 어울리지 않는 이름이 또 하나 있다. 바로 명조체다. 이 서체는 붓글씨로 쓴 듯한 돌기나 꺾임 등을 간략화하고 가로 세로획이 직선이며 가로획은 가늘고 세로획은 굵은 것이 특징이다. 이런 서체는 앞서 말한 것처럼 이른바 필서체가 아닌 인서체, 즉 인쇄에 적합하다. 명조체는 중국 명나라에서 만든 판본체에서 비롯된 한자 서체이므로 한글이 명조체일 수는 없다. 하지만 '흔글'에 내장된 한글 폰트 이름을 비롯해 여러 한글 폰트에 명조체라는 이름이 종종 사용되고 있다.

한글에도 명조체라는 이름이 붙게 된 것 역시 일본에서 근대 한글 활자의 서체를 개발한 데서 비롯되었다. 한자 명조체 활자는 19세기 말부터 일본에서 제작되어 동아시아에 퍼졌다. 조선에서도 19세기 말 서양식 납활자와 인쇄 기술을 일본에서 들여왔는데, 이때 한글 활자도 일본에서 만든 것을 수입했다.

1880년 신식 납활자로 찍은 최초의 책으로 알려진《한불자전韓佛字典》을 비롯해 이후 잇달아 인쇄한 천주교 서적 등의 한글 서체를 보면 한자 명조체와는 느낌이 많이 다르다. 오히려《오륜행실도》를 비롯해 18~19세기에 유행한 궁체로 인쇄된 활자본이나 목판본의 서체와 비슷하다. 당시에는 납활자의 서체도 전통 인쇄에서 활자를 만들 때처럼 붓글씨로 써서 만들었기 때문이다.《한불자전》등에 사용한 한글 활자의 서체는 천주교도 최지혁이 쓴 것이다. 1886년에 발간된《한성주보》를 비롯한 여러 신문에 사용된 소위 '한성체' 활자 서체 역시 붓글씨로 쓴 것 같다. 당시 이 활자들의 서체에는 따로 이름이 없었고, 이 활자들을 만든 일본 쓰키지활판제조소築地活版製造所의 견본첩에 최지혁의 서체로 만든 활자는 2호 조선 문자, 한성체 활자는 4호 조선 문자로 소개되었다. 이 활자들은 흔히 제작 회사의 이름에 따라 쓰키지 2호, 쓰키지 4호로 불렸다. 한자 명조체와는 느낌이 다른 한글 서체를 명조체라 부르게 된 것은 일본에서 수입한 사진식자기에 명조체 한자와 붓글씨체 한글이 함께 포함되면서부터라고 한다. 이때 한자 활자인 명조체로 한글 활자까지 통칭하게 되었고, 이전에 한자 명조체와 함께 쓰인 한글 활자 서체도 명조체로 불리게 되었다.

한편 한자 명조체의 특징과 유사한 서체의 한글 활자도 만들어졌다. 대표적인 서체가 1929년《동아일보》에서 개최한 활자체 공모전에 당선된 이원모의 서체다. 이 서체는 가로선을 가늘게, 세로선을 굵게, 자형은 정

1933년부터《동아일보》에 쓰인 이원모체(왼쪽)와 명조체와 순명조체의 예시(오른쪽).《동아일보》에 사용된 이원모체처럼 한자 명조체와 비슷한 특징을 가진 한글 서체를 순명조체, 즉 진짜 명조체라 하여 명조체와 구분하기도 했다.

사각형에 가까운 모양으로 한자 명조체와 비슷한 느낌을 준다. 이원모의 서체는 4년여의 개발 기간을 거쳐 1933년 4월 1일부터《동아일보》서체로 채택되었다. 한국전쟁 때 북한에서 가져가〈로동신문〉의 서체로 개발했고, 이후《동아일보》는 새로운 서체를 사용했다. 이원모의 서체와 같이 한자 명조체와 비슷한 특징을 가진 한글 녕소체를 순명조체, 즉 진짜 명조체로 부르기도 한다.

광복 후 소위 원도 활자 시대가 시작되었다. 원도는 활자를 만들기 위해 그린 글자꼴의 씨그림이다. 이 원도를 바탕으로 만들어진 활자를 원도 활자라 한다. 실제 크기대로 글자를 조각해서 활자를 만들던 시대에서 원도를 조각기나 주조기 렌즈를 통해 확대 또는 축소하여 다양한 크기의 활자를 제작할 수 있게 된 것이다. 원도를 그리는 것이 중요해지면서 서체 디자인에 관심을 갖게 되었다.

이 시기 한글 서체를 만든 대표적인 글꼴 디자이너가 최정호인데, 그가 만든 활자체 역시 명조체, 고딕체 등으로 불렸다. 최정호는 이런 서체 이름에 문제의식을 갖고 있었다. 1978년 최정호는 잡지 《꾸밈》과의 인터뷰에서 "사실 명조체는 중국 명나라 시대에 유행한 한문 서체인데 내가 쓴 이 한글에 왜 명조체란 이름을 붙였는지 모르겠다. 누군가가 좋은 이름으로 바꿔주었으면 좋겠다"라고 후배들에게 당부했다.

1992년 문화부에서 이 문제를 해결하기 위해 명조체를 바탕체로 순화하여 부를 것을 권장했다. 명조체가 가독성이 높아 본문에 주로 쓰이기 때문이다. 요즘에는 바탕체라는 표현도 많이 쓰이지만 여전히 명조체라고 쓰는 사람이 많다.

최정호의 제자인 안상수는 《한글 디자이너 최정호》(안그라픽스, 2014)라는 책에서 그를 회고하면서 이렇게 말했다.

최정호는 자신의 이름을 딴 글꼴을 만들고 싶었다. 그러나 기회는 오지 않았다. 이전의 그가 디자인한 글꼴은 출판사의 이름을 땄거나 일본의 사진식자회사의 이름에 맞추어 MS명조, SK명조 등의 이름으로 세상에 출시되었다. 게라몬드, 베스커빌, 코즈카 같은 외국 사례에 비한다면 자기 이름을 가진 글꼴이 없었던 것이다. 그는 1988년 최정호체 의뢰를 받았다. 원도 한 벌을 오롯이 그리는 일은 오랜만이었다. 기쁜 마음에 한달음에 원도를 완성했다. 그리고 그것이 그의 마지막 작업이었다.

최정호는 안상수의 의뢰를 받아 마지막으로 서체를 개발했다. 안상수는 최정호의 바람대로 이 서체에 최정호체라는 이름을 붙였지만, 안타깝게도 최정호가 곧 세상을 떠나는 바람에 실용화되지는 못했다.

오늘날에는 새로 개발되는 서체에 예쁜 우리 이름을 붙이기도 한다. 대부분의 용어가 전 지구적인 범위로 사용되고 적용되는 현대에 한글 서체 이름을 순 한글로 고집할 필요도 없을 것이다. 그렇지만 적어도 옛 활자나 글씨의 서체에는 거기에 알맞은 이름이 붙여졌으면 좋겠다. "내가 그의 이름을 불러주었을 때 그는 나에게로 와서 꽃이 되었다"라는 시 구절처럼 활자의 특징에 맞는 이름을 붙여주어야 할 것이다.

나 지금 진지하다, 궁서체다

인터넷 블로그에서 한 야구 경기장 펜스에 걸려 있는 "똑띠해라 궁서체임"이라는 플래카드 사진을 본 적이 있다. "똑띠해라"는 "똑똑하게 해라, 잘해라"라는 말의 경상도 사투리일 터다. 문제는 "궁서체宮書體"다. 여기서 궁서체의 의미는 무엇일까?

궁서체는 한글 서체 중의 하나로 궁체라고도 하는데, 조선시대에 궁중에서 쓰기 시작했다고 해서 이렇게 불린다. "똑띠해라 궁서체임" 자체도 궁서체로 썼다. 한 블로그 운영자가 이 플래카드를 내건 사람들에게 "궁서체임"이 무슨 뜻인지 물었고, 이들은 "진지하다고요"라고 대답했다. 그러니까 "똑띠해라 궁서체임"은 자신들이 응원하는 팀을 향해 "진지하게 말하는데 제대로 잘해라, 그렇지 않으면 가만두지 않겠다"라는 의미인 것이다. 이 블로그에 글을 쓴 사람은 이 플래카드를 내건 사람을 오늘의 MVP로 꼽았다. 기발한 표현력을 높이 샀기 때문이다. 이 플래카드 외에도 요즘 젊은 세대들 사이에서 "나 지금 진지하다 궁서체다"라는 글귀를

재미 삼아 궁서체로 써서 자신의 의사를
표현하는 경우를 종종 볼 수 있다.

오늘날 궁서체는 조선시대에 유행하던
예스러운 서체, 고전적인 서체를 대변하
는 것 같다. 클래식 음악을 진지한 음악으
로 생각하듯이, 젊은 층에게 궁서체는 진
지함의 상징으로 인식된다는 의미다. 밝
고 가볍고 세련된 현대의 서체와 대비되
는 이미지다. 서체는 단순히 기능만 있는
것이 아니라 사회적으로 또는 세대별로 통용되는 일정한 이미지를 가지
고 있음을 알 수 있다.

그런데 100년 전으로 거슬러 올라가면 궁서체에 대한 사람들의 생각
은 완전히 달랐다. 궁서체에 대한 정의는 연구자에 따라 다를 수 있지만,
17세기경부터 궁중에서 주로 사용되기 시작해 18~19세기에 가장 널리
쓰인 한글 서체로, 붓글씨의 느낌을 가장 잘 살린 서체를 가리킨다. 처음
에는 인쇄용 서체가 아니라 손글씨 서체였는데, 궁중에서 이 서체가 유행
하자 18~19세기에는 활자와 목판 인쇄에서도 궁서체를 모방한 서체들
이 나오기 시작했다. 특히 18~19세기에 유행한 목판본 소설의 경우 서
울 지역에서 간행된 이른바 경판본京板本 소설에 궁서체를 주로 사용했다.
궁중이나 상류 계층에서 유행하던 서체가 일반 백성들이 보는 책의 서체
로 쓰이게 된 것이다. 유행이 늘 그렇듯 처음에는 서울에서 유행하다가
지방으로 전파되는데, 전파에는 시간이 걸리고 그 과정에서 변형되기도

하며, 유행의 확산 정도가 달라지기도 한다. 경판본과 달리 전주 지역에서 간행된 완판본完板本 소설류에서는 궁체를 사용한 예가 드물다는 사실이 이를 입증한다.

한편 앞서도 말한 것처럼 19세기 말에 일본을 통해 서양의 신식 인쇄술이 들어왔고, 한글 납활자도 일본에서 만든 것을 수입했다. 이 신식 활자들의 서체도 궁서체를 바탕으로 만들어졌다. 이런 서체는 궁서체 중에서도 정자체로 만들어져서 해서체라고 부르기도 한다. 당시 납활자는 서양의 새로운 종교, 즉 천주교와 기독교 포교를 위한 성경과 전례서 등을 한글로 번역·인쇄하는 데 주로 사용했다. 신식 교과서나 신문 등에도 궁서체를 본뜬 서체의 활자가 사용되었다. 이러한 사실은 19세기에 이르러 궁서체가 궁중과 서울 지역에서 주로 사용하는 일종의 새로운 서체, 새로운 문물을 담은 세련된 서체로 인식되었음을 의미한다. 궁서체의 이미지가 오늘날과는 정반대였던 셈이다.

한글은 여성들이 많이 사용하던 문자였고, 궁중에서도 주로 여인들이 한글을 쓰다 보니 궁서체는 여성적인 서체로 인식되기도 했다. 1932년 9월 1일 잡지 《별건곤別乾坤》 55호에 "學窓夜話(학창야화), 假戀文(가련문)이 끼친 傷處(상처), 시럽슨 작난마라"라는 제목의 수기가 실렸는데, 친구에게 여성이 쓴 듯 꾸민 가짜 연애편지를 보낸 일화다. 이 수기에 이런 구절이 있다.

연분홍과 옥색 편지지 일곱 장에 깨알가티 잘고도 곱게 궁체로 썻스되, 사랑이란 문꾸는 비칠 듯 말듯 하고 편지 피봉은 중도개방을 두려워한다는

궁중에서 서사상궁이 공들여 쓴 한글 반흘림체(왼쪽, 국립한글박물관)와 궁체로 새긴 유관순 열사의 기념비 탁본(오른쪽, 백악미술관).

궁서체를 바탕으로 만든 한성체 활자로 인쇄한《독립신문》. 국립중앙박물관.

활자본색

듯이 갑싼 하드롱 봉투에 너어 활달한 글씨로 수신인의 학교 학년까지 쓰고 일흠자는 한자만 틀리게 하고 음이 가튼 다른 자를 썼든 것이다.

물론 이 편지는 여학생을 가장한 남성 친구가 여성의 필체를 본떠 잘고도 곱게 궁체로 쓴 것이다. 당시 궁체는 여성적인 서체라는 이미지가 있었음을 알 수 있다. 이외에도 1920~1930년대 신문의 활자체 중에는 여성의 궁체를 바탕으로 만든 것이 있다. 대표적으로 1922년부터《조선일보》에서 사용한 궁서체 활자는 모씨 부인의 궁서체를 글자본으로 삼아 만든 활자라고 한다.

개화기와 일제강점기에 궁서체는 단순히 세련되고 여성적인 서체를 넘어 근대와 개화의 상징으로 작용하기도 했다. 특히 일제강점기에 한글을 못 쓰게 함에 따라 대표 한글 서체로 자리 잡은 궁서체는 민족정신의 상징으로 변화해갔다. 1902년 독일 음악가가 작곡한 대한제국 애국가 악보에는 가사가 전형적인 궁서체로 인쇄되어 있다. 그리고 애국가 제정 경위를 밝힌 작사가 민영환의 서문이 한문으로 수록되어 있다. 이때 애국가는 오늘날과 같은 근대 국가에 대한 충성이 아니라 황제국에 대한 충성의 의미를 담고 있지만, 을사조약에 죽음으로 항거한 민영환이 작사했으며 그 가사가 궁체로 인쇄되었다는 점은 의미가 깊다. 근대 교과서를 만든 활자,《독립신문》등 초기의 신문 활자들이 궁서체를 바탕으로 만들어졌다는 점도 궁서체가 민족의 상징으로 인식되는 데 중요한 이미지 요소가 되었을 것이다.

광복 후 얼마 되지 않은 1947년 12월 5일자《동아일보》에는 "순국열사 유관순 양 기념비 제막식"이라는 제목의 기사가 있는데 그 내용은 이렇다.

> 기미독립운동 때 아우내서 일어난 정열의 발자취라 한 정인보 씨가 지은 글을 궁체로 새긴 여섯 장의 비를 중심으로 모인 이들 모두 다 삼십 년의 옛일을 아득하게 회상하며 (…)

이 기사에서 민족 독립의 상징인 유관순 열사의 기념비를 궁체로 새겼음을 굳이 언급한 것은 당시 사람들이 궁체를 민족, 독립의 상징으로 생각했기 때문이 아닐까? 1960~1970년대에도 궁체는 한글과 한민족을 상징하는 서체로 교과서 등에도 널리 사용되었다.

이처럼 궁서체는 세련된 서체, 여성적인 서체에서 민족을 상징하는 서체로 인식되었고, 오늘날에는 진지함과 예스러움의 상징이 되었다. 비단 한글에서만 서체의 이미지 변화가 나타나는 것은 아니다. 독일의 프락투어 서체 역시 궁체와 비슷한 길을 걸었다. 이 서체는 블랙레터의 일종으로 이탈리아 등에서 유행한 둥근 서체, 소위 안티크바 서체와 달리 독일 지역에서 유행한 서체에서 발전한 것이다.* 프락투어 서체는 신성로마 제국의 황제 막시밀리안 1세의 명으로 만들어졌다고 한다. 이후 종교개혁을 주도한 루터가 프락투어 서체로 인쇄한 성경이 독일 국민들에게 널리 보급되면서 독일 민족을 상징하는 서체로 인식되었다. 조선의 지식인

---

* 독일 프락투어 서체에 대해서는 최경은, 〈독일 타이포그래피의 역사: 안티크바-프락투어 논쟁을 중심으로〉, 《독일문학》 121, 2012에 자세히 나와 있다.

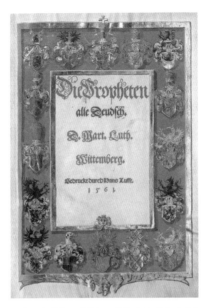

프락투어 서체로 인쇄한 독일어 성서. 독일 바이에
른주립도서관.

들이 한글보다 한자를 선호했듯 독일어보다 라틴어, 프락투어 서체보다
안티크바 서체를 선호했던 독일의 지식인들은, 자신의 책에 안티크바 서
체를 쓰고 싶어 했지만 그렇게 하면 팔리지 않았기 때문에 프락투어 서
체로 간행해야 했다. 독일의 대표적인 문학가 괴테 역시 안티크바 서체
를 선호했지만 프락투어 서체로 작품을 출판했는데, 그의 어머니가 보고
"네 작품이 고약한 라틴 서체로 세상에 나오지 않았다는 사실에 나는 정
말 기쁘다"라고 말했다고 한다. 여기서 라틴 서체는 라틴어에 주로 사용
된 안티크바 서체를 말하는데, 독일어를 인쇄할 때 사용한 서체와 달랐
던 것이다. 경우에 따라서 독일어는 프락투어, 라틴어나 영어는 안티크바
서체로 인쇄하기도 했다. 한글 궁서체처럼 프락투어 서체는 오늘날 독일

에서 전통적인 서체로 간주되지만 한때는 독일 민족을 대표하는 서체였던 것이다.

서체에도 유행이 있다. 한때는 새롭고 세련된 서체였지만 시간이 지나면서 예스러운 서체가 되기도 한다. 유행이 돌고 도는 것처럼 요즘에는 옛 서체를 활용해서 만든 복고풍의 서체들도 꽤 많이 등장한다. 종종 젊은이들이 즐겨 보는 방송 프로그램의 자막에 궁체를 비롯해 예스럽고 진지한 서체들이 사용되는 것을 발견하기도 한다.

활자 돋색

6

활자 만들기에서 인쇄까지

———————————

손톱만 한 크기에 붓으로 쓰기도 어려울 것 같은 가느다란 획까지 글자로 구현한

활자를 보면서 이런저런 궁금증이 생겼다. 누가, 어떻게 이런 솜씨를 부릴 수 있었

을까? 이 작고 섬세한 활자로 이렇게 윤기 나는 책들은 또 누가 어떻게 만든 것일

까? 이런 솜씨들은 당시 수공 기술의 결정체다. 그런데 이 무형의 유산들은 오늘날

그 실체를 확인하기가 정말 어렵다. 과학의 힘을 빌려 활자의 금속 성분을 분석해

제작 시기를 추정해보고 활자에 남아 있는 다양한 흔적들을 분석해 제작 방법을

추론할 수도 있지만, 아직 갈 길이 먼 것 같다. 활자 실물과 기록을 보면서 나름대로

생각했던 것들과 풀어야 하는 과제를 짚어본다.

———————————

금속활자는 어떻게 만들었을까?

우리는 지난 수십 년 동안 급격한 산업화와 경제 성장을 이루어 세계 어느 나라에도 뒤지지 않는 선진국이 되었다. 하지만 그사이에 아쉽게도 전통과는 단절이 되고 있다. 그중에서도 특히 단절이 심한 분야 중 하나가 전통 과학기술이 아닐까 생각한다. 전통 과학기술에 속하는 금속활자 제작과 인쇄술 역시 예외일 수 없다. 금속활자를 비롯한 전통 기술은 장인, 즉 기술자들을 통해 전승되어왔기 때문에 기록이 제대로 남아 있지 않은 것이 단절의 첫 번째 이유일 것이다. 얼마 안 되는 기록도 한문으로 되어 있을 뿐 아니라, 오늘날에 전승되지 않은 기술과 관련된 용어들이라 이해하거나 번역하기도 쉽지 않다. 당연히 오역도 발생하기 마련이다. 그 때문에 금속활자의 제작에서 인쇄에 이르는 과정에 대한 연구나 고증 등에도 어려움이 있을 수밖에 없다. 연구는 어떻게 진행되어왔으며, 풀어야 할 숙제는 무엇일까?

먼저 금속활자의 재료에 대한 이야기부터 해보자. 조선 최초의 금속활자인 계미자를 만들기 위해 태종이 내부에 소장하고 있던 동철銅鐵을 내놓았다는 이야기가 《태종실록》에 나온다. 이 외에도 금속활자의 재료를 동철로 표기한 경우가 꽤 있다. 그런데 이 동철이라는 말이 참 애매하다. 오늘날 동과 철은 분명히 다른 금속으로 이해된다. 동은 원소기호 'Cu', 구리를 의미하고, 철은 원소기호 'Fe', 철을 의미한다. 그렇지만 태종이 금속활자를 만들기 위해 내놓은 동철은 동과 철, 두 금속을 뜻하지 않는다. 동철에서 철은 금속을 대표하는 단어로 쓰인 것이다. 쇠붙이라는 말이 쇠(철)만을 뜻하는 것이 아니라 금속성 물질 자체를 뜻하는 것과 마찬가지다. 하지만 동철이 늘 동, 즉 구리를 의미하는 것도 아니다. 때로는 동과 철이 각각의 금속을 가리키기도 하고, 철이 성분과 상관없이 금속을 대표하는 단어로 사용되는 경우도 있어 혼동을 준다. 가령 교서관인서체자의 경우 이 활자로 찍은 책에 '철자鐵字'로 찍었다고 기록되어 있어, 이 활자를 무쇠로 만든 것으로 여겨왔다. 하지만 국립중앙박물관에 소장된 이 활자의 금속 성분을 분석한 결과 철 성분은 극소량이며 구리가 주성분인 것으로 밝혀졌다. 국립중앙박물관에는 철이 주재료인 철활자도 남아 있다. 교서관인서체자에는 군데군데 구리색이 보이고 철활자에는 붉은 녹이 보여, 두 활자의 재료가 다름을 확인할 수 있다.

조선시대의 일부 금속활자는 실제 철로 만들었고, 1436년에 진양대군(세조)의 글씨체로 만든 큰 활자인 병진자는 납으로 만들었다고 보기도 한다. 이 견해의 근거는 성현이 쓴 《용재총화》의 초기 판본 등에 병진자에 대해 "납으로 활자를 만들어 강목을 인쇄했다範鉛爲字. 以印綱目"라고 기록되어 있는데, 나중에 이를 옮기면서 납鉛을 구리銅로 잘못 판독하여 오류가

구리로 만든 교서관인서체자(위)와 철로 만든 철활자(아래). 국립중앙박물관.

생겼다는 것이다.* 납활자 앞에는 늘 근대라는 수식어가 붙는데 이게 사실이라면, 서양보다 먼저 납활자를 만든 셈이 된다. 하지만 이에 대한 후속 연구도 없고, 이를 입증할 실물이 남아 있지 않은 점이 아쉽다.

이런 예외적인 경우를 제외하면 국립중앙박물관 소장 금속활자의 성분은 모두 구리이며, 최근 인사동에서 출토된 활자들도 구리로 만들어졌다. 그러나 100퍼센트 구리로만 활자를 만들 수는 없다. 순동은 물러서 활자에 적합하지 않다. 순동에 아연이나 주석 같은 금속을 합금하면 강도가 높아지며, 붉은빛을 띠는 순동이 금색 빛을 낸다.

그럼 조선시대 활자는 어떤 금속 합금으로 만들어졌으며, 합금 비율은 어땠을까? 이에 대한 답을 현대 과학 기기를 통해 얻을 수 있다. 바로 엑스선 형광 분석기XRF라는 것이다. 엑스선을 쏘아 물질이 방출하는 고유의 파장을 확인하는 엑스선 형광 분석기로 국립중앙박물관 소장 금속활자를 분석한 결과 시기별·활자별로 다소 차이가 있지만, 구리가 70~80퍼센트 이상이며 그외 주석, 납, 아연 등 여러 금속이 합금된 것으로 밝혀졌

---

* 천혜봉,《한국금속활자 인쇄사》, 106쪽.

다.* 철은 거의 나오지 않았으며, 앞서 말한 것처럼 철로 만든 활자는 구리로 만든 활자와 육안으로도 구분할 수 있다.

조선시대의 기록에는 금속활자의 합금에 대한 내용이 나와 있을까? 조선 전기의 기록은 거의 남아 있지 않지만 조선 후기에 만든 활자에는 금속 성분 비율을 짐작할 수 있는 기록이 남아 있다. 대표적인 활자가 정조가 제작한 정리자다. 《일성록》 1796년(정조 20) 3월 17일자 기록을 보면 정리자를 제작할 때 유철鍮鐵 1400근, 주철鑄鐵 600근, 유랍鍮鑞 250근이 들어갔다고 나온다. 이 재료로 정리자 큰 자 16만 자, 작은 자 14만 자, 총 30만 자를 만들었다. 《정조실록》의 같은 날짜 기사에는 정리자를 동銅으로 주조했다고 나온다. 현존하는 정리자의 성분을 분석한 결과 구리가 70~80퍼센트이고, 나머지는 주석, 납, 아연 순으로 합금된 것으로 확인되었다. 정리자에서는 다른 금속활자와 달리 니켈 성분이 나왔다. 《현종실록》 간행 과정을 기록한 《현종실록찬수청의궤》에 따르면 실록을 인쇄하기 위해 큰 자, 작은 자 구분 없이 4만 825개의 금속활자를 새로 제작했는데, 여기에 들어간 재료는 유철 367근, 주철 367근, 유랍 73근 12냥이다.** 정리자와 현종실록자에 들어간 금속의 비율은 서로 다르지만 유철, 주철, 유랍으로 구성된 점은 같다.

유철, 주철, 유랍 같은 이 생소한 이름들은 도대체 무엇일까? 우선 각종

---

* 국립중앙박물관 소장 활자의 금속 성분 분석 결과는 이재정·유혜선, 〈국립중앙박물관 소장 금속활자의 과학적 분석〉, 《서지학연구》 33, 2006; 이재정·유혜선, 〈국립중앙박물관 소장 한글 금속활자의 고증 및 성분 분석〉, 《서지학연구》 37, 2007에 나와 있다.

** 이 수치는 《현종실록찬수청의궤》 실입實入 부분에 기록되어 있다.

활자본색

사전을 찾아보았다. 국어사전에 유철은 "구리에 아연을 합금한 쇠붙이"로 되어 있다. 다른 사전에는 유철을 놋쇠라고 정의했고, 놋쇠를 찾아보면 "구리에 아연이나 주석, 니켈 등이 혼합되어 이루어진 합금"으로 되어 있다. 유랍의 경우 "놋쇠를 만드는 데 섞는 아연"이라고 설명하기도 하고, 구리와 주석을 합금한 것이라고 풀이하기도 했다.* '혼글'에 내장된 한자사전에 '납鑞'의 뜻은 "납과 주석의 합금품"이다. 어느 것도 유철과 유랍이 어떤 금속인지 명확하게 설명하고 있지 않지만, 그나마 실제 활자의 금속 성분에서 확인되는 것들이다.

문제는 주철이다. 주철은 거의 예외 없이 철Fe이라고 설명한다. 문맥상으로 철을 뜻하는 경우가 당연히 있겠지만, 금속활자의 재료인 주철이 철을 의미하는 것일 수는 없다고 생각하여, 여러 자료를 검색했다. 그리고 《승정원일기》에서 주철이 철일 수 없다는 증거를 찾아냈다. 1740년(영조 16) 12월 9일자 기사에 구리의 수급 등을 논하는 가운데 "생동生銅, 즉 제련하기 전의 구리를 사용하는 법에는 유랍을 첨가하면 유철이 되고, 상랍常鑞을 첨가하면 주철이 되며 함석을 첨가하면 두석鍮錫이 된다"라는 구절이 나온다.** 고종 때 국가 재정 운영과 관련한 각종 규정을 정리한 《탁지

---

* 한국고전번역원,《영조정순왕후가례도감의궤》의 번역본에는 유랍을 놋쇠를 만드는 데 섞는 아연으로 설명했다. 주영하,《식탁 위의 한국사》(휴머니스트, 2013) 신선로 부분에서는 유랍을 구리와 주석을 합금한 것으로 풀이했다.

** 《승정원일기》에는 유철을 만들 때 첨가하는 물질을 유철이라고 했는데 유랍을 잘못 쓰거나 탈초할 때 잘못 읽은 것으로 판단해서 고쳤다. 같은 내용을 《영조실록》 1740년(영조 16) 12월 9일 기사에는 "유철을 첨가하면 유철, 상랍을 첨가하면 상랍, 함석을 첨가하면 두석이 된다"라고 하여 두 기록이 서로 다른데, 유철을 첨가하면 유철이 되고 상랍을 첨가하면 상랍이 된다는 것은 동어 반복이기 때문에 《영조실록》의 이 서술도 정확하지 않은 것 같다.

준절度支準折》의 〈취련吹鍊〉에도 유철과 주철, 두석이 나오는데, 유철에는 유랍, 주철에는 유랍과 상랍, 두석에는 함석이 함께 등장한다. 상랍이라는 정체 모를 물질이 새로 등장하여 당황스럽긴 하지만, 생동에 어떤 물질을 첨가하느냐에 따라 유철이 되기도 하고 주철이 되기도 하는 것은 틀림없다. 주철이 결코 철일 수는 없음은 명확해진 셈이다.

조선 왕실의 여러 행사를 기록한 의궤에도 주철은 유철, 유랍과 함께 제기祭器의 재료로 나온다. 제기 역시 구리로 만들지 철로 만들지는 않았으므로 의궤에 기록된 주철 역시 유철과 구분되는 특징을 가진 구리의 일종이지 철을 뜻하지는 않을 것이다. 당시에는 이런 용어들의 의미를 다 알고 사용했을 텐데 오늘날에는 기술도 용어도 전승되지 않아 오해와 오역, 혼란이 생긴 것이다.

그렇다면 이런 생소한 용어나 합금 방식을 알 수 있는 방법은 없을까? 나는 과학에 문외한이지만 현대 과학 기술과 옛 기록을 함께 이용하면 가능하지 않을까 생각해본다. 예를 들어 기록상 정리자와 실록자의 합금 비율이 다르고 제기의 경우는 이와 또 다르니, 남아 있는 활자와 제기 등의 금속 성분을 정밀하게 분석하면 유철, 주철, 유랍이 어떤 금속을 가리키는지 알아낼 수 있지 않을까?

이런 방식이 의미를 가지려면 데이터를 충분히 축적해야 하므로 갈 길이 멀겠지만, 엑스선 형광 분석기 등을 이용한 과학적 분석은 실제 활자의 제작 연대를 알 수 있는 지표가 되었다. 즉 2006년에 국립중앙박물관 한글 금속활자 750여 점 중에서 30여 점이 15세기에 만든 '을해자 병용 한글 금속활자'임을 밝히는 데 엑스선 형광 분석기의 분석 결과가 중요한 증거가 되었던 것이다. 이 30여 점은 다른 활자들과 서체가 달랐음은 앞서 이야기했다. 그런데 과학적 분석 결과 역시 다른 활자들과 차이가 있었다. 다른 활자들에 비해 이 30여 점은 비중(특정 물질의 질량과 같은 부피의 표준물질의 질량과의 비율)이 높고, 구리의 비율도 90퍼센트 전후로, 순동에 가까웠다. 이런 지표는 최근 국립중앙박물관에서 갑인자를 확인할 때도 중요한 근거가 되었다. 갑인자의 금속 성분과 비중은 을해자 병용 한글 금속활자와 같은 범주에 속했고, 나머지 조선 후기 활자들과는 분명 달랐기 때문이다. 이렇게 조선 전기와 후기의 활자의 금속 성분이 달라진 이유를 명확히 알 수는 없지만 구리가 더 부족해지면서 조선 후기에 이르면 합금 비율을 조정했을 가능성이 있다.

비율이 어떻든 조선 금속활자의 주요 성분이 구리인 것은 분명하다. 구리는 섭씨 1085도에 가까운 고온에서 녹여야 하기 때문에 주물 과정이 쉽지 않았을 것이다. 합금 비율을 맞추는 것도 쉽지 않았을 듯하다. 서양에서 만든 납활자와 비교하면 이것이 어느 정도의 공력이 드는 일인지 금방 알 수 있다. 구텐베르크가 발명한 서양의 활자는 납이 주성분인데, 납은 섭씨 327도 정도에서 녹기 때문에 활자 주조 작업이 훨씬 더 수월했을 것이다. 서양의 납활자는 형태와 주조 방식도 조선의 활자와 달랐다. 서양의 수동식 활자 주조기로 활자를 만들 때는 먼저 강철에 양각으로 글자를 새긴다. 이를 펀치, 패트릭스라고 하는데 부형父型으로 번역한다. 패트릭스를 더 무른 금속에 대고 누르면 패트릭스에 새긴 글자가 음각된다. 이것이 매트릭스, 즉 모형母型, 우리가 어미자라고 부르는 것이다. 이 매트릭스를 수동식 활자 주조기 틀의 아래쪽에 물린 다음 금속 물을 국자 같

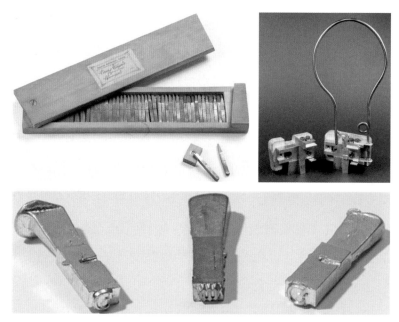

서양의 활자 주조용 패트릭스와 매트릭스 복원품(위 왼쪽), 수동식 활자 주조기 복원품(위 오른쪽), 수동식 활자 주조기로 만든 납활자 복원품(아래). 청주고인쇄박물관.

은 것으로 떠 넣어 활자를 만든다. 이 방식은 조선의 활자 주조 방식에 비해 한결 간단하다. 구텐베르크가 《42행 성서》를 인쇄할 때 만든 활자는 장식성이 많고 290개에 이르는 활자를 만들었다고 하니 생각보다 꽤 많은 종류의 활자를 만들었다. 하지만 한자로 된 금속활자를 만드는 것에 비하면 한결 쉬운 일이다.

이런 금속들을 가지고 어떻게 금속활자를 만들었을까? 이 역시 명확한 기록이 없고, 기술도 그 명맥이 제대로 유지되지 않아 정확한 방법을 알기 어렵다. 그런 가운데도 동전이나 동종 등 다른 금속품 제작 기술이나 기록을 바탕으로 활자 주조 방법을 재현하려는 노력이 진행되고 있다. 전

활자본색

서양의 활자 만드는 과정을 묘사한 요스트 아만의 목판화.

통적인 금속 주조 방법 중 잘 알려진 것이 밀랍주조법이다. 밀랍으로 만들고자 하는 활자 모양대로 어미자(모형)를 만들고 이것을 흙으로 만든 거푸집으로 감싼 후 가열하면 밀랍이 녹으면서 만들고자 하는 어미자의 형태만 남게 된다. 그 자리에 녹인 금속을 부어 식힌 후 거푸집을 깨고 완성품을 얻는 방식이 밀랍주조법이다. 어미자는 거푸집을 가열할 때 녹아 없어지므로 이를 실랍법失蠟法, lost wax casting이라고 한다. 어미자가 녹아 재사용할 수 없기 때문에 밀랍주조법으로 만든 활자는 글자 모양이 모두 다르다고 한다. 그래서 똑같은 모양의 글자가 없는 《직지》는 밀랍으로 만들었다는 것을 전제로 재현하고 있지만, 실물과 기록이 없어 완벽하게 재현하기는 어려운 실정이다. 찍힌 글자의 모양이 같지 않다는 점이 밀랍주조법의 유력한 근거가 될 수 없다는 주장도 있다.

활자 제작과 관련된 기록이 거의 남아 있지 않은 가운데 조선 전기 문신이자 학자인 성현이 쓴 《용재총화》는 이와 관련된 귀중한 기록이다. 그는 다음과 같이 활자 제작 방법에 대해 간략하게 기록하고 있다.

대개 글자를 주조하는 법은 먼저 황양목을 써서 글자를 새기고, 물가의 부드러운 모래를 평평하게 인판印板에다 폈다가 나무에 새긴 글자를 모래 속에 찍으면 찍힌 곳이 패어 글자가 되니, 이때에 두 인판을 합치고 녹은 구리를 한 구멍으로 쏟아부어 흐르는 구리 액이 파인 곳에 들어가서 하나하나 글자가 되면 이를 깎고 또 깎아서 정제한다.*

---

* 성현,《용재총화》권7 활자조活字條.

전통적인 금속 주조 방식에서 밀랍주조법과 함께 사용된 것이 사형주조법sand mould casting이다. 진흙처럼 차진 모래를 거푸집에 채워 넣기 때문에 사형주조법이라고 한다.《용재총화》에 기록된 활자 주조 방식도 바로 이 사형주조법이다. 여기에 나오는 인판은 거푸집을 뜻하는데, 재료에 대한 언급은 없지만, 구리보다 더 높은 온도를 견디는 철로 만들었을 것이다. 철로 만든 틀에 부드러운 모래(주물사)를 채워 넣고 금속활자와 똑같은 모양의 목활자(어미자)를 만들어 꾹 눌러주면 글자의 흔적만 남는다. 사형주조법에서는 거푸집을 상하 두 부분으로 나누어 제작한다. 여기서 기술하지는 않았지만 모래에 찍었던 나무 활자는 빼내야 한다. 그래야 그 자리에 금속을 녹인 액체가 들어가 나무 활자와 같은 모양의 금속활자가 만들어지기 때문이다. 활자를 빼낸 후 모래로 된 2개의 거푸집을 합친다. 《용재총화》에서 "두 인판을 합"친다는 것이 그런 의미일 것이다. 기록에는 없지만 합치기 전에 금속 액체가 나무 활자를 빼낸 빈 공간에 들어갈 수 있는 입구와 통로, 즉 탕구湯口와 탕도湯道, 그리고 금속 액체가 들어갈 주입구를 만들어주어야 한다. 한 번에 여러 개의 활자를 만들었으므로 주입구는 여러 갈래였을 것이고 그 끝에 활자가 붙어 있었을 것이다. 금속 액체가 식으면 합쳤던 판을 분리하여 주입구 끝에 붙어 있는 활자를 떼어낸다. 주조 과정에서 생긴 이물질이나 거친 표면을 깎고 잘라내어 정리해야만 활자의 모양을 갖추게 된다.

활자를 제작한 경험이 없는 문인이 쓴 이런 단편적인 기록과 전통적으로 내려온 사형주조법을 바탕으로 활자 주조 재현이 진행되고 있지만 사실 한계가 많다. 어느 정도 온도에서 어떤 속도로 금속 액체를 부어야 할지, 주입구는 어느 정도 두께로 만들지 등은 금속활자를 만드는 데 관건이 되는 고도의 기술이다. 이런 것이 잘 맞지 않으면 녹아내린 금속이 활자에 엉겨 붙어 모양이 제대로 만들어지지 않거나, 가느다란 글자 획의 끝까지 금속 액체가 들어가지 않아 글자 획이 뭉개져버린다. 합금의 비율이 맞지 않아도 금속이 식을 때 수축되어 글자가 제대로 만들어지지 않는다. 과학적으로 온도를 재고 금속의 합금 비율을 측정할 수 없는 상황에서 이런 기술은 오로지 경험에 의해 전수되는 것이기에 재현이 어렵다. 아래위 거푸집을 합치는 방식, 어미자를 심고 제거하는 방식 등도 기록으로 남기기 어렵기는 마찬가지다. 그래서 현재 재현하는 방식이 완전하다고 볼 수 없고, 실험하는 사람에 따라 재현 방식이 달라지기도 한다.

다양한 재현 실험과 시도도 필요하지만 현존하는 실물 자료를 자세히 들여다보면 활자를 어떻게 만들었는지에 대해 힌트를 얻을 수 있다. 예를 들어 국립중앙박물관에 남아 있는 목활자 중에는 금속활자와 똑같은 모양의 활자가 있는데, 이는 틀림없이 사형주조법으로 만들 때 사용한 어미자일 것이다. 사용하지 않은 금속활자의 글자 면에 남아 있는 가는 모래는 거푸집에 채워 넣은 모래, 즉 주물사일 가능성이 높다. 국립중앙박물관 소장 활자와 인사동에서 출토된 금속활자 중에는 주조 과정에서 발생한 문제로 인해 잘못 만들어지거나 흠이 있는 활자들, 예를 들어 글자 획이 뭉개진 활자, 녹아내린 금속이 활자 측면에 붙어 있는 활자, 주입구의 흔적을 볼 수 있는 활자 등이 남아 있다. 이런 실물 자료들은 어떤 방식으로 활자를 만들었는지, 주입구는 어디에 만들었으며 어느 정도 굵기였는지를 알 수 있는 귀중한 자료들이다. 실제로 금속활자의 측면에 붙은 둥

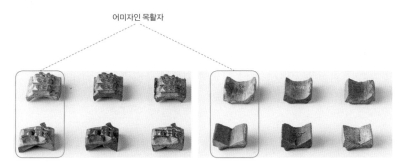

어미자인 목활자

모양이 똑같은 금속활자와 목활자. 국립중앙박물관. 왼쪽의 목활자와 오른쪽의 두 금속활자는 모양이 같다. 어미자인 목활자를 주물사에 찍은 다음 여기에 쇳물을 부어 활자를 만들었다.

사형주조법에 사용한 거푸집 복원품(왼쪽)과 주입구에 달린 활자 복원품(오른쪽). 청주고인쇄박물관.

주조할 때 잘못 만들어진 갑인자. 국립중앙박물관. 이런 활자를 통해 주입구의 위치, 활자 제작 방법 등을 추정할 수 있다.

근 돌출물을 확대 관찰하여 밀랍주조법으로 만든 활자임을 밝혀낸 예도 있다. 다양한 실험에 더하여 이런 실물 자료를 좀 더 상세히 관찰하여 앞으로 금속활자 제작법이 좀 더 실재에 가깝게 재현되기를 기대해본다.

세종의 활자 개량

활자는 정보 지식의 상징이다. 따라서 활자를 사용했다고 하면 한 번에 수천 권의 책을 인쇄했을 것이라 생각하기 쉽다. 그러나 이는 고정관념이다. 예를 들어 구텐베르크의 《42행 성서》는 180부 정도 간행되었다고 한다. 서양에서 기계화된 방식의 인쇄가 보편화된 것은 19세기의 일이며 그전에는 한 번에 수천 권을 찍는 것은 불가능했다. 더욱이 조선시대 금속활자는 반드시 책을 대량 생산하고자 만든 것도 아니었고, 활자 제작 방식이나 조판 방식 등이 서양과 달라 더 속도를 내기 어려웠다. 고려시대 금속활자 제작 기술과 조판 기술을 자세히 알기는 어렵지만, 고려시대 금속활자와 관련된 가장 오래된 기록인 이규보의 《동국이상국집》에는 《상정예문》 28부를 주자로 인쇄했다고 나온다. 고려시대에도 금속활자로 한꺼번에 많은 부수를 찍은 것은 아닌 듯하다.

그렇다 하더라도 조선시대에 최초로 만든 계미자는 생각보다 더 활자로서의 기능을 제대로 하지 못했다. 1420년의 경자자 제작 관련 기록을 보면 계미자로 하루에 인쇄할 수 있는 양이 몇 장에 지나지 않았다고 한다. 이에 세종은 인쇄 속도를 높이기 위해 당대 최고의 과학자와 문신들에게 활자 개량을 지시했다. 마침내 만들어진 갑인자는 하루에 40여 장을 찍을 정도로 활자가 개량되어 세종의 마음에 들었던 것 같다.

도대체 활자의 개량이란 어떤 의미이고, 무엇을 어떻게 개량했다는 것일까?《조선왕조실록》에는 이와 관련된 몇 가지 기록이 있다. 그중 세종이 갑인자를 만들고 나서 다음과 같이 계미자의 문제점을 서술한 내용이 있다.

지중추원사 이천을 불러 의논하기를, "태종께서 처음으로 주자소를 설치하시고 큰 글자를 주조할 때에, 조정 신하들이 모두 이룩하기 어렵다고 하였으나, 태종께서는 억지로 우겨서 만들게 하여, 모든 책을 인쇄하여 중외에 널리 폈으니 또한 거룩하지 아니하냐. 다만 초창기이므로 제조가 정밀하지 못하여, 매양 인쇄할 때를 당하면, 반드시 먼저 밀랍蠟을 판板의 바닥에 펴고 그 위에 글자를 차례로 맞추어 심는다. 그러나 밀랍의 성질이 본디 물러 식자植字한 것이 굳지 못하여, 겨우 몇 장만 박으면 글자가 옮겨 쏠리고 많이 비뚤어져서, 곧 따라 고르게 바로잡아야 하므로, 인쇄하는 자가 괴롭게 여겼다. (…)*

인쇄할 원고에 따라 활자를 뽑아 배열하여 판을 짜는 것을 조판이라 한

---

* 《세종실록》1434년(세종 16) 7월 2일.

활자본색

다. 이때 중요한 것은 배열한 활자가 흔들리지 않아야 하고 글자 면이 평평해야 한다는 점이다. 그래야만 제대로 인쇄를 할 수 있다. 그런데 위 기록을 보면, 태종 초에 만든 계미자는 이런 점을 충족하지 못했다. 제조가 정밀하지 못했다는 것은 글자가 고르지 않았다는 뜻으로 보인다. 활자의 모양에 문제가 있었기 때문에 배열한 활자가 흔들리는 문제를 해결하려고 판에다 밀랍을 깔고 그 위에 활자를 심었던 것이다. 그런데 밀랍은 물러서 활자를 단단히 고정시킬 수 없었다. 때문에 몇 장 찍는 사이에 활자가 움직이게 되고 그러면 다시 바로잡아야 하는 어려움이 있었다. 계미자로 인쇄한 책을 보면 실제로 글자 크기가 일정하지 않고, 한 행에 들어간 글자 수도 17~18자 사이로 들쭉날쭉하다. 조판하고 인쇄하는 과정이 어려웠음을 짐작할 수 있다.

이에 세종은 1420년 경자년에 이천 등의 과학자와 문신들에게 이를 개선하게 했다. 그 내용이 앞에서 인용한 기사 다음에 바로 이어진다.

내가 이 폐단을 생각하여 일찍이 경에게 고쳐 만들기를 명하였더니, 경도 어렵게 여겼으나, 내가 강요하자, 경이 지혜를 써서 판板과 활자를 모두 바르고 고르며 견고하게 (만들어서), 비록 밀랍을 쓰지 않고 많이 박아내어도 글자가 비뚤어지지 아니하니, 내가 심히 아름답게 여긴다.

세종이 지적한 계미자의 문제점을 해결한 것이었다. 그런데 계미자와 경자자는 실물이 남아 있지 않아 구체적으로 어떻게 개량되었는지 알 수가 없다. 이번에도 《용재총화》에 그 사정을 짐작할 수 있는 다음과 같은 기록이 있다.

> 처음에 활자를 배열하는 법을 몰라서 판에 밀랍을 녹이고 그 위에 활자를
> 붙였다. 이 때문에 경자자는 뒤가 송곳과 같았다. 그 후에 비로소 대나무
> 로 빈 곳을 매우는 방법을 사용하기 시작하여 밀랍을 녹이는 비용을 들이
> 지 않게 되었으니 사람의 교묘함을 쓰는 기술이 무궁함을 알겠다.

여기서 주목할 점이 있다. 우선 가장 문제가 되었던 것, 즉 비용과 효율
면에서 문제가 되었던 것이 밀랍을 사용해야 했던 점임을 알 수 있다. 두
번째로 밀랍을 사용하지 않기 위해 그 전의 밀랍에 꽂기 좋게 만든 활자
의 모양을 개량해야 했다는 점이다. 앞의 인용문에서 "경자자는 뒤가 송
곳과 같았다"라고 했는데,《용재총화》의 원문에는 이 모습을 "미개여추尾
皆如錐"라고 표현하고 있다. 직역하면 꼬리가 대개 송곳錐 같았다는 것인데
송곳이라고 번역했지만 길쭉하고 뾰족한 오늘날의 송곳 모양일 리는 없
다. 그렇게 만들어서는 활자로서의 기능을 할 수 없기 때문이다. 활자 뒷
면이 밀랍에 꽂기 쉽게 뾰족하다는 것을 이렇게 표현했을 텐데, 과거에
삼각뿔 모양으로 재현한 적도 있지만 요즘에는 통용되지 않는 방식이다.
또 한 가지 해결되지 않은 문제는《세종실록》에는 밀랍에 활자를 심는
방식이 경자자에 이르러 개량된 것처럼 기록되어 있는데,《용재총화》에
는 경자자의 뒷면이 뾰족해서 조판할 때 밀랍을 깔았다고 나온다. 여기서
밀랍을 사용하지 않은 것이 경자자부터인지 갑인자부터인지 엇갈린다.
실록이 공식 기록인 데다《용재총화》가 쓰인 시점이 16세기 초로 활자가

삼각뿔 모양으로 뒷모습이 뾰족하게 복원된 계미자. 청주고인쇄박물관.

만들어지고 수십 년 후라는 점에서 실록의 신빙성이 더 높지 않을까? 그렇다면 끝이 뾰족한 활자는 계미자에만 해당한다고 봐야 할 것이다.

이렇게 가정하면 또 의문이 생긴다. 경자자에 이르러서 개량된 점은 무엇이며, 갑인자에 와서는 또 어떤 개량이 이루어졌을까?《용재총화》에 그 후 대나무로 빈 곳을 메워 밀랍을 사용하는 비용이 들지 않았다고 했는데, 경자자 다음에 만든 활자가 갑인자이니 갑인자에 이르러서는 밀랍을 사용하지 않았음은 분명해 보인다. 그리고 빈 곳은 대나무로 채웠다고 했다. 활자와 활자 사이, 행과 행을 구분하는 계선과 활자 사이의 틈, 활자를 배치하지 않는 공백 부분 등을 대나무로 채워 활자가 흔들리지 않도록 고정했다는 뜻이다.《용재총화》에는 대나무와 함께 파지, 즉 못 쓰는 종이로 여백을 메웠다는 내용도 나온다. 여백을 메우는 데 대나무와 파지를 함께 사용했음을 알 수 있다.

갑인자 제작에 참여한 김빈이 쓴 기록, 즉 주자발鑄字跋이 갑인자로 찍은《대학연의》등에 남아 있는데, 거기에 따르면 경자년에 개량한 활자는 세종이 마음에 들어 했으나 글자가 너무 작은 것이 흠이었다. 이에 세종이 큰 글자의 글자본을 내줘서 갑인자를 만들었는데 인쇄에 더 편리했다고

만 되어 있다. 이 글자본은 앞서 말한 명나라 판본 《위선음즐》 등이다. 《세종실록》 1434년 7월 2일자 기사에도 갑인자에 대해 "글자체가 깨끗하고 바르며, 일하기의 쉬움이 예전에 비하여 갑절이나 되었다"라고만 했지 경자자와의 차이를 정확하게 말하지 않았다. 갑인자가 경자자에 비해 더 개량된 것은 맞지만 정확히 어느 정도인지는 알 수 없고 근본적인 개량은 아니었을 수도 있다. 또 경자자와 갑인자로 찍은 부수에 대해서도 《세종실록》 1420년 3월 24일자 기사에는 경자자로 수십 장에서 100장 찍어낼 수 있었다고 하고, 변계량이 경자자로 찍은 《대학연의》의 〈대학연의발〉에는 20여 장으로 되어 있어 어느 쪽이 맞는지 모르겠다. 갑인자로 하루에 찍은 수량은 40여 장인데, 갑인자로 인쇄하기가 이전에 비해 갑절이나 쉬워졌다고 했으니 경자자로 20여 장을 찍었다고 봐야 앞뒤가 맞지 않나 싶다.

밀랍을 쓰지 않아도 되는 개량된 활자는 어떤 모습이었을까? 세종은 갑인자를 만든 다음 해인 1435년에 명나라로 가는 사신들에게 활자와 관련하여 다음과 같이 주문했다.

우리나라의 주자(활자)는 밀랍을 사용하여 일이 자못 많았다. 후에 고친 활자는 네 모퉁이가 평평하고 바르다. 주자의 체제體制가 두 가지 모양이니, 중국 주자의 자체字體와 인출하는 일을 자세히 찾아서 물을 것이다.*

---

* 《세종실록》 1435년(세종 17) 8월 24일.

여기에서 후에 고친 주자가 경자자인지 갑인자인지 혹은 둘 다인지 알 수 없지만 네 모퉁이가 평평하고 바르다고 했다. 뭔가 평평해지고 균일해져서 밀랍을 깔지 않고 대나무와 파지 등으로 빈틈만 메우면 되는, 인쇄하기 알맞게 조판이 되도록 발전한 듯한데 도대체 어떻게 생겼을지 알 수가 없었다. 갑인자를 만든 후 21년 만에 을해자를 만들었으니 2006년에 찾아낸 국립중앙박물관의 을해자 병용 한글 활자를 보고 기록에 나오는 갑인자의 모습을 막연히 추측했다. 을해자 병용 한글 활자는 두 가지 모양이다. 하나는 바닥이 평평한 직육면체이고, 다른 하나는 바닥에 쐐기 모양의 홈이 있는 것이다. 쐐기 모양의 홈이 있는 활자가 바닥이 평평한 활자보다 더 높은 편이지만, 둘 다 모양이 비교적 균일하고 조선 후기 활자에 비해 수평이 잘 맞는 편이다.

그런데 2021년에 인사동에서 출토된 활자 중에 갑인자가 확인되었고 국립중앙박물관 소장품에서도 확인되었다. 갑인자가 실존한다는 사실만으로도 놀라운 일이지만, 갑인자 실물이 확인됨으로써 기록에 있는 "판과 활자가 모두 바르고 고르며 견고하다造板鑄字, 竝皆平正牢固"라거나 "네 모퉁이가 평평하고 바르다四隅平正"라는 것이 어떤 모양을 묘사한 것인지 비로소 알 수 있게 되었다. 갑인자를 보기 전에는 막연히 을해자 병용 한글 활자와 비슷할 것이라 생각했는데 실제로 보면 을해자와 달리 사면이 막혀 있고 뒷면에 네모난 홈이 파여 있다. 을해자와 비교해볼 때 모양이 더 일정하고 높이도 거의 같은 직육면체다. 이런 모양이면 조판할 때 밀랍이 필요 없고 약간의 빈틈을 대나무나 파지로 메워 흔들리지 않게 하는 정도면 인쇄하는 데 문제가 없었을 것으로 보인다. 하지만 세종은 여전히 만

인사동 출토 갑인자 큰 자의 앞면과 뒷면(위, 국립고궁박물관), 국립중앙박물관 소장 갑인자 큰 자 앞면과 뒷면(아래). 갑인자는 뒷면에 사각형 홈이 파여 있는데, 간혹 십자형 홈이 파인 것도 있다.

족하지 못하고 중국에서 어떻게 활자를 만들고 인쇄를 하는지 알아보라고 지시했던 것이다. 이 대목에서 조선의 활자는 "주자의 체제가 두 가지 모양其鑄字體制二樣"이라고 했다. 체제라는 말은 정말로 익숙한데도 주자의 체제라 하니 도대체 무슨 말인지 알 수가 없다. 밀랍을 사용해야 하는 모양의 활자와 이후 개량된 모양의 활자를 뜻하는 것일까? 갑인자의 뒷면은 네모난 홈이 파여 있는 것이 다수이지만, 일부 십자형 홈이 파인 것도 있는데, 두 가지 모양이란 이 두 가지 뒷모양을 뜻하는 것일까?

갑인자 실물을 통해 기록에 나오는 활자의 모양과 조판 방법이 어떤 의미인지 알게 되었지만, 또 다른 의문이 생겼다. 인사동에서 출토된 활자 1600여 점 중에 갑인자는 48점에 지나지 않는다. 일부 아직 밝혀지지 않은 활자를 제외하면 상당수 활자는 한자 활자인 을해자와 을해자 병용 한

활자본색

인사동 출토 을해자의 측면. 국립고궁박물관. 을해자의 뒷면은 쐐기 모양의 홈이 파여 있다.

글 활자다. 을유자도 일부 포함되어 있다. 이 활자들도 갑인자처럼 모양이 반듯하고 높이도 갑인자와 비슷하지만, 대부분 뒷면의 가운데 부분에 쐐기 모양의 홈이 있다. 2006년 국립중앙박물관에서 확인한 을해자 병용 한글 활자의 쐐기 모양 홈과 같다. 이런 모양은 2017년 경기도 성남시 발굴 조사에서 나온 활자와도 같고 일본의 스루가판 활자와도 비슷하다. 21년 만에 뒷면의 모양이 바뀐 것 같은데 이유가 무엇일까? 또 이렇게 뒷면 모양이 서로 다른 을해자와 갑인자는 16세기까지 함께 사용된 경우도 있었다. 높이가 같다면 뒷모습에 상관없이 함께 쓰일 수도 있었겠다. 이런 추정을 하고 국립중앙박물관의 을해자 병용 한글 활자 중에 높이가 낮고 바닥이 평평한 활자를 다시 들여다보니, 쐐기 모양의 홈이 파였던 흔적이 있다. 원래는 모두 쐐기 모양의 홈이 있었지만 조선 후기에 높이가 낮아진 활자들과 함께 사용하기 위해 바닥을 갈아 평평하게 만든 것으로 보인다.

한편 인사동 출토 활자 가운데는 쐐기 모양의 홈 외에 터널 모양의 홈이 있는 활자도 꽤 확인되었다. 국립중앙박물관 소장 활자의 뒷면도 대부분 이와 비슷하다. 물론 터널의 깊이나 모습은 제각각이다. 터널 모양 활자는 조선 후기 것이라고 막연히 추측했는데, 인사동 출토 활자에서 이런 모습을 확인하고 나니 국립중앙박물관 활자에도 16세기에 만든 활자가 포함되어 있는 건 아닐까 생각하게 된다. 그걸 어떻게 구분할 수 있을까? 도대체 이런 변화가 왜 생긴 것일까? 이런 질문이 꼬리에 꼬리를 물고 일어날 수밖에 없다.

갑인자는 정말
활자 제작 기술의 정점일까?

조선 후기에 세종에 필적할 만한 군왕을 들라면 대부분의 사람들은 주저 없이 정조를 꼽을 것이다. 실제로 정조는 다른 면에서도 마찬가지지만 활 자 제작과 서적 편찬, 출판 면에서도 세종의 업적에 필적할 만하다. 더 나 아가 활자 제작 수량 면에서는 이미 말했듯이 세종에 앞선다. 활자를 개 량해 인쇄 속도를 높인 점은 세종의 중요한 업적으로 꼽을 수 있을 것이 다. 그렇다면 활자의 개량이라는 면에서 정조는 어땠을까? 결론부터 말 하자면 정조는 이 면에서도 세종이 간 길을 따랐으며, 그 결과로 만든 활 자가 정리자다. 정리자를 만든 이유와 과정에 대해서는《정조실록》1796 년(정조20) 3월 17일자 기사에 다음과 같이 기록되어 있다.

대체로 전후로 주조한 활자의 동체銅體가 일정하지 않아서 인쇄하려면 젖 은 종이를 써서 고르게 붙이고 한 판을 찍을 때마다 별도로 몇 사람을 세 워서 붉은 먹으로 형세에 따라 교정을 하게 하는데도 오히려 비뚤어지는 염려가 있었으며 걸핏하면 시일이 걸리곤 하였다. 그래서 인쇄를 감독하는 여러 신하들이 누차 이를 말하였었다. 임자년에 명하여 중국의 사고전서취진판식을 모방하여 자전(《강희자전》)의 글자본을 취해서 황양목을 사용하여 크고 작은 글자 32만여 자를 새기어 '생생자'라고 이름하였다. 을묘년에는 《정리의궤》및《원행정례》등의 책을 장차 편찬·인쇄하려는 계획 아래 명하여 생생자를 글자본으로 삼아서 구리로 활자를 주조하게 하여 크고 작은 것이 모두 30여만 자였는데 이를 '정리자'라 이름하여 규영신부奎瀛新府(주자소)에 보관하였다.

정리자의 제작 결과에 대해서는《홍재전서》에 다음과 같이 기록되어 있다.

지금의 생생자와 정리자는 고르고 반듯하며 새겨 주조한 것이 정교하여 위부인자나 한구자 등과 비교하면 젖은 종이를 깔아야 한다든가 글자가 삐뚤거리거나 흔들리게 될 근심이 없다. 인쇄가 간편하고 빠르며 비용과 수고를 줄일 수 있어서 중국의 취진판식보다 도리어 더 나으니 실로 책을 간행한 이래로 드러나지 않았던 비법이 모두 여기에 모여 있다. 다만 그 글씨체가 너무 모나서 원후한 뜻을 자못 잃은 것이 흠이 될 뿐이다.*

《정조실록》에서 말한 "전후로 주조한 활자"란 위부인자, 한구자 등 당

---

* 정조,《홍재전서》권165, 일득록日得錄 5, 문학.

활자본색

시 사용되던 활자임을 알 수 있다. 이 활자들의 "동체가 일정하지 않아"라는 말은 활자 모양이 일정하지 않다는 뜻일 것이다. 활자 모양이 일정하지 않으면 조판할 때 활자가 흔들리고 활자 면이 평평하지 않기 때문에, 이를 해결하기 위해 젖은 종이를 사용해 높이를 고르게 해야 했다는 것이다. 그렇게 해도 활자가 삐뚤어지는 경우가 있어 초벌 인쇄를 해서 삐뚤어지거나 선명하지 않은 글자를 확인하여 붉은 먹으로 표시한다. 그리고 해당 활자를 바르게 한 다음 다시 인쇄해야 했기 때문에 많은 시간과 노력이 필요했다.

정조는 이 문제를 해결하기 위해 중국으로 눈을 돌렸다. 당시 중국에서 《사고전서》를 활자로 인쇄한다는 정보를 얻고 거기서 해법을 찾고자 했던 것이다. 정조는 《사고전서》를 인쇄한 활자를 모방하여 목활자인 생생자를 만들고, 생생자의 글자본으로 금속활자인 정리자를 만들었다. 그 결과 정리자는 젖은 종이를 사용하지 않아도 활자가 흔들릴 염려가 없었으므로 《무영전취진판총서》를 찍은 목활자보다 낫다고 자부할 만큼 정조의 마음에 들었다. 다만 《강희자전》의 서체를 모방한 정리자의 서체만은 마음에 들어 하지 않았다.

이렇게 당시 기록에 대해 부연 설명을 해도 구체적인 내용을 짐작하기 어렵다. 분명 위의 두 자료는 같은 내용, 즉 인쇄할 때 조판이 흔들리는 문제를 개선했다는 것을 설명하고 있다. 《정조실록》에서는 그전에는 "젖은 종이를 써서 고르게 붙였다用濕紙均黏"라고 표현하고, 《홍재전서》에서는 "젖은 종이를 깔아야 하는濕紙墊排"으로 표현했다. 두 표현 모두 공식 번역 기관에서 번역한 것을 그대로 인용한 것이다. 분명 같은 내용인데 도대체 젖은 종이를 어떻게 사용했다는 것인지 알기 어렵다. 다행히 국립중앙박물관에 위부인자, 한구자, 정리자가 남아 있어 기록의 의미를 더 정확하게 이해하는 데 도움이 된다. 위부인자는 1434년에 세종이 만든 갑인자 서체로 만든 활자다. 이후에 이 서체로 여러 차례 활자를 만들었는데, 여기서 위부인자는 정조가 세손 시절인 1772년에 만든 임진자와 즉위 1년인 1777년에 만든 정유자를 가리킬 것이다. 세종이 갑인자를 만든 후 수백 년이 지난 시점이므로 그 갑인자는 남아 있지 않았을 것이고, 세종 때 만든 갑인자의 모습이 그대로 지속되었다면 활자가 삐뚤어지고 수평이 맞지 않는 문제를 거론할 필요가 없기 때문이다.

국립중앙박물관에 남아 있는 정조가 만든 임진자 실물을 보면 위에 인용한《정조실록》에서 말한 것처럼, 높이가 균일하지 않을뿐더러 어떤 활자는 수평을 이루지도 않는다. 세종 때 만든 갑인자와 비교해보면 이 활자들의 모양이 얼마나 들쭉날쭉한지 좀 더 명확해진다. 갑인자와 임진자의 또 다른 차이는 뒷면의 모습이다. 갑인자의 뒷면은 직육면체의 가운데 네모난 홈을 판 형태인데(236쪽 도판 참조), 임진자의 뒷면은 터널 모양으로 뚫려 있으며, 좌우 측면도 직선이 아니라 아래로 내려가면서 좁아지는 사선에 가깝다. 이런 활자로 조판을 하려면 활자가 움직이지 않게 고정하고 수평을 맞추는 데 많은 노력과 시간이 필요했을 것이다.

이런 모습의 활자로 조판을 하려면 바닥에 탄력성이 있는 물질을 깔고 그 위에 활자를 심는 것이 가장 안정적이다. 실제 고려대학교박물관에 소장된 임진자로 조판한《국조보감》식자판은 바닥에 어떤 물질을 깔고 활자를 심은 모습이다. 또한 사용 흔적이 있는 국립중앙박물관의 상당수 활

임진자

정리자

임진자

정리자

임진자와 정리자의 정면과 측면. 국립중앙박물관. 두 활자 모두 뒷면이 터널 모양이지만, 정리자가 임진자에 비해 활자의 높이와 크기가 균일한 것을 확인할 수 있다.

자의 뒷면에는 터널처럼 오목하게 파인 부분을 채운 물질이 남아 있다. 먹물이 묻은 채 엉겨 있어 정확히 어떤 물질인지 알기 어렵지만 "젖은 종이"와 관련이 있지 않을까 추측해본다. 17~19세기에 실록처럼 국가가 주관한 인쇄물을 제작하는 과정을 담은 의궤에는 조판할 때 필요한 물품으로 천공휴지穿空休紙, 즉 빈틈을 메울 휴지가 반드시 나온다. 이 천공휴지가 활자 바닥이나 빈틈에 충전용으로 사용된 것이 아닐까 한다. 이렇게 추론해본다면 젖은 종이를 깔거나 붙였다는 것은 바닥에 젖은 종이를 깔고 그 위에 활자를 심는 조판 방식이 아니었을까?

그런데 이 모습은 세종이 개량하고자 했던, 바닥에 밀랍을 깔고 활자를

국조보감식자판. 고려대학교박물관. 임진자로 《국조보감》을 찍을 때 조판한 것으로 추정된다. 식자판 바닥에 충전재를 깐 흔적이 있다.

붙이거나 또는 심어서 활자를 고정시켜야 했던, 그래서 조판이 어려웠던 조선 초기 활자와 비슷하지 않은가? 다른 점이 있다면 바닥에 까는 것이 밀랍에서 젖은 종이로 바뀐 것 정도다. 그렇다면 동체가 일정한 갑인자의 정교함, 즉 바닥에 뭔가를 깔지 않고 간단하게 빈 곳 정도를 메우면 되는 정교함이 이후에 유지되지 않았다는 것일까? 정확히 알 수는 없지만 짐작하건대 세종이 만들었던 갑인자의 모양은 이후 유시뇌지 않았던 것 같다. 그 이유는 앞에서도 설명한 것처럼 1434년에 만든 갑인자와 1455년에 만든 을해자의 모양이 다르기 때문이다. 갑인자는 사면이 막혀 있고 네모난 홈이 파여 있는데, 을해자는 대부분 쐐기 모양의 홈이 있다. 인사동에서 출토된 나머지 활자들에도 대부분 쐐기 모양의 홈 또는 터널 모양의 홈이 파여 있다. 임진자를 비롯한 조선 후기 활자는 대부분 터널 모양의 홈이 파여 있다. 그리고 정교함은 갑인자에 미치지 못한다. 더욱이 정조가 문제 삼았던 조선 후기에 만든 위부인자는 모양이 일정하지 않다.

흔히 세종이 만든 갑인자는 조선시대 금속활자 기술의 정점 또는 백미라고 하는데, 그렇다면 이후 활자 주조 기술은 점차 후퇴한 것이 되고 만다. 정말 그랬을까? 그렇다면 이유는 무엇일까? 전통 과학 기술에 대해서 잘 모르는 나로서는 이유를 알 수 없다. 여기에 관심을 갖거나, 활자 조판 방법이 회귀한 이유를 제대로 설명하는 사람도 거의 없고, 어떤 가설이나 실험은 납득하기 어렵다.

그래서 나는 활자 제작이나 조판 기술의 발전을 다른 식으로 봐야 하지 않을까 생각해본다. 만일 갑인자가 조선시대 금속활자 기술의 정점이라면 정조가 개량하여 만든 정리자가 갑인자와 같은 모양이거나 더 정교하여 빈틈없이 조판되는 수준이어야 한다. 그런데 현재 남아 있는 정리자의 실물을 보면 임진자에 비해 모양이 더 규격화되었지만 갑인자에 비해서는 후퇴한 모습이다. 또 갑인자처럼 뒷면에 사각형 홈이 파인 것이 아니라 임진자를 비롯한 조선 후기 활자처럼 터널형이다. 다만 터널의 형태가 더 일정하고 깊게 파여 있다. 《홍재전서》의 "無濕紙墊排攲斜挑動之患"을 "젖은 종이를 깔아야 한다든가 글자가 삐뚤거리거나 흔들리게 될 근심이 없다"라고 한 기존의 번역에 따르면 정리자를 조판할 때 바닥에 충전재를 깔 필요가 없다. 하지만 정리자 실물에는 분명 충전재의 흔적이 있다. 실물을 근거로 한다면 "無濕紙墊排攲斜挑動之患"을 "(예전과 같이) 젖은 종이를 깔아도 글자가 삐뚤거리거나 흔들리는 근심이 (이제는) 없어졌다"

라고 해석할 수는 없을까? 활자 뒷면이 터널형이면 충전재를 까는 편이 활자를 고정시키는 데 더 유리할 터이기 때문이다. 정리하자면 정조는 인쇄 효율을 높이기 위해 정리자를 만들면서, 갑인자와 같이 활자 모양을 일정하게 해서 바닥에 충전재를 깔지 않고 조립하는 방식으로 회귀한 것이 아니라, 충전재를 깔고 활자를 심는 기존 방식을 유지하면서 활자의 모양만 이전보다 좀 더 균일하게 만들었던 것 같다.

정리자에도 충전재를 깔았다고 가정하고 왜 그랬을까 추측해보자. 갑인자와 같은 형태는 규격이 일정하므로 조판 속도를 단축할 수는 있었을 것이다. 그러나 아무리 활자를 정교하게 만들더라도 수평을 맞추거나 움직이지 않게 하려면 얇은 대나무 조각이나 젖은 종이 같은 것으로 고정해야 한다. 또 갑인자와 같이 뒷면에 사각형 홈이 있는 형태는 터널형보다 모형을 만들 때도 손이 더 많이 간다. 구리의 사용량도 더 많다. 세종이 만든 갑인자는 기술적으로는 정점에 이르렀지만 계속 유지하기에는 너무 공이 많이 들어가는 작품과 같은 것이 아니었을까? 그로부터 21년 뒤에 제작된 을해자의 뒷면은 갑인자와 다른데 측면에서 보면 쐐기 모양의 홈이 양쪽을 관통하고 있다. 갑인자와 같은 뒷면을 유지하기 어려웠기 때문은 아닐까? 활자가 왕권을 상징하는 보물 같은 존재이긴 하지만 책을 찍는 데 필요한 실용품이라는 관점에서 보면 모양이 어떻든 시간과 비용을 적게 들이면서 인쇄 품질을 높이고 수량을 늘리는 것이 중요하다. 이런 점에서는 뒷면이 터널 모양인 활자로 바닥에 탄성이 있는 물질을 깔아 고정하고 위에서 누르면 평평하게 만들기 편리하다. 정조 당시 활자는 대부분 터널 모양의 홈이 나 있었으므로 정조는 세종 때 만든 활자와 똑같이

만들어야겠다는 생각은 아예 없었
을지 모른다. 그렇게 변화해온 것 자
체가 활자의 실용성을 강화하는 방
향으로 발전한 과정으로 보아야 할
것이다. 정조는 다만 활자 모양을 좀
더 일정하게 유지해 인쇄할 때 어그
러진 글자가 나올 확률을 줄이려 했
던 것이 아닐까?

　이쯤에서 또 하나 궁금증이 생긴
다. 정조가 정리자를 만들면서 《무
영전취진판총서》의 인쇄에서 배워
온 것은 마음에 들지 않는다고 한
《강희자전》의 서체에서 따온 정리
자의 서체뿐일까? 《무영전취진판총서》를 찍은 활자는 목활자이며 이즈
음 중국에서 구입해온 활자도 목활자인데, 앞서 말했듯이 중국 활자는 조
선 활자보다 높아서 그대로 모방할 수는 없었을 것이다. 그런데 《강희자
전》의 서체로 정리자를 만들기 전에 나온 목활자 생생자는 중국 목활자
보다 높이가 낮지만, 중국 목활자처럼 반듯한 직육면체이며 모양도 일정
하다. 정조가 활자를 개량하면서 동체를 일정하게 하는 데 초점을 두었다
면 중국 무영전취진판 활자 제작에 사용한 '동루자銅漏子'를 참고한 것이
아닐까? 정리자를 만드는 데 참여한 박제가가 정조에게 올린 글 가운데,
활자가 기울어지거나 비뚤어지지 않도록 하는 방법으로 취진판정식에

목활자인 생생자(위)와 금
속활자인 정리자(아래). 국
립중앙박물관. 두 활자는 높
이와 모양이 같다. 생생자를
만들고 이를 바탕으로 정리
자를 만들었지만 생생자는
바닥이 평면인 데 비해 정리
자는 홈이 파여 있다.

따라 루자를 사용해야 한다는 대목이 있다.* 서명응의 손자 서유구가 쓴
《임원경제지》에 동루자가 그려져 있는데, 위아래가 트인 네모난 통 모양
이다. 일정한 규격의 활자를 만들기 위해 나무토막의 높이를 맞춰 자르는
용도였다. 생생자도 이런 방식으로 규격을 맞춘 것이 아닐까? 그런데 정
리자는 생생자와 서체도 같고 활자 규격도 거의 같지만, 뒷면은 터널형으
로 생생자처럼 평평하지 않다. 이 차이를 어떻게 이해해야 할지 잘 모르
겠지만, 금속은 주조할 때 수축하기 때문에 홈을 만들어주어야 활자를 제
대로 주조할 수 있기 때문이 아니었을까? 아울러 구리를 절약하는 효과
도 있었을 것이다.

그동안 활자 조판 방식의 개량을 이야기할 때 고착식과 조립식으로 나
누어 조립식이 더 발전된 기술이라고 평가하는 고정관념이 있었다. 고착
식은 식자판에 접착제나 충전재를 깔고 활자를 그 위에 붙이거나 심는 방

---

* 　박제가朴齊家,《정유각문집貞蕤閣文集》권2 문文, 의議.

식이다. 조립식은 바닥에 충전재를 깔지 않고 균일한 크기의 활자만으로 조립하는 방식이다. 갑인자의 조판 방식이 그랬을 것으로 추정하며, 중국, 일본, 서양의 활자 조판법도 모두 조립식이라 보는 것이다. 하지만 지금까지 설명했듯이 조립식 활자가 반드시 더 효율적이라고 보기는 어려울 것 같다. 각각의 문화적 환경과 기술적 조건에 맞는 방식을 택해 효율을 추구한다고 보는 것이 합리적이지 않을까?

정리자는 정조가 "실로 책을 간행한 이래로 드러나지 않았던 비법이 모두 모인 것"이라고 자부했듯이, 당시 조선의 인쇄 방식에서 가장 효율적인 활자였을 것이다.

명품을 완성하는 종이와 먹

박물관에는 옛날 책들을 전시해놓는 경우가 많은데, 대부분의 관람객은 그냥 지나쳐버린다. 그도 그럴 것이 책 내용이 대부분 한자로 되어 있고 설사 한글이라 하더라도 지금은 쓰지 않는 옛 한글인 데다 띄어쓰기도 되어 있지 않아서 읽기가 힘들기 때문이다. 하지만 책 내용을 읽지 못하더라도 책의 외형을 자세히 들여다보면 책마다 모양이 다르고 글자도 달라서 보는 재미가 있다. 그중에서 특별히 빛나는 책을 발견할 때도 있다. 책이 크고 여백이 넉넉해 시원시원하고 윤기가 흐르는 책, 인쇄본의 경우 인쇄 상태가 좋고, 붓으로 쓴 필사본의 경우 먹색이 좋고 글씨가 멋진 책이다. 이런 명품 책은 왕실에서 보던 책인 경우가 많다. 활자를 잘 만들어 조판한 결과물은 인쇄된 책으로 완성되는데, 책의 품질을 결정하는 것이 종이와 먹이다.

우리나라 전통 종이, 즉 한지는 책을 인쇄할 때뿐 아니라 왕실과 관청에서 일반 백성에 이르기까지 문서나 편지 작성 등 일상생활에 꼭 필요한 물건 중 하나였다. 그래서《조선왕조실록》이나《승정원일기》같은 사료에는 종이의 생산과 관리, 종이 만드는 일의 문제점, 종이의 종류 등 종이와 관련된 내용이 자주 등장한다.《승정원일기》1727년(영조 3) 8월 10일자 기사에 따르면, 창녕 지방의 한 선비가 종이 생산과 관련된 폐단을 논하는 상소에서 거론한 종이는 10여 종에 이른다. 구체적으로 말하면 소장지小壯紙, 장지壯紙, 대장지大壯紙, 대도련지大搗練紙, 백면지白面紙, 소호지小戶紙, 대호지大戶紙, 시정기지時政記紙, 장계지狀啓紙, 초주지草注紙, 후백지厚白紙, 별백지別白紙, 소백지小白紙다. 여기에 열거한 종이가 구체적으로 어떤 것인지 알기 어렵고, 종이 분류에 일관성이 있는 것 같지는 않지만, 조선시대에 생산된 종이의 종류가 꽤 많았고 용도에 따라 다른 종이를 사용했음을 알 수 있다.《탁지준절》에도 종이의 종류와 그에 따른 용도가 기록되어 있는데, 종이 종류만 수십 가지에 이른다.

그중 인쇄에 사용된 종이를 책지冊紙라고 했는데, 책지에도 여러 종류가 있었다. 책의 종류에 따라 또는 간행된 시기에 따라 책지의 종류와 명칭이 다르지만, 흥미로운 점은 책을 보는 사람이 누구인지에 따라 같은 책이라도 종이의 품질이 달랐다는 것이다. 물론 신분이 높은 사람이 보는 책일수록 고급 종이를 사용했다. 종이의 품질을 결정하는 기준의 하나는 두께였다. 종이가 너무 두꺼우면 책장을 넘기는 데 불편하겠지만, 종이가 너무 얇아도 인쇄하거나 책장을 넘길 때 찢어지기 쉬우므로 너무 얇은 종이는 품질이 낮은 것으로 취급되었다.

우리나라 종이는 주로 닥나무 껍질로 만들었다. 닥나무는 섬유 조직이 촘촘하고 질겨서 천 년을 간다고 할 정도다. 반면에 마와 대나무 섬유 등

을 주원료로 만든 중국 종이와 달리 결이 거칠고 뻣뻣한 것이 단점이다. 이런 거친 종이를 인쇄나 글쓰기에 적합한 종이로 거듭나게 하는 과정이 도침이다. 도침은 종이를 두드려주어 섬유 사이의 빈 공간을 없애주는 것인데 닥나무 섬유가 단단하고 질기기에 가능한 가공법이다. 서명응은 《보만재총서》에서 "우리나라 종이는 가장 단단하고 질겨, 두드리는 작업을 하여 더욱 고르고 매끄럽게 만들 수 있는데, 다른 나라의 종이는 그렇게 할 수 없다"라고 적었다. 아울러 서명응은 도침 방법에 대해서도 기록했는데 대략 다음과 같은 과정을 거쳤다.*

마른 종이 한 장에 젖은 종이 한 장을 교대로 쌓아 100장을 한 무더기로 만들어 탁자 위에 올려놓는다. → 판자를 그 위에 놓고 큰 돌로 누른다. → 하루가 지나 종이의 젖은 정도가 균일해지면 돌 위에서 200~300번 두드려 아래까지 미치도록 한다. → 100장 중에 50장을 볕에 쬐어 젖은 종이 50장과 엇갈리게 끼워, 다시 200~300번을 두드린다. 이 과정을 서너 차례 반복하면 기름종이처럼 광택이 나고 매끄러운 종이가 완성된다.

이처럼 도침을 거치면 섬유 사이의 빈 공간이 없어지고 표면이 평활하여 종이에 먹물을 떨어뜨리면 천천히 스며들고 번지지도 않는다. 질기고 광택이 나며 보존성이 향상된다. 또 종이의 밀도가 높아지고 두께는 얇아지지만 더 무겁다. 이런 종이로 만든 책을 손에 들어보면 묵직한 무게감이 전해진다.

인쇄에서 종이 못지않게 중요한 것이 먹이다. 먹의 농도나 색깔에 따라 책의 좋고 나쁨이 결정될 수 있기 때문이다. 선조 때 《내훈》과 《황화집》을 잘못 인쇄하여 관련자 여러 명이 처벌을 받은 적이 있었다. 오자도 문제였지만 먹색이 나빴기 때문이다. 교서관 책임자였던 유희춘이 먹색이 좋지 않은 것은 먹이 오래되어 습기를 먹어서라고 하며 먹을 바꿔야 한다고 건의했다.**

---

* 《보만재총서》의 내용 및 종이의 도침과 제본 과정 등은 조계영, 〈조선후기 왕실서책 粧䌙時의 搗砧에 관한 고찰〉(《고문서연구》 31, 2007)과 조계영, 〈조선후기 중국 서책의 수용과 형태 인식〉, 《동아시아의 문헌교류》(소명출판, 2014)를 주로 참고했다.
** 《선조실록》 1573년(선조 6) 3월 17일.

먹을 만드는 기본 원리는 그을음을 모아 아교와 같은 접착력이 있는 물질과 결합시켜 응고하는 것이다. 전통 먹은 그을음 재료에 따라 크게 송연먹과 유연먹으로 나뉜다.* 송연먹은 소나무를 태운 그을음으로 만들고, 유연먹은 동식물 및 광물성의 각종 기름을 태운 그을음을 주로 사용했다. 서유구는 《임원경제지》에서 먹 만드는 법에 대해 다음과 같이 썼다.

순수한 그을음 열 근과 아교 네 근, 물 열 근(을 준비한다). 먼저 물 아홉 근에 아교를 담가 구리 용기銅盆에 넣어 불 위에 올려서 녹으면 그을음을 넣어 섞일 때까지 녹인다. 나머지 한 근의 물로 용기를 씻은 다음 (그 물을) 다른 용기에 담아두었다가 그 물을 뿌리면서 그을음을 수없이 찧는다.**

이 방법은 어숙권이 쓴 《고사촬요》에 소개한 전통적인 먹 제조법 가운데 하나다. 먹을 만들려면 찧은 그을음을 아교와 결합해야 하는데 이때 배합법은 비밀에 부칠 만큼 중요한 기술이었다. 먹의 농도를 짙게 하기 위해 짙은 홍색 광택이 있는 단사류丹砂類를 가공하는 등 좋은 먹을 만드는 데는 기술이 필요했다.

송연먹과 유연먹의 차이는 무엇일까? 송연먹의 주원료인 소나무를 태운 그을음은 유연먹의 그을음에 비해 탄소 입자가 크고 불순물이 더 많이 섞여 있어, 유연먹에 비해 먹색이 진하다. 송연먹에 아교를 많이 섞으

---

* 먹에 대해서는 박문열, 〈韓國 傳統 墨의 製造法에 관한 硏究〉, 《한국 도서관 정보학회지》 39-3, 2008을 참고했다.
** 서유구, 《임원경제지林園經濟志》(영인본, 서울대학교, 1980), 〈이운지怡雲志3〉 문방잡제文房雜製.

면 윤이 나서 목판 인쇄에 적합하다고
한다. 유연먹은 송연먹에 비해 먹색이
희미하지만, 먹의 농도가 너무 짙지 않
아 필사에 적합하다고 한다. 또 유연먹
은 금속활자 인쇄에 적합하다. 물과 기
름은 서로 결합하지 않는 성질이 있어,
금속으로 만든 활자에 송연먹은 잘 묻
지 않지만, 기름으로 만든 유연먹은 응
고력과 접착력이 있어 금속에 잘 달라

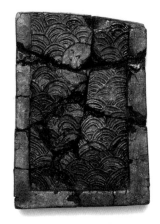

조선시대의 먹. 국립중앙박물관.

붙기 때문이다. 인쇄본을 보면 금속활자로 인쇄한 것은 먹색이 목활자나
목판본에 비해 엷고, 자세히 보면 표면에 약간의 기공 같은 것이 보인다.
유연먹이 응고력과 접착력이 있지만 금속이 나무만큼 먹을 잘 흡수하지
못하기 때문이다. 목활자와 금속활자를 함께 사용한 경우도 있는데 먹색
이 균일하게 인쇄되게 하려면 상당한 기술이 필요했을 것 같다.

조판한 활자에 먹을 발라 종이에 찍어내는 것이 인쇄의 마지막 단계인
데, 이 과정도 동양과 서양이 다르다. 한국, 중국, 일본의 전통 종이는 원료
와 발뜨기 방식 등의 차이로 인해 조금씩 다르지만 서양 종이에 비해 얇
고 가볍다. 서양에서는 닥나무나 마 등을 구하기가 어려웠기 때문에, 펄
프로 종이를 만드는 방법을 개발하기 전에는 리넨, 목면 같은 낡은 옷을
종이 원료로 사용했다. 이 때문에 넝마주이가 활개를 쳤으며, 영국에서
는 종이 원료를 확보하기 위해 시신을 리넨으로 감싸는 것을 금지했을 정
도다. 넝마는 물레방아를 돌려 수력으로 찧어 종이 원료로 만들었고, 이

서양의 인쇄 방식(왼쪽, 위키피디아)과 조선의 인쇄 방식(오른쪽, 청주고인쇄박물관). 넝마 등으로 만든 두꺼운 종이를 사용했던 서양에서는 프레스로 강하게 누르는 방식이었고, 얇은 한지를 사용했던 조선에서는 종이 위에 짐승 털로 만든 솔로 먹이 먹도록 두드리는 방식을 채택했다.

렇게 만든 종이는 두껍기 때문에 인쇄할 때 프레스로 눌러야 했다. 반면 동양의 종이는 얇기 때문에 이렇게 누르면 찢어질 수가 있다. 그래서 목판이나 활자를 조립한 식자판 위의 글자에 먹솔로 먹을 바른 다음 종이를 얹고 짐승 털 같은 것으로 만든 솔로 골고루 먹이 먹도록 두드려서 인쇄를 한다. 동양의 종이는 이처럼 얇고 반투명해서 인쇄를 하거나 글씨를 쓰면 뒷면에 비치기 때문에 한 면만 인쇄하게 된다. 반면 두꺼운 서양 종이는 양면 인쇄가 가능했다.

이렇게 인쇄한 낱장을 모아 제본을 한다. 제본의 첫 번째 단계는 단면 인쇄한 종이를 인쇄한 면이 겉으로 나오도록 반으로 접는 것이다. 옛날 책을 자세히 들여다보면 책의 가장자리 접힌 부분에 반쯤 잘린 글씨가 있고 그 아래위에 다양한 기호가 인쇄되어 있는 것이 보인다. 이 부분이 책을 반으로 접은 한가운데 부분으로 판심版心이라고 한다. 반으로 접힌 부분을 펼쳤을 때 가운데 부분에 있는 책 제목과 페이지 등의 정보가 온전하게 드러난다. 제목 위아래의 다양한 기호나 문양은 책의 제작 시기를 판단하는 근거가 되기도 한다. 이런 제본 방식의 단점은 인쇄할 때는 판심을 중심으로 좌우로 배치된 내용이 제본 상태에서는 앞뒤 면으로 나뉘어, 판심에 있는 정보를 한눈에 볼 수 없다는 것이다. 특히 도판이 있는 경우 한 판을 이루는 도판이 제본된 책에서는 앞뒤로 반면씩 잘려 원래의 모습을 볼 수 없다.

마지막으로 반으로 접은 낱장을 모아 앞뒤에 표지를 놓고 접은 부분의 반대쪽에 구멍을 뚫어 실을 꿰면 책이 완성된다. 이런 모양의 책을 선장본이라고 한다. 표지는 대체로 황색 한지를 사용한다. 중국의 책은 표지가 보통 한 장이지만, 조선의 책은 안쪽 표지에 종이를 추가로 덧대고 물에 젖지 않도록 밀랍 성분으로 코팅하는 과정이 추가된다. 그래서 중국 책에 비해 무겁고 두껍다. 왕실에서 보는 명품 책은 비단으로 표지를 만들었다. 이처럼 표지는 책의 품질을 완성하는 요소였다. 인쇄본은 아니지만, 조선 왕실의 의궤를 보면 같은 내용이라도 국왕이 보는 책과 각 기관에 배포하는 책은 종이의 품질과 크기, 글씨와 그림의 수준, 안료의 사용 정도 등이 다르다. 특히 표지의 경우 국왕이 보는 책은 무늬 비단에 값비싼 금속판과 고리로 제본하여 왕실의 위엄과 품위를 한껏 드러냈다.

오늘날 남아 있는 옛 책은 대부분 이런 모양으로 제본되어 있지만 처음부터 그랬던 것은 아니다. 처음에는 종이를 가로로 이어붙이고 보관할 때는 두루마리 형태로 보관했다. 이런 방식은 책을 볼 때마다 두루마리를 펼쳐야 하기 때문에 불편하고 그 과정에서 책이 손상되기도 쉬웠다. 이를

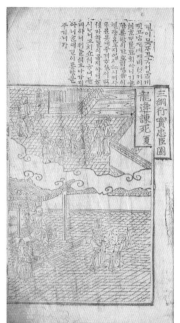

《삼강행실도》의 앞면과 뒷면. 국립한글박물관. 조판할 때는 그림과 그림에 나오는 인물의 행적을 쓴 글을 한 판에 배치했으나 인쇄 후 반으로 접어 제본했기 때문에 그림은 앞면, 설명은 뒷면에 나오게 된다.

선장본으로 제본된 《맹자언해》. 국립중앙박물관.

두루마리 형식의 고려 초조대장경. 국립한글박물관.

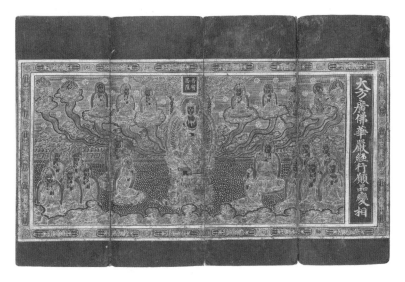

절첩장 형식의 고려 시대 필사본 화엄경. 국립중앙박물관.

두루마리 형식의 이탈리아 성경(왼쪽)과 양피지로 만든 서양의 코덱스(오른쪽). 위키피디아.

개선한 것이 병풍처럼 접어서 보관하는 절첩장이다. 이 방법은 두루마리에 비해 편리하지만 접힌 부분이 손상될 우려가 있었다. 이후 낱장을 가로로 붙이지 않고 한 장씩 쌓는 방식의 제본으로 넘어가는데, 거기에도 몇 가지 방식을 거쳐 오늘날 우리가 흔히 보는 고서의 형태가 되었다.

서양에서도 파피루스로 된 최초의 책들은 동양과 비슷한 두루마리 형태였다. 그러다 양피지를 사용하면서 일찍부터 낱장을 쌓아서 제본했는데, 이런 방식을 코덱스라고 한다. 또 종이가 두껍기 때문에 양면 인쇄를 하고 책자 형태로 제본했다. 표지도 나무 등 단단한 재질로 만들다 보니 책등이 두꺼워져서 16세기 무렵부터는 세워서 보관했다. 반면 한국, 중국, 일본의 경우에는 책을 뉘어서 보관했다. 이처럼 한국의 옛 책은 활자와 종이 만드는 방식, 인쇄 방식 등에서 서양은 물론 중국과도 많이 다르지만 어느 것이 더 우수하다고 말할 수는 없다. 각자의 환경과 사회적 필요에 따라 적절한 기술을 적용하고 발전시킨 결과로 봐야 할 것이다.

활자본색

7

문치주의의 숨은 공신들

그 많은 활자를 만들고 책을 찍었던 사람들, 이들은 문치주의를 실현할 수 있게 한 진짜 공로자들, "문치주의의 숨은 공신들"이다. 하지만 이들의 흔적을 찾아보기는 힘들다. 그런 가운데서도 국립중앙박물관에 남아 있는 활자 보관장을 조사하면서 이들의 흔적을 일부 발견할 수 있었다. 특히 개인적으로 가장 흥미로웠던 부분은 활자를 분류해 보관하기 위해 실무자들이 고안한 방법이었다. 이 방식은 인쇄된 책을 읽는 사람들과 별개로 그들이 구축한 세계로 들어가기 위해 풀어야 할 퍼즐이다. 아직 퍼즐을 다 맞추지 못했지만, 기존의 틀을 깨버리는 이들의 독창성에는 오늘의 우리를 일깨우는 형체를 알 수 없는 뭉클함이 있다.

우리나라는 고려시대에 세계에서 가장 먼저 금속활자를 만드는 성과를 이루었다. 조선시대에도 구텐베르크가 금속활자를 만들기 전에 이미 수십만 자의 금속활자를 만들었고, 1434년에 정교한 형태로 만들어진 금속활자 갑인자가 그 책과 함께 실물로 존재하고 있다. 그런데 이런 활자와 책은 누가 어떻게 만들었을까? 지금까지 활자를 만들고 책을 찍는 것에 대한 관심과 연구는 국왕과 관료, 문인, 사대부 등 책을 소비하는 사람들 위주로 전개되어왔다. 그러다 보니 실제 활자를 만들고 인쇄를 한 사람들에 대해서는 거의 알려진 것이 없다. 활자를 만드는 데는 여러 공정과 기술자들이 필요했으며, 판을 짜는 사람, 종이를 만든 사람, 인쇄를 하는 사람 등등의 시간과 노력이 투입되었다. 이들이야말로 문치주의를 이룩한 숨은 공신이라 할 만하다. 하지만 사농공상 중 주로 공인, 즉 기술자 신분이었던 이들은 스스로 기록을 남기지 못했기에 이들의 기술이 어땠으며 어떤 사람들이었는지 잘 알 수 없다. 그나마 조선시대의 여러 자료에 남아 있는 단편적인 정보를 통해 이 숨은 공신들의 활약을 어느 정도 짐작해볼 수 있다.

조선의 대표 법전인 《경국대전》 등에 책을 만드는 장인에 대해 기록한 부분은 직제, 급료 등 제도적인 측면을 언급하는 데 그치며, 이들의 기술을 구체적으로 언급한 경우는 거의 없다. 그나마 《용재총화》에 간략하지만 활자 제작과 책을 만들기까지의 과정과 참여하는 장인의 역할에 대한 기록이 있어, 여기서부터 이야기를 시작해보고자 한다.

나무를 깎는 것을 각자刻字라 하며, 활자를 주조하여 완성하는 자를 주장鑄匠이라 한다. 드디어 여러 글자를 나누어서 궤에 저장하는데, 활자를 지키는 사람을 수장守藏이라 하여 나이 어린 공노公奴가 이 일을 한다. 원고인 서초書草를 부르고 맞추는 사람을 창준唱準이라 한다. 모두 글을 아는 사람들이 담당한다. 수장이 글자를 서초 위에 벌여놓으면 판에 옮기는 것을 상판上板이라 하고, 대나무 조각과 파지破紙로 빈 데를 메워 단단하게 하여 움직이지 않게 하는 사람을 균자장均字匠이라 하고, 이를 받아서 찍어내는 사람을 인출장印出匠이라 한다. 감인관監印官은 교서관校書館 소속 관원館員이 담당하였으며, 감교관監校官으로는 따로 문신을 임명하였다.

활자의 제작에서 인쇄까지 각자(장), 주장, 수장, 창준, 균자장, 인출장, 감인관, 감교관이 등장하는데, 이들은 활자의 제작에서 책을 완성하기까지 분업 체제로 이루어진 공정에 따라 각각의 업무를 담당했다. 각자장은 나무를 깎는다고 했는데, 여기서 나무를 깎는다는 것은 금속활자를 만들기 위해 나무로 금속활자와 같은 모양의 어미자를 만드는 공정을 말한다. 각 자장이 어미자를 만들면 이 어미자로 금속활자를 만들어내는 장인이 바로 주장이다. 활자가 만들어지면 글자별로 분류해서 보관장에 보관한다. 활자를 지킨다는 것은 이 활자를 보관하는 장을 지킨다는 의미다. 수장守藏은 이들을 가리킨다. 활자가 나라의 보물, 국왕의 상징이었던 만큼 활자를 보관하는 데 각별히 신경을 썼다. 주자소에서 보관 중인 활자와 목판, 책 등을 일제 점검하고 현황과 관리 규정 등을 기록한《주자소응행절목》(1814)에는 주자소에서 지켜야 할 규정이 적혀 있다. 이 규정에 따르면 수장제원守欌諸員 등은 활자의 수를 헤아려 보관장에 나누어 보관하며, 장부를 만들어 책임자의 이름을 써넣고 활자 수가 부족하면 책임을 지도록 했고, 장부와 열쇠는 봉해서 보관하도록 했다. 수장제원이 바뀔 때는 반드시 장부에 준해서 활자 수량을 확인하도록 했다.《용재총화》에서는 수장을 어린 공노, 즉 관청 소속 노비들이 담당한다고 했는데《경국대전》을 비롯한 여러 기록에는 수장제원이 별도로 인원으로 기록되어 있다.

서초書草는 인쇄할 내용을 손으로 쓴 원고를 일컫는데, 글씨를 잘 쓰는 사자관寫字官 등이 붓으로 쓴다. 창준은 서초에 적힌 글자를 부르고唱 그 글자를 활자 보관장에서 맞게 꺼냈는지를 확인準하는 직책이다. 이때 창준이 불러주는 활자를 서초 위에 벌여놓는 것, 즉 해당 글자에 해당 활자를 찾아서 놓는 일을 상판이라고 한다. 수장이 자신들이 담당하는 활자 보관장에서 활자를 뽑아 서초 위에 벌여놓는 작업을 했을 것이다. 수장과 창준은 글자를 알아야 할 수 있는 일이다. 그래서《경국대전》에서 수장제원과 창준은 공장工匠, 즉 기술자가 아니라 잡직으로 분류되어 있다.

그다음에 소개된 균자장은 글자 그대로 풀이하자면 글자, 즉 활자를 평평하게 하는 기술자라는 뜻이다. 균자장은 조판을 하는 사람이다. 즉 인쇄를 할 수 있도록 식자판에 활자를 배열하는 기술자다. 활자를 놓은 면이 수평이 되도록 하는 것이 인쇄의 관건이었으므로 이를 계속 개량하려는 노력이 있었고, 여기 설명한 것처럼 파지나 대나무 등으로 빈틈을 메워 활자가 움직이지 않도록 하는 것이 균자장이 하는 일이었다. 균자장이 완성한 판을 인쇄하는 것이 인출장의 일이다. 감인관과 감교관은 인쇄 상태와 오자를 확인하는 사람들이다.

《용재총화》에서 언급한 사람들 중에 진정한 기술자는 각자장, 주장, 균자장이라 할 수 있다. 성현은 이들만 언급했지만 사실 활자 제작에서부터 인쇄에 이르기까지 이보다 많은 전문 기술과 기술자들이 투입되었다. 예를 들어 《용재총화》에서는 금속활자를 만드는 장인을 주장이라고 했지만, 《조선왕조실록》이나 의궤 등에는 금속 관련 장인이 이보다 훨씬 많이 소개되어 있다. 《경국대전》에 기록된 교서관 소속 장인 중에는 야장冶匠 6명과 주장 8명으로 야장과 주장을 구분하고 있다. 금속활자 주조와 관련하여 소로장小爐匠이라는 장인이 등장하기도 한다. 이들의 업무가 각각 달랐는지, 시대에 따라 명칭이 바뀐 것인지는 모르겠다. 막 주조된 금속활자는 주조 과정에서 생긴 금속 접착물로 인해 표면이 매끄럽지 않은 경우가 많다. 활자로 사용하기 위해서는 활자 표면을 갈고 다듬어야 하는데 이 일을 전문으로 하는 장인도 있었다. 바로 줄장乼匠이다. 줄질을 하는 장인이라는 뜻인데, 乼은 순 한글인 '줄'(쇠붙이를 쓸거나 깎는 데에 쓰는, 강철로 만든 연장)을 한자로 표기하기 위해 注(주)라는 한자음에 ㄹ 받침

활자본색

금속활자 '줄' 자. 국립중앙박물관. 𠄈은 순 한글인 '줄'을 한자로 표기하기 위해 注(주)라는 한자음에 ㄹ받침처럼 생긴 乙(을) 자를 더해 만든 한국식 한자다.

처럼 생긴 乙(을) 자를 더해 만든 한국식 한자다.

활자를 만들고 인쇄를 거쳐 책이 만들어지기 위해서는 종이를 만드는 지장紙匠의 고된 노동과 기술이 필요했다. 중앙의 종이 생산 관청은 조지서인데 《경국대전》에 나와 있는 장인의 수 중 조지서 소속 지장이 81명으로 다른 어떤 공장보다 수가 많다. 외공장, 즉 지방에 거주하는 장인의 종류는 27종으로 그 인원이 3500여 명에 이르는데, 이 가운데 지장이 699명으로 가장 많다. 그만큼 종이 생산이 차지하는 비중이 높다. 물론 이들이 생산하는 종이를 책을 찍는 데만 쓴 것은 아니다. 이들만으로는 국가의 종이 수요를 감당할 수 없었으므로 농민들도 닥나무뿐 아니라 종이 자체를 생산해 바치기도 했고, 때로는 종이를 생산하는 일에 직접 동원되기도 했다. 승려 역시 종이 생산에서 빠질 수 없는 인력이었다. 조선 후기에는 사찰이 종이 제조의 중심 역할을 하게 되었다. 이 때문에 종이의 생산량을 감당하기 힘들어 승려들이 대부분 떠나버려 절이 빌 정도였다.* 책의 인쇄를 비롯한 여러 가지 용도로 쓰기 위해 국가에서 더 많은 종

---

* 《현종실록》1670년(현종 11) 10월 7일.

이를 요구함에 따라 백성들의 고통이 가중되고 있으므로 이를 감해달라는 요청이 종종 등장하기도 한다. 종이는 만들 때도 고된 노동이 필요하지만 인쇄에 적합한 종이를 만들기 위해서는 도침이라는 험난한 과정을 거쳐야 했다. 이 고된 노동은 주로 군인들이 담당했으며 왕의 명령을 어긴 환관이나 죄수들에게도 이 일을 하게 했다.

인쇄된 책을 제본하는 책장冊匠도 필요했다. 인쇄한 각 면을 묶어 책으로 만드는 책장을 《경국대전》에는 장책제원粧冊諸員이라 하여 역시 잡직으로 분류했다.

감인관과 감교관은 책의 교정과 간행 전반을 감독하는 문관이다. 성현은 《용재총화》에서 감인관은 교서관의 관리가 담당하고, 감교관은 교서관 소속이 아닌 문관을 별도로 임명한다고 했으나, 이후의 기록들과 꼭 일치하는 것 같지는 않다. 어쨌든 이들은 기술자는 아니지만 오자 없는 완벽한 책을 만드는 데 꼭 필요한 사람이었다. 옛날 책을 보다 보면 가끔 표지 안쪽 배접지에서 이 교정지를 발견할 때가 있다. 종이가 귀한 시절이라 표지 배접에 재활용한 것인데, 요즘에 종이를 아끼려고 이면지로 복사하는 것과 같은 이치다.

교정 방식은 오늘날과 별반 다를 바 없다. 틀린 글자에 붉은 먹으로 동그라미 표시를 하고 줄을 연결하여 난 밖에 맞는 글자를 썼다. 사실 오자라는 것이 잡고 나면 정말 어이없는 실수인 경우가 많지만, 막상 글을 쓰거나 교정을 보는 사람이 보고 또 봐도 눈에 들어오지 않는 경우도 많다. 박물관에서 전시를 할 때도 마찬가지다. 전시실에 붙는 패널이나 설명카드의 원고를 여러 사람이 돌아가면서 교정을 봤는데도 눈에 보이지 않던

조선시대 교정지 복제품. 국립중앙박물관. 당시 교정 방식
은 오늘날과 유사하다. 교정이 끝난 교정지는 나중에 책 제
본에 재활용하기도 했다.

오자가 걸어놓고 보면 그제야 보인다. 끝내 스스로 찾아내지 못하고 관람
객의 지적을 받고 나서야 알게 되어 민망할 때도 있다. 그만큼 교정은 어
려운 일이다.

책을 중요하게 생각했던 조선시대 왕들에게 책은 귀중품이자 권위의
상징으로서 겉모양뿐 아니라 내용적으로도 완벽해야 했으니 교정에 들
인 공은 오늘날에 비할 바가 아니다. 특히 성인의 말씀을 담은 경전의 경
우 더욱 그랬다. 오자 없이 완벽한 책을 만들기 위해 노력했지만, 오자는
누구도 피해갈 수 없었다. 요즘에야 오자가 나면 민망하고 창피한 것으로
그치지만, 조선시대에는 오자에 대한 처벌이 가혹했다. 1796년(정조 20)
12월 26일 《내각일력》에 따르면 정조는 자신이 키워낸 인재 중 가장 으
뜸이었고 가장 신임하던 신하 중 한 사람인 정약용을 파직하고 선물로 하
사했던 마첩馬帖(말을 상으로 내린다는 증서)과 호랑이 가죽을 몰수했다. 조

선 후기의 대표적인 실학자 정약용은 천주교 신앙에 관련되어 여러 차례 파직되거나 좌천되었으며, 정조가 세상을 떠난 후에는 천주교 신앙 때문에 줄곧 귀양살이를 했다. 그런데 이때 그가 파직을 당한 이유는 그런 사상의 문제가 아니라 책의 편찬을 잘못했기 때문이었다. 정조는 사마천이 쓴 《사기》 가운데 중요한 내용을 뽑아서 《사기영선》이라는 이름으로 편찬하게 했다. 완성된 책에서 많은 결함을 발견한 정조는 감인관 정약용과 함께 책의 간행에 관여했던 여러 신하들을 파직했다.

1492년(성종 23)부터 1542년(중종 37)까지 왕의 명령 중에서 법으로 삼을 만한 것을 뽑아 1543년에 간행한 법전 《대전후속록》에는 책의 인쇄와 관련하여 다음과 같은 규정이 나온다.

책을 인쇄할 때 감인관, 감교관, 창준, 수장, 균자장은 한 권에 한 자의 오자가 있을 때 태 30대에 처한다. 한 자가 더 틀릴 때마다 한 등급 높은 처벌을 가한다. 인출장은 한 권에 한 자가 먹색이 지나치게 짙거나 희미한 경우 태 30대에 처한다. 한 자가 더해질 때마다 한 등급 높은 처벌을 한다. 모두 글자 수를 계산하여 처벌한다. 관원官員은 다섯 자 이상이 틀리면 파직한다. 창준 이하 장인들은 처벌 후 근무 일수 50일을 줄인다. 사면이 되기 전에는 다시 쓰지 않는다. 원본에 오자가 있는 경우에는 이 규정에 해당하지 않는다.

이 조문은 책에 오자를 내거나 인쇄 상태가 나쁜 경우에 대한 처벌 규정이다. 감인관, 감교관, 창준, 수장, 균자장은 책 한 권에 오자 하나가 발견되면 태 30대 형에 처해지며, 한 자가 더 틀릴 때마다 한 등급 높은 처벌을 받는다는 내용이다. 인쇄를 담당하는 인출장은 인쇄 상태가 나쁜 글자, 즉 먹색이 너무 짙거나 너무 옅은 글자가 나오면 처벌을 받았는데, 역시 책 한 권에 한 자당 태 30대, 한 자가 더 틀릴 때마다 한 등급 높은 처벌을 받았다.

여기서 책 한 권은 오늘날의 개념과 다르다. 오늘날의 한 권은 조선시대에는 1책이라 했으며, 1책이 1권인 경우도 있지만 1책에는 보통 2~3권이 들어 있다. 옛 책의 권은 오늘날의 장章과 비슷한 개념이라 할 수 있다. 옛날 책은 요즘보다 글자도 컸기 때문에 한 권에 들어가는 글자 수가 그리 많지 않다. 그러니까 한 권에 오자 하나가 있을 때 태형을 내리는 것은 꽤 엄격한 처벌이다. 더구나 감인관과 감교관의 경우 다섯 자 이상 틀리면 파직한다고 했다. 창준 이하 장인(《경국대전》에는 창준을 장인으로 분류하지는 않았다)들은 매를 맞은 후 근무 일수 50일을 줄인다고 했는데, 정해진 근무 일수를 채우지 못하면 승진을 할 수 없었다. 매를 맞는 것도 두려운 일이었을 텐데 여기서 끝나지 않고, 파직을 당하거나 승진이 제한되기까지 했던 것이다.

1573년(선조 6) 2월 선조는 교서관에서 인쇄한 《내훈》과 《황화집》의 글자 획이 희미하고 바르지 않다는 이유로 담당 장인의 죄를 묻게 했다. 이에 형조에서는 위에 언급한 《대전후속록》의 규정을 적용하여 죄를 주고자 조사했으나 잘못 인쇄된 글자 수가 명확히 제시되지 않아 어떻게 처벌해야 할지 결정하기 어렵다고 보고했다. 그러자 선조는 그 책이 전체적으로 먹이 검지 않아 흐리기 때문에 글자 수를 낱낱이 헤아릴 수 없으니 흐린 글자를 참작하여 조율하라고 명했다.

당시 교서관의 책임자였던 유희춘이 모든 책임은 자기에게 있다며 사직을 청했다. 그런데 사헌부에서 《대전후속록》에는 감인관과 감교관, 그리고 아랫사람의 죄를 다스린다는 말이 있을 뿐이라며 유희춘이 직접 교정을 하지는 않았다는 이유로 사직 반려를 청했고, 선조는 이를 받아들였다.* 결국 이 일로 인해 교서관 저작랑으로 감인관을 맡았던 관리는 장 90대와 파직 처분을 받았는데, 실제 매는 맞지 않고 재물로 대납했다. 요즘으로 치면 벌금 내지 보석금을 낸 것이다.** 창준 4명, 인출장 2명은 장 100대를 맞고 50일 감봉 처분을 받았다. 창준 31명은 2개월치 월급이 절반으로 깎였고, 수장제원·인출장·균자장 등은 1개월치 급료 절반이 삭감되었다. 이 경우 《대전후속록》의 규정을 곧이곧대로 적용하기에 애매한 부분이 있어 그대로 적용되지는 않았지만, 《대전후속록》의 규정이 단순히 선포 차원에 그치지 않았음을 알 수 있다. 심지어 오자가 아닌 인쇄 상태가 나쁘다는 이유로도 처벌을 받았다. 이런 처벌이 지나치게 가혹한 면이 있어 고종 때인 1785년에 편찬한 법전 《대전통편》에 와서는 처벌 규정이 느슨해지기는 했다.

---

*   《선조실록》1573년(선조 6) 2월 25일, 2월 26일, 3월 17일.
** 유희춘, 《미암일기眉巖日記》 제3집, 계유년 3월 24일, 4월 1일.

조선 금속활자의 백미라고 평가되는 갑인자. 이 갑인자를 누가 만들었을까? 물론 세종이 만들었지만 직접 만든 것은 아니다. 《세종실록》에 갑인자를 만든 사람의 이름이 나와 있다. 이 일을 총감독한 사람은 지중추원사 이천이고, 참여자는 집현전 직제학 김돈, 직전 김빈, 호군 장영실, 첨지사역원사 이세형, 사인 정초, 주부 이순지 등이다. 여기서 익숙한 이름이 하나 있다. 바로 장영실이다. 노비 출신으로 세종에게 발탁되어 혼천의 간의 등 그 유명한 천문 관측 기기를 만들었으나 가마를 잘못 만들었다는 이유로 쫓겨난 드라마틱한 인물이다. 그의 이야기는 드라마, 영화, 만화 등으로 다양하게 각색되었지만 그가 갑인자를 만드는 데도 참여했다는 사실을 아는 사람은 많지 않다. 장영실 외에 위에 열거한 인물들도 《세종실록》에 자주 등장한다. 주로 세종이 추진한 과학 기기 제작에 참여한 인물들이다. 그래서 오늘날 이들은 과학자, 수학자, 천문학자 등으로 정의되기도 하지만 당시에는 그렇지 않았다. 우선 이 일을 총괄한 이천은 무과에 합격한 무관 출신이다. 다른 사람들은 모두 문과에 합격한 문신이며, 김빈과 김돈은 최고위 관직에까지 올랐다. 하지만 이들의 이름을 들어본 사람은 많지 않아도 장영실은 모르는 사람이 없으니 장영실이야말로 성공한 사람이 아닐까? 갑인자 제작에 참여한 이들이 구체적으로 어떤 일을 했는지는 알 수 없지만, 활자 제작과 관련하여 장영실과 같은 노비 출신이 다른 문무관들과 나란히 실록에 이름을 올린 예는 없는 것 같다. 이후에는 활자 제작 관련 기록이 실록에 나오더라도 장영실과 같이 실제 활자 제작 전문가의 이름이 등장하지는 않는다.

앞에서 말한 각자장, 주장, 균자장, 인출장 등 활자 제작과 인쇄 관련 기술자들의 이름이 나오는 곳이 있기는 하다. 요즘식으로 말하면 책의 맨 앞이나 맨 뒤에 나오는 판권 부분이다. 판권에는 발행인, 저자, 역자, 편집자, 교정자 등 책을 만드는 데 참여한 사람들의 이름이 나오는데 옛 책에도 발행한 곳, 발행일 등을 기록한 간기에 간행에 참여한 기술자와 교정자들의 이름을 기록한 예가 있다. 그러나 간기가 없는 책이 더 많고, 있더라도 실제 책을 만든 기술자들의 이름이 남아 있는 경우는 거의 없다. 목판본의 경우 간혹 판심에 해당 목판을 새긴 각수의 이름을 새겨서 인쇄본에서 이름을 확인할 수 있는 예가 있다. 조선 왕실의 각종 의궤에는 행사에 참여한 사람들의 이름이 거의 망라되어 있기 때문에 실록이나 《국조보감》과 같은 출판물 관련 의궤에는 활자를 만들거나 책을 찍은 사람들의 이름도 열거되어 있다. 하지만 이들 중에서 우리가 알고 있는 이름은 하나도 없다. 활자나 목판을 만들어 책으로 인쇄하기까지 많은 공정과 노동력이 필요했고, 거기에는 다양한 기술자들의 솜씨와 정성이 집약되어 있지만 이들의 이름은 알려져 있지 않다. 그야말로 숨은 공신들이다.

이런 숨은 공신 중에 한 사람의 이름이 생각지도 못한 곳에서 발견되었다. 국립중앙박물관에서 활자와 함께 소장하고 있는 활자 보관장 안쪽에 숨겨져 있던 이름이다. 그 이름은 송흥룡, 소목장小木匠이다. 소목장은 목수 일을 하던 장인의 일종인데, 건물을 지을 때 집의 큰 구조를 만드는 일을 하는 대목장大木匠과 대비되어 건물의 창호, 목기, 장롱이나 궤, 책상과 같은 가구를 제작했다. 소목장은 활자를 배열한 식자판이나 활자를 옮길 때 사용하는 용기 등을 만드는 일에 참여했고, 활자 보관장을 만들거나 실록 등을 넣을 궤를 만드는 일도 담당했다.《경국대전》의 교서관 소속 장인에도 앞서 말한 야장, 균자장, 인출장, 각자장, 주장과 함께 나무를 다루는 조각장雕刻匠과 목장木匠이 포함되어 있다.

이 이름이 발견된 경위는 이렇다.〈활자의 나라, 조선〉 전시를 2016년 6월에 개최하기로 결정하면서, 활자와 함께 활자 보관장도 선보일 준비를 진행했다. 보관장은 일제강점기 직전까지 교서관, 주자소 등에서 활자를 보관하고 사용하던 것이다. 활자와 함께 조선총독부박물관으로 이관된 이 보관장들은 경복궁 전각에 있다가, 한국전쟁 때 폭격을 맞아 활자가 일부 흩어지고, 활자 보관장도 일부 손상되어 제구실을 할 수 없었다. 원래 보관장에 끼워져 있던 서랍도 분리되어 따로 보관되어왔다. 활자 보관장을 전시에 선보이기 위해서는 수리와 복원 작업이 필요했다. 전통 목가구 제작 기술자인 소목장 전수자와 함께 보관장을 종류별로 비교적 원형이 잘 남아 있는 것 4개를 골라 수개월에 걸쳐 작업을 진행했다. 형태가 어긋난 부분을 바로잡기 위해 보관장을 해체하고, 부재가 없어져 복원할 부분의 나무는 원래 사용했던 나무의 재질을 조사하여 같은 나무를 사용하고 접착제도 전통 방식대로 만들어 사용했다. 따로 보관 중이던 서랍들을 원래 자리를 확인해 끼우는 데도 상당한 시간이 필요했다. 2016년 1월에 보관장 하나를 해체했는데 안쪽 측널에서 먹으로 쓴 글씨가 발견되었다.

소목장 송흥룡과 박은문이 무오년에 만들다小木匠 宋興龍 朴殷文 戊午造成.

보관장을 해체하지 않았다면 누구도 볼 수 없는 기록이다. 여기에 기록된 무오년은 1858년이다. 1858년은 전년에 주자소에 불이 나서 정조가 만든 활자들이 불타버리자 철종이 정리자와 한구자를 새로 만든 해다. 이 사실은 이때 만든 정리자로 찍은 《국어》라는 책에 기록되어 있으며, 활자 제작 후에 만든 현판에도 기록되어 있다.

그러니까 이 장은 1858년에 새로 만든 정리자를 넣은 보관장이다. 다리를 곡선으로 멋을 내고 금속 장식이 화려하여 한눈에 보아도 정교하게 만들어졌음을 알 수 있다. 특히 장에 붉은 칠을 했는데, 붉은 칠은 왕실에서만 쓸 수 있는 것이다. 국왕의 명으로 만든, 왕실에서만 쓸 수 있는 물건에 소목장 송흥룡이 은밀히 자신의 이름을 적어놓은 것 같다. 비슷한 시기에 제작된 조선 왕실의 의궤에서도 송흥룡이라는 소목장의 이름이 여러 차례 등장하는 것으로 보아 그는 분명 솜씨 좋은 목수였을 것이다. 함께 기록된 인물인 박은문에 대해서는 알 길이 없다. 박은문이라는 이름이 직선에서 벗어나 송흥룡과 나란히 쓰여 있고 먹색도 조금 달라서, 원래

정리자를 보관했던 정리자장. 국립중앙박물관. 정리자장 해체·수리 과정에서 재주정리자 제작에 참여한 여러 장인의 이름이 확인되었다.

송흥룡의 이름만 있었는데 나중에 써넣은 것이 아닐까 의심되기도 한다. 어쨌든 이렇게 목수가 왕명으로 만든 가구에 아무도 모르게 이름을 써넣은 경우는 없었다. 그는 도대체 어떤 마음으로 자신의 이름을 넣은 것일까? 언젠가는 이름이 알려지기를 바랐을까?

활자장을 조사 복원하는 과정에서 정리자 보관 활자장에 끼웠던 서랍 뒷면에서도 이 활자 제작과 관련된 정보를 알 수 있는 몇 가지 기록들이 발견되었다. '정리자가 함풍 무오년에 이루어지다整理鑄字 咸豐戊午成'라고 쓴 것, 정리자를 만든 내력과 만든 장소, 만든 수량을 쓴 것이다. 이 기록들은 앞서 말한 현판과 《국어》에 나와 있는 것과 다를 바 없다.

그런데 또 다른 서랍에는 앞의 기록에서는 언급하지 않은 내용이 적혀 있어 눈길을 끌었다. 바로 활자 제작에 참여한 기술자들의 이름이다. 서랍에 기록된 이름은 소로장小爐匠 조봉□趙奉□, 각수 이동욱李東郁, 고윤진高允鎭, 송흥□宋興□, 김은석金殷錫, 신태영申台榮, 이만조李萬祚, 김두혁金斗赫, 이응진李膺鎭, 문학주文學周다. 두 번째 줄은 먹이 날아가 읽을 수가 없는데, 역시 활자 제작에 참여한 기술자들의 이름이 적혀 있었을 것으로 추정된다. 의궤와 같은 조선 후기의 공식 기록에서 기술자들의 이름이 발견되기는 하지만 이처럼 활자 보관장 서랍에 기록된 경우는 없었다. 이들도 이름을 남기고 싶다는 자의식이 발동한 것일까?

활자와 책 제작에 참여한 사람들의 이름이 기록된 또 하나의 자료가 있다. 자보字譜라고 불리는 것으로 새로 활자를 만들거나 활자를 중간 점검하고 나서 현황을 기록한 활자 목록이다. 오늘날 남아 있는 조선시대 활자 자보는 8종 정도로 모두 서울대학교규장각에 보관되어 있다. 이 중에서 영조 때 만든 임진자의 자보인 《신정자수》와 정조가 즉위 후 만든 정유자의 자보인 《규장자수》의 마지막 부분에 활자 제작에 참여한 장인들의 이름이 기록되어 있다.

《신정자수》의 마지막에는 활자 제작 관리 책임자인 교서관의 관리, 서리들의 이름과 함께 각수와 소로장의 이름이 있다. 《규장자수》에는 활자 제작 관리를 맡은 관리들의 이름 뒤에 토관土官들의 이름을 열거한 후 각

수, 창준, 소로장의 이름이 적혀 있다. 토관은 평안도, 함경도, 제주 등 변방 지역의 벼슬자리로 그 지역 사람들만 임명했다. 정유자는 정조의 측근이자 임진자를 만들었던 서명응이 평양감사로 부임했을 때 왕명을 받들어 만들었기 때문에 그 지역 토관들에게 이 일의 관리를 맡겼던 것이다. 두 작업에 공통으로 등장하는 이름이 있다. 각수 남태백이다. 南泰伯, 南泰白으로 한자는 다르게 표기되어 있지만 틀림없이 같은 사람일 것이다. 동일인인데 한자가 다른 경우가 의궤 등에 종종 보이기 때문이다. 그리고 소로장 중에서도 김찬경이라는 인물이 두 작업에 다 참여했다. 임진자를 만들고 불과 5년 후에 정유자를 만들었으니, 아마도 서명응은 임진자 제작에 참여했던 사람들 중 동원 가능한 각수와 소로장을 평양으로 데리고 가서 정유자 제작 사업을 진행했을 것이다. 활자를 만드는 데는 각수와 소로장 외에도 여러 장인들이 참여했을 테지만 자보에는 각수와 소로장의 이름만 기록했다. 정리자 서랍에 이름이 적힌 장인들도 중간에 판독이 안 되는 부분이 있어 단언할 수 없지만, 각수와 소로장의 이름만 기록한 것 같다. 각수와 소로장이 활자를 만드는 데 가장 핵심적인 기술자였기 때문일 것이다. 그러나 남아 있는 책과 활자에는 어디에도 이름을 남기지 못한 많은 사람들의 노력과 기술이 담겨 있다.

규장각에 남아 있는 자보 중에 《운각자수》와 《운각당자수》에는 다른 자보에는 없는 특별한 기록이 있다. 활자 보관장을 관리하는 수장제원의 이름이다. 수장제원 이득원과 안종검이 먼저 적혀 있고, 이어서 활자 보관장 별로 1장에서 7장 아래 7명의 수장제원 이름이 적혀 있는데, 두 자보에 기록된 이름은 같다. 《운각자수》는 임진자, 《운각당자수》는 교서

諸員　吳彦基
庫直　柳東番
刻手　李載華
　　　南泰白
　　　劉道昌
　　　李萬春
　　　田得春
銷鑪匠徐福先
　　　金瓚環
　　　嚴德升

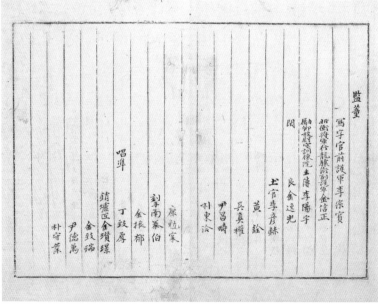

監董
一　寫字官前護軍李宗實
　　折衝將軍行龍驤衛副護軍金信正
　　勵節校尉訓鍊院主簿李陽宇
閑　良金逸光
　　士官李彦赫
　　　　黃銓
　　　　吳真權
　　　　尹昌時
　　　　州東治
唱準　麻能宗
　　　掌南萊伯
　　　金振郁
　　　丁致厚
銷鑪匠金瓚環
　　　金致瑞
　　　尹德萬
　　　朴守業

임진자의 자보인 《신정자수》(위)와 정유자의 자보인 《규장자수》(아래). 규장각한국학연구원. 두 자보에는 각자장과 소로장 중에 같은 이름이 나와 있어, 두 활자의 제작 과정을 파악하는 데 도움이 된다.

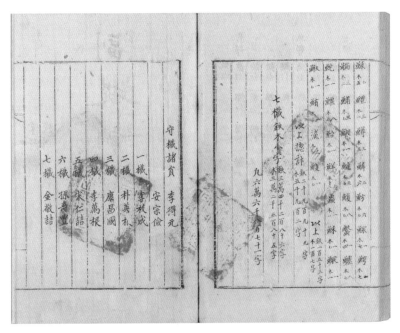

《운각자수》. 규장각한국학연구원. 7개 장별 수장제원의 이름이 기록되어 있다.

관인서체자의 자보로 추정된다. 여기에 나오는 수장제원 중에 안종검은
1829년(순조 29)과 1836년(헌종 2)의 《내각일력》에도 수장제원으로 기
록되어 있고, 1838년 《순조실록》을 간행할 때는 상판제원上板諸員으로 기
록되어 있다. 또 수장제원 이득원李得元의 경우 1814년에 간행된 《열성어
제》의 수장제원으로 이득원李得源이 나와 있어 동일 인물일 가능성이 높
다. 이 두 자보는 순조 연간에 만든 것일 가능성이 매우 높다. 앞서 순조 때
주자소의 활자들을 일제히 정리한 후 활자 목록을 만들고 책임자를 정해
철저히 관리하도록 한 사실을 소개했는데, 이때 만든 것이 아닐까 추측해
본다. 이렇게 본다면 수장제원의 공로를 기록하기보다는 활자 관리 소홀

시 책임을 지우려는 목적으로 이름을 써놓은 것은 아닐까?

《신정자수》와 《규장자수》에 적힌, 활자 제작에 참여한 사람들의 이름 자체는 단편적인 기록에 지나지 않는다. 그러나 두 자보를 함께 보면 남태백과 김찬경이 임진자를 만들고 5년 후에 평양으로 가서 정유자를 만들었음을 알 수 있다. 이들의 행적이 좀 더 명확하게 드러나는 것이다. 이처럼 여러 단편적 기록에 관심을 가지고 추적해본다면 숨은 공신들의 활약상이 좀 더 드러나지 않을까?

세상 어디에도 없는
그들만의 활자 분류 방법

1980년대 대학과 대학원을 다니던 시절에 한자를 익히고 한문을 공부하는 데는 자전字典이 필수였다. 당시 민중서관에서 만든 자전은 사학과 학생이라면 반드시 가지고 있어야 했고, 웬만한 집에도 하나씩 비치해두었다. 자전에서 한자를 찾으려면 먼저 찾고자 하는 한자의 부수를 확인해야 한다. 그리고 자전의 맨 앞에 실린 214개 부수표에서 해당 부수가 있는 본문 페이지를 확인한다. 214개 부수 자체도 1획의 一(한 일)부부터 17획의 龠(피리 약)부까지 획수 순서로 수록되어 있다. 그리고는 부수를 뺀 나머지 글자의 획수를 세어서 해당 부수가 있는 본문을 찾아간다. 각 부수에 해당하는 글자들도 획수 순서로 배치되어 있으므로 해당 획수로 가서 원하는 글자를 찾아야 한다. 어떤 경우에는 부수가 애매하다. 다행히 음을 아는 경우는 비교적 찾기가 간단하다. 한자 중에 형성문자, 즉 두 글자를 합쳐 새 글자를 만들 때 한쪽은 뜻을 나타내고 다른 쪽은 음을 나타내는 경우가 많아 한자를 좀 공부하다 보면 얼추 음을 유추할 수 있게 된다.

그러면 사전의 마지막에 가나다순으로 한자 음이 나와 있는 색인에서 해당 글자의 본문 페이지를 찾는다. 그도 저도 모를 때는 한자의 전체 획수를 세어서 마찬가지로 맨 마지막 획수별로 분류된 글자에서 원하는 글자를 찾고 거기에 쓰인 페이지로 가서 원하는 글자를 찾는다. 이 역시 어려운 과정이다. 약자여서 자전에서 찾기 어렵거나 정확한 획수를 모르면 애를 먹기도 한다. 컴퓨터를 쓰기 시작하면서 동일한 과정을 컴퓨터로 하게 되었는데 시간과 노력은 꽤 단축되었지만, 모르는 글자를 찾으려면 부수와 획수를 이용한다는 점은 여전하다.

이런 식으로 한자를 찾고 인식하는 방법은 언제부터 시작된 것일까? 국립중앙박물관에 소장된 활자들을 조사·정리하고, 자보를 연구하기 전에는 한자를 찾는 방식은 다 이런 것인 줄 알았다. 한자가 만들어진 처음은 아니더라도 적어도 문자의 통일이 이루어진 진한시대부터는 이런 방식으로 한자를 분류했을 것으로 생각했다. 그런데 이런 식의 한자 찾는 방식은 《강희자전》에서 유래했음을 알게 되었다. 부수가 214개로 나누어진 것도 《강희자전》의 분류에 따른 것이다. 《강희자전》은 중국 청나라 강희제 때인 1716년에 완성되었다. 지금으로부터 300여 년 전이므로 짧다고는 할 수 없지만 길고 긴 한자의 탄생과 변화 과정을 생각하면 《강희자전》의 한지 분류 방식은 상당히 최근에 만들어진 것이다. 《강희자전》을 만들 때 참고했던 《설문해자》, 《자휘》 등에는 부수가 이보다 훨씬 많고 획수 순으로 글자를 분류하거나 배치하지도 않았다. 중국에서 현대 자전은 로마자로 표기된 발음 순서로 되어 있고, 사각호마법四角號碼法이라는 분류 방식도 있다. 요즘 사람들은 부수와 획수로 글자를 찾지 않고 한자를 그려서 찾는다. 원래 한자의 성격, 즉 사물의 형상을 본뜬다는 의도에 어쩌면 가장 잘 맞는지도 모르겠다.

이 이야기를 길게 늘어놓는 것은 국립중앙박물관 소장 활자를 글자별로 분류·정리하면서 알게 된, 세상 어디에도 없는 한자 분류 방식을 소개하기 위해서다. 처음에 활자를 정리하면서 가능하면 원래 정리했던 방식을 따르고 싶어서 서울대학교 규장각에 소장된 자보들을 먼저 확인했다. 그런데 이 자보들을 보고 혼란에 빠져버렸다. 자보의 활자 분류 보관 방식은 듣도 보도 못한 방식이었기 때문이다. 현재 남아 있는 자보 중 《강희자전》 방식으로 활자를 분류한 《생생자보》를 빼면 대부분의 자보는 7개 장欌으로 나누어 장별로 그 안에 들어가는 활자를 글자별로 적고 글자 아래 해당 활자의 수량을 적었다. 글자를 부수별로 분류하기는 했지만, 부수의 수는 《강희자전》에 따른 214개가 아니라 100여 개로 줄였다. 부수의 나열 순서도 획수 순이 아니다. 일단 국립중앙박물관 소장 활자는 오늘날 통용되는 《강희자전》의 방식으로 분류하기로 했지만, 수수께끼와도 같은 활자 분류 방식의 원리가 늘 궁금했다. 이 수수께끼는 활자의 자보와 활자 보관장을 하나씩 조사하고 관련 기록들을 확인하면서 조금씩 풀리기 시작했다.

먼저 활자 보관장의 모습에 주목해보자. 소목장 송흥룡의 이름이 적혀 있던 정리자 활자장은 39개의 서랍을 끼우도록 되어 있다. 서랍장은 세로로 3등분하여 각각 13개씩 총 39개를 끼울 수 있다. 서랍의 크기는 가로세로 50×33센티미터 전후로 일정하다. 그런데 서랍의 높이는 위로부터 11개까지는 일정하게 2.8센티미터 정도이고 아래 2개의 서랍 총 6개는

5센티미터로 위의 것들에 비해 약 두 배가량 높다. 금속으로 만든 서랍 손잡이 모양도 위의 11개는 작은 원 모양이고 아래 2개는 반타원형이며 위의 손잡이에 비해 훨씬 크다. 이런 차이는 위쪽 11개 서랍들에 비해 아래 2개 서랍들에 더 무겁거나 많은 활자가 보관되어 있어, 서랍을 열 때 힘이 더 많이 들어간다는 뜻이다. 내부 구조도 다르다. 위쪽의 낮은 서랍장은 내부에 칸이 없거나 불규칙적으로 칸을 나누었던 흔적이 있다. 바닥에 알 수 없는 글자와 기호 등이 적혀 있는 경우도 있다. 높은 서랍에는 격자 모양의 칸이 있고 각각의 칸에는 한지에 쓴 글씨가 붙어 있다. 얼핏 보면 일정한 규칙이 없는 것 같다.

국립중앙박물관 활자 보관장 중에는 정리자를 보관했던 장 외에도 형태가 다른 몇 종류의 장이 더 있다. 색깔이나 나무 재질은 서로 다르지만 크기와 기본 구조는 비슷하다. 즉 앞면을 3등분하여 서랍을 끼우되 아래쪽에 있는 서랍의 높이가 상대적으로 높고, 안에도 격자로 구분을 했다는 것이 공통점이다. 《생생자보》를 제외하고는 남아 있는 자보들에 활자들이 7개 장으로 나뉘어 수록되어 있고, 정리자의 경우 자보는 남아 있지 않지만 《정조실록》에 정리자를 7개 장에 나누어 보관했다고 기록되어 있어 한 종류의 활자장은 총 7개의 세트로 구성되었던 것 같다. 이런 모양의 활자 보관장에 10만 사가 넘는 활자를 어떻게 넣었을까?

이를 추정할 수 있는 자료 역시 자보다. 서울대학교규장각에 보관된 자보 중에 《주자목록》이라는 제목의 자보가 있다. 첫째 면에 쓴 제목 '주자목록' 아래 작은 글씨로 '위부인자'라고 기록되어 있어 이 자보가 위부인자, 즉 임진자의 자보임을 알 수 있다. 이 자보 역시 7개의 장으로 나누어

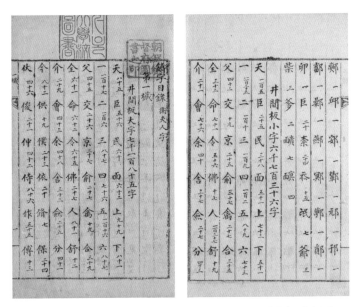

《주자목록》정간판의 대자(왼쪽)와 소자(오른쪽)의 수량 기록. 규장각한국학연구원.

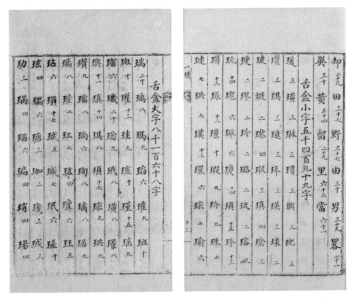

《주자목록》설합의 대자(왼쪽)와 소자(오른쪽)의 수량 기록. 규장각한국학연구원.

해당 장에 들어가는 활자의 글자별 수량을 기록했다. 장별 활자 수량은 다시 정간판 대자, 설합 대자, 정간판 소자, 설합 소자로 구분하여 해당 장에 들어가는 글자와 그 수를 기록했다. 마지막 부분에 총 20만 3921자의 활자를 7개 장별로 대자(큰 자)와 소자(작은 자)로 나누고, 대자와 소자는 각각 정간판井間板과 설합舌盒으로 나누어 수량을 기록했다. 맨 끝에 융희 3년이라고 적혀 있어, 이 자보가 1909년 위부인자의 장별 보관 현황을 기록한 것임을 알 수 있다. 정간이란 우물 정자 모양의 칸살을 뜻하고, 설합은 서랍이라는 순 한글을 음이 비슷한 한자로 표기한 것이다. 현재 남아 있는 활자 보관장의 서랍 형태 등을 고려하면 정간판은 격자 칸막이가 있는 높은 서랍을 뜻하고, 설합은 칸막이가 없는 낮은 서랍을 가리키는 것으로 보인다. 장마다 기입된 활자 수량이 똑같지는 않은데 1장의 경우 정간판에 대자 7185자, 소자 6736자, 설합에는 대자 8168자, 소자 5499자가 기입되어 있다. 정간판에 들어가는 활자의 글자당 개수는 설합에 들어간 한 글자당 개수에 비해 훨씬 많다. 1장의 정간판에 기록된 글자 중 '一' 자는 117개다. 정간판에 들어간 글자는 자주 쓰이는 글자여서 많이 만들었던 것이다. 반면 설합에 포함된 글자 중에는 간혹 20개가 넘는 것도 있지만, 대부분 10개 이하이고 1개인 것도 많다. 정간판에 비해 설합 수가 훨씬 많지만 정간판과 설합에 들어가는 활자의 총수량은 얼추 비슷하다.

이런 기록으로 추론하면 자주 쓰는 글자로 수량이 많은 활자는 칸살이 있는 서랍, 즉 정간판에 넣고, 자주 쓰지 않는 글자는 칸살이 없는 서랍, 즉 설합에 보관했다고 볼 수 있다. 남아 있는 서랍들도 이런 추론이 틀리지 않음을 보여준다. 아래쪽에 있는 높은 서랍은 칸이 쳐져 있고 칸마다 글자를 쓴 한지가 붙어 있다. 그 칸에 들어갈 글자를 표시한 것이라 추측해도 이상하지 않다. 정간판은 깊으니 해당 칸에 붙어 있는 글자를 보고 원하는 활자를 찾을 수 있도록 설계한 것이다. 정간판과 설합에 들어가는 활자 총수는 크게 다르지 않은데, 서랍 수는 정간판이 훨씬 적다. 그러니 정간판은 두꺼울 수밖에 없고, 무거우므로 아래쪽에 두었던 것이다. 무거운 서랍을 열기 편리하도록 손잡이도 크고 튼튼하게 만들었다.

반면 설합에 들어가는 활자는 같은 서랍에 많은 종류가 들어가야 하니 칸막이를 만드는 것 자체가 번거롭고 칸 사이 공간도 좁아져 활자를 찾는 데 방해가 될 수도 있었겠다. 그래서 칸을 만들지 않는 대신 얕게 만들어 활자를 쉽게 찾을 수 있게 했던 것이다. 이렇게 대충 짐작할 수 있지만 사실 활자 수도 많고 서랍별로 들어갈 활자 수의 균형도 맞추어야 했으니 어떻게 이걸 다 분류할 수 있었을까? 어려운 수학적 계산을 한 결과일까? 아니면 오랜 경험에서 나온 본능적 감각에 의존했던 것일까? 그것도 아니면 대대로 전해 내려오는 무슨 비법이라도 있었던 것일까? 어쨌든 이런 활자장은 작고 무거운 활자를 보관하기 위해 고민하고 그 용도에 맞게 최적화된 것으로 다른 가구에서는 볼 수 없는 것이다.

이제 또 다른 의문이 생겼다. 자보의 한자 분류 방식은 도대체 어디서 나온 것이며, 배치 순서의 기준은 무엇일까? 중국의 자전 관련 논문을 읽어보고 한문학이나 한자학을 하는 전문가에게도 물어봤지만 다들 처음 보는 분류법이라고 했다. 그래서 스스로 해결 방법을 찾아볼 수밖에 없었다.

위부인자장(위)과 실록자장(아래). 국립중앙박물관. 위부인자장과 실록자장, 그리고 정리자장은 형태가 다르지만 기본적인 구조는 같다. 서랍의 생김새와 위치 등을 보면 자주 쓰는 활자와 그렇지 않은 활자로 분리해서 보관했음을 알 수 있다.

정리자장 정간판. 국립중앙박물관.

정리자장 설합. 국립중앙박물관.

위부인자장 정간판. 국립중앙박물관.

자보마다 조금 다르지만 100여 개의 부수를 자세히 들여다보니 부수가 줄어든 것은 비슷한 모양의 부수를 하나의 부수로 합친 결과였다. 예를 들어 丨부는 丿에, ㄱ은 ㄷ에, ㅖ은 片에 통합되었다. 어떤 부수는 다른 부수 글자에 통합되었다. 예를 들어 行부에 속하는 글자들은 彳으로 합치고, 音부에 속하는 글자들은 禾부로 합쳤다. 丨, ㄱ, 行 등 자보에 없는 부수들은 그 부수에 속하는 글자 수가 적고, 다른 부수와 형태가 비슷하거나 다른 부수의 일부를 구성하는 부수여서 통합해도 문제가 없는 것들이다. 이렇게 분류한 이유는 활자를 찾기에 조금이라도 더 편리했기 때문일 것이다.

반대로 하나의 부수를 분리한 경우도 있다. 예를 들어 忄과 心, 手와 扌가 분리되어 있거나 木부를 부수의 위치에 따라 변에 있는 것(예를 들어 根)과 아래쪽에 있는 것(예를 들어 架)으로 분리하는 등 《강희자전》을 비롯한 일반적인 자전과는 다른 방식으로 분류했다. 이 부수에 속하는 글자들은 너무 많아 분리하는 편이 훨씬 활자 찾기에 편했기 때문이라고 보아야 할 것 같다. 같은 이유로 어떤 글자들은 《강희자전》과는 다른 부수 아래로 분류되기도 했다. 예를 들어 《강희자전》에는 羊부에 속하는 義와 美는 玉부에 들어 있다. 望 역시 月부가 아니라 玉부에 포함되어 있다. 羊부에는 주로 변에 羊이 있는 것만 소속시켰다. 要의 경우에도 襾부에 속하지 않고 女부로 분류했다. 이런 글자들은 지금 봐도 어느 부수에 속하는지 알아내기가 애매하며, 오히려 자보의 부수 분류 방식이 더 적절해 보이기도 한다.

장별 활자의 보관 순서도 《강희자전》처럼 획수 순서로 되어 있지 않다. 《강희자전》의 부수 순서대로 하자면 1장에 '一'부부터 배치해야 하지만, 자보의 1장 첫 번째 부수는 대개 '王'부로 시작된다. '王'부로 시작되는 것이 마치 활자가 국왕의 상징임을 보여주는 듯하다. 자보의 부수를 어떤 순서로 배치했는지는 정확히 알 수 없지만 어떤 규칙성은 있어 보인다. 예를 들어 2장에는 口, 足, 頁, 目, 心, 骨, 身 등과 같이 인체와 관련된 부수가 집중되어 있고, 5장에는 鹿, 犬, 豕, 牛, 車, 馬, 舟과 같이 동물이나 탈것과 관련된 부수들이 집중되어 있다. 1771년에 제작된 자보부터 1909년에 제작된 자보에 이르기까지 유사하다는 것은 이러한 분류 방식이 시대를 관통하여 활자를 직접 다루는 사람들 사이에서 전해져 내려왔음을 의미할 것이다.

요즘도 자전으로 글자를 찾다 보면 너무 복잡하고 시간이 걸려 울화가 치밀 때가 있는데, 당시 사람들은 인쇄에 오류가 생기면 처벌을 받아야 하고 인쇄본을 빨리 내놓으라는 재촉도 받았을 터이니 더더욱 그랬을 것이다. 활자 보관장에 활자를 넣고 빼는 일을 맡은 사람들을 비롯해 인쇄에 참여하는 사람들은 활자를 보다 빠르게 찾을 수 있는 방법을 고민했을 것이다. 부수별로 글자를 분류해 보관한다면 부수에 따라 소속된 글자의 편차가 심해 7개 장에 골고루 나누어 넣기 어려웠을 것이다. 글자를 넣고 뺄 때마다 획수를 세는 일도 번거롭고 정확하지 않다. 부수가 많을수록 찾기 어렵다. 그래서 이들은 자주 쓰는 글자는 정간판에 넣고 그렇지 않은 글자는 부수를 줄이고 비슷한 모양의 것들을 적절히 분류하여 모아두는 방식을 찾아냈을 것이다. 그리고 이들은 틀림없이 어떤 글자가 어느 장 어느 서랍에 있는지 대충 외우고 있었을 것이다. 여기까지가 나의 추

측이다.

　중국에서는 활자를 어떻게 분류하고 보관했을까 궁금해서 알아보았더니 무영전취진판 목활자를 만든 과정을 기록한《무영전취진판정식》에 활자 보관 방법이 도판과 함께 소개되어 있다. 이에 따르면 그들은 12간지에 따라 12개의 활자장字欌을 만들었다. 보관장 하나에 200개 서랍을 만들고 각 서랍을 8등분하여 각각 4종의 활자를 대·소자로 나누어 부수와 획수별로 나누어 수납했다. 자주 쓰지 않는 글자는 별도로 작은 상자에 넣어 12개의 활자장 위쪽에 두었다. 활자장이 높고 장 위에도 활자 상자를 두었기 때문에 활자를 꺼내기 위해 밟고 올라갈 수 있는 걸상도 마련했다. 무영전취진판 활자도 자주 쓰지 않는 글자를 별도로 분류해 관리한 것은 조선의 활자 보관법과 유사하지만, 기본적으로《강희자전》의 분류법과 마찬가지로 부수와 획수별로 분류하여 보관했다. 보관장은 높고 서랍 수는 너무 많은 데다 활자를 찾으려면 매번 획수를 헤아려야 하기 때문에 글자를 찾는 데 시간이 많이 소요된다고 볼 수 있다.

결론적으로 조선의 자보에 나오는 활자 분류법과 같이 한자를 분류한 사례는 어디에서도 찾아볼 수 없다. 부수 자체를 다른 체계로 설계한 것은 조선 실무자들의 독창적인 고안이었던 것이다. 돌이켜보면 한자의 부수가 214개가 된 것은《강희자전》에 와서의 일이며 그 이전 중국에서 만든 자전들에는 부수가 이보다 더 많았다. 요즘 젊은 세대는 부수로 글자를 찾지 않고 그려서 글자를 찾기도 한다. 어차피 글자를 분류하는 방법은 어떤 용도에 쓰느냐에 따라, 어떤 여건이냐에 따라 얼마든지 달라질 수 있는 것이다. 서양에서도 금속활자를 알파벳 순서대로 분류해 보관하지 않고, 자주 쓰는 글자를 식자공 가까이에 배치했다. 옛사람들의 활자 분류 방식을 찾아가면서 우리의 사고와 지식에 얼마나 많은 선입견이 작용하고 있는지 깨닫게 된다. 그리고 유교 경전을 배우고 익히기에 몰두했던 사대부 지식인들은 생각할 수 없는 방법으로 한자를 분류하고 그 원리를 공유하며 자신들의 세계를 구축했을 그들을 상상해본다.

나의 활자 이야기는 여기까지다. 활자에 대한 여러 가지 궁금증에 확실한 답을 얻으리라 기대했던 독자들은 실망할지 모르겠다. 어떤 말로 이 글을 맺어 실망할지 모를 독자들의 마음을 돌릴 수 있을까 여러 날 생각했다. 그러던 중 즐겨 보는 〈유퀴즈 온 더 블록〉이라는 TV 프로그램에서 박재민이라는 사람의 인터뷰를 보게 되었다. 그는 자신을 배우로 소개했는데, 그외 여러 직업을 갖고 있다고 했다. 이 프로그램에는 2022년 베이징 동계올림픽 스노보드 해설위원 자격으로 나왔다.

그의 인터뷰 내용은 여러모로 공감되는 바가 많았는데, 특히 "올림픽은 국가 간의 경쟁이 아니라 참가하는 선수들이 인간의 한계를 극복하는 것"이라는 말이 그랬다. 올림픽 정신으로 이미 잘 알려진 말이지만, 그의 인터뷰 전반적인 내용과 함께 참으로 마음에 와 닿았다. 요즘에는 1등이 아니어도 최선을 다한 선수에게 아낌없는 응원을 보내고, 참가한 선수들도 경기가 끝난 후에는 승패를 떠나 서로를 격려하고 응원하는 모습을 보인다. 하지만 많은 사람들이 여전히 자국 선수가 1등을 하기를 기원한다. 국가 대표로 출전하는 것이니 당연하지만, 1등만 기억하고 누가 메달을 땄는지만 중요하게 생각하면 선수 한 명 한 명이 인간의 한계에 도전하고 자신을 극복하고 성장시키기 위해 들였던 그 많은 시간과 노력, 땀방울의 의미는 퇴색되고 만다. 그들이 그 자리에 오기까지 각자의 이야기들이 있는데 말이다.

돌이켜보면 나의 활자 연구도 활자 하나하나에 담긴 이야기를 찾아가는 여정이 아니었나 생각한다. 처음 활자를 접했을 땐 "도대체 이 많은 활자가 어떻게 국립중앙박물관에 들어온 것일까? 어디에 쓰인 것일까?" 궁금했다. 자료들을 뒤지고 활자를 조사하여 일제강점기 직전까지 조선 왕실에서 보관하고 사용하던 것임을 확인했다. 그리고 이어서 한글 활자와 교서관인서체자처럼 실체를 알 수 없던 활자의 이름을 찾아주려고 애썼다. 활자의 실체를 확인하는 일도 중요하지만 누가, 왜, 어떻게, 이 활자를 만들고 사용했는지, 활자에 얽힌 사람들의 이야기가 점점 궁금해졌다.

《조선왕조실록》,《승정원일기》 등을 찾아보니 활자를 만들고 책을 찍는 일과 관련하여 사람들의 이야기가 자못 생생하게 그려져 있다. 문집 등 여러 개인 자료에서도 활자와 책에 대한 생각, 열망, 또 그것을 성취하고자 하는 과정에서 벌어졌을 법한 일들이 읽히고, 퍼즐 조각들이 여기저기서 발견되었다. 예를 들자면 본문에도 소개했듯이 정조가 만든 정리자에 대해《정조실록》에는 활자를 만든 이유, 들어간 비용, 제작 기간, 글자본, 숭국의《무영전취진판총서》를 찍은 목활자를 모방했다는 사실이 기록되어 있다. 여기에는 당시 정조가 중국에서 활자를 구입해오라고 했다는 기록은 없다. 그런데 순조 때 작성한 주자소의 활자 목록에 연무목자燕貿木字, 즉 1790년과 1791년, 정조가 정리자를 만들기 전년과 전전년에 구입한 목활자가 버젓이 나와 있다. 나는 이 연무목자가 무엇인지, 누

298 활자본색

가 어떤 목적으로 구입했는지 궁금했다. 당시 중국에서 활자를 구입했다면 그 통로는 중국으로 간 사행이었을 것이다. 그래서 1790년과 1791년에 사행으로 간 사람들과 관련 기록들을 확인한 결과, 서호수와 박제가가 중국 사행으로 갔고 그들이 생생자와 정리자의 제작에 참여했음을 알아냈다. 그렇게 퍼즐을 맞춰가는 과정이 흥미진진했고,《정조실록》에는 왜 이 사실을 기록하지 않았을까 상상했다. 사실 연무목자에 대한 궁금증은 국립중앙박물관 목활자 중에 연무목자로 추정되는 활자의 실체를 확인하려는 데서 출발했고, 결국 불에 탔다고 기록되어 있는 연무목자가 남아 있음을 밝히게 되었다. 또 활자 목록인 자보에 나와 있는 알 수 없는 활자 분류 방법을 활자 보관장과 거기에 끼웠던 서랍의 여러 기록을 맞추어가면서 어렴풋이나마 알 수 있게 되었다. 그리고 활자를 어떻게 보관해야 좋을지, 어떻게 분류해야 쓰기에 편리할지 고민했던 사람들의 이야기가 조금씩 그려졌다.

처음 활자에 관심을 가졌을 때는 이렇게 오랫동안 활자를 붙들게 될 줄 몰랐다. 지금까지 활자에 관심과 애정을 쏟을 수 있었던 것은 그들의 이야기가 재미있고 갈수록 더 궁금한 점이 생겼기 때문인 것 같다. 그래서 이 책은 활자를 만들고 사용했던 사람들의 이야기이자 활자를 연구하는 나 자신의 이야기가 되었다. 선학들의 연구에서 출발하여, 실물을 보고, 옛 문헌들을 찾아보는 과정을 반복하면서 활자에 담긴 이야기가 하나하나씩 떠올랐다. 처음에는 그냥 지나쳤던 기록들, 활자의 모습, 옛 책들도 시야가 확장되면서 의미 있는 자료로 다가오기 시작했다. 나와 견해가 다른 사람들의 연구는 내 생각을 더 정교화하거나 새로운 과제를 생각하는 계기가 되었다. 무엇보다 뜻하지 않은 곳에서 마주친 활자들은 새로운 궁금증을 불러일으키고 상상을 자극했다.

그렇게 퍼즐 조각을 하나하나 맞추어나갔지만 여전히 빈 곳이 많다. 잘못 맞추어진 조각도 있을 것이다. 그렇지만 나는 이렇게 생각해본다. 우리가 사실이라고 주장하는 많은 부분들이 나중에 사실이 아닌 것으로 밝혀지기도 하고 끝내 사실인지 아닌지 모를 때도 많지만 그 과정이 결코 의미 없지 않다고. 올림픽에서 메달을 딴 선수만 기억하면 참가한 선수 하나하나의 이야기가 빛을 잃듯이, 활자를 대할 때도 최초인지, 최고인지, 최대인지 이런 것에만 집중하다 보면 우리가 알아낼 수 있는 이야기들이 발견되지 않고 묻혀버릴 것이라고. 더 많은 사람들이 활자를 만든 사람들의 이야기에 귀를 기울여, 퍼즐을 맞출 수 있는 새로운 조각들을 찾고 새로운 이야기를 시작해주었으면 좋겠다.

책을 내면서 특별히 감사를 표하고 싶은 분들이 있다. 활자를 글자별로 분류하여 옛사람들이 그랬듯이 목록을 만들어 보관하기까지 많은 사람들의 노력과 협조가 있었다. 이 작업을 시작한 소재구 선생님께 먼저 감사드린다. 활자를 비롯한 국립중앙박물관의 다양한 문자 자료의 존재 가치를 세상에 알리는 데 선구적인 역할을 한 분이다. 이분이 시작한 일이 결실을 맺기까지 수년 동안 여러 사람들이 바통을 이어받아 작업을 했다. 매일 수장고에 들어가서 활자를 하나하나 확인하고, 분류하고, 숫자를 세는 길고 지루한 작업에 참여한 모든 분들, 많은 활자를 전시에 선보이기 위해 애써준 분들께 감사드린다. 이들이 모두 숨은 공로자들이다. 과학과는 평생 담쌓고 살 줄 알았는데 활자 연구에는 과학이 필요했다. 동료이

자 학문적 동반자가 되어준 유혜선, 박학수 선생을 비롯한 보존과학을 하시는 분들과의 작업도 재미있었다. 이분들은 활자를 과학이라는 창으로 볼 수 있게 해주었다.

2006년 처음 한글 금속활자 조사 자료집을 내면서부터 늘 활자 촬영을 해주었던 고故 김해권 사진작가에게 특별히 감사를 표한다. 그분은 활자의 다양한 면을 보여주려는 나의 의도를 사진으로 구현해주었다. 손톱만 한 활자를 다양한 각도로 침착하게, 섬세하게 찍어서 활자를 입체적으로 볼 수 있게 했을 뿐 아니라, 예술적 감각으로 활자의 아름다움을 표현해냈다. 그는 이후 활자 촬영의 모범이 되었다. 2017년에 그분이 불의의 사고로 세상을 떠났을 때 중요한 동반자를 잃은 듯 안타까웠다. 〈활자의 나라, 조선〉 전시 준비 과정을 담은 영상에 활자 사진을 찍는 그의 모습이 남아 있어 그나마 다행이다. 활자 보관장을 수리하고 복원하는 데 함께한 양석중 소목장 일행과의 작업도 뜻깊고 흥미로웠다. 그분들과의 작업은 옛 장인들의 세계를 이해하는 길잡이가 되어주었으며, 전통에 대한 진지하고 진심 어린 접근이 감동적이었다.

마지막 헌사는 무엇보다 활자를 만들고 책을 찍었던 이름 모를 조선의 기술자들, 문치주의의 숨은 공신들에게 바쳐야 마땅하다.

참고문헌

강명관,《책벌레들 조선을 만들다》, 푸른역사, 2007.

강명관,《조선시대 책과 지식의 역사》, 천년의상상, 2014.

김두종,《한국고인쇄기술사》, 탐구당, 1974.

니콜 하워드, 송대범 옮김,《책 ─ 문명과 지식의 진화사》, 플래닛미디어, 2007.

박상원,〈도상체계로 본 한글 창제의 철학적 원리〉,《동양예술》제3호, 2016.

브뤼노 블라셀, 권명희 옮김,《책의 역사 ─ 문자에서 텍스트로》, 시공사, 1995.

유지원,《글자풍경》, 을유문화사, 2019.

이용재·박지훈,《활자흔적 ─ 근대 한글 활자의 역사》, 물고기, 2015.

조계영,〈조선후기 왕실서책 粧䌙時의 搗砧에 관한 고찰〉,《고문서연구》31, 2007.

조계영,〈조선후기 중국 서책의 수용과 형태 인식〉,《동아시아의 문헌교류》, 소명출판, 2014.

천혜봉,《한국 서지학》(개정판), 민음사, 2006.

천혜봉,《한국금속활자인쇄사》, 종합출판범우(주), 2012.

최경은,《독일 인쇄술의 기원과 발전》, 연세대학교 대학출판문화원, 2014.

키스 휴스턴, 이은진 옮김,《책의 책》, 김영사, 2019.

홍윤표,〈훈민정음체와 궁체〉,《쉼표 마침표》, 국립국어원 웹진, 2012.

潘吉星,《中國金屬活字印刷技術史》, 沈陽 遼寧科學技術出版社, 2001.

徐億農,《活字本》(中國板本文化叢書), 江蘇古籍出版社, 2003.

李明君,《中國美術字史圖說》, 人民美術出版社, 1997.

印刷博物館,《江戶時代の印刷文化》(인쇄박물관 개관 특별기획전 도록), 2000.

張樹棟 외,《簡明中華印刷通史》, 廣西師範大學出版社, 2004.

활자본색

우리가 몰랐던 조선 활자 이야기

1판 1쇄 2022년 7월 29일

지은이 | 이재정

펴낸이 | 류종필
편집 | 이은진, 이정우
마케팅 | 이건호
경영지원 | 김유리
표지·본문 디자인 | 석운디자인
교정교열 | 오효순

펴낸곳 | (주)도서출판 책과함께
　　　　주소 (04022) 서울시 마포구 동교로 70 소와소빌딩 2층
　　　　전화 (02) 335-1982
　　　　팩스 (02) 335-1316
　　　　전자우편 prpub@daum.net
　　　　블로그 blog.naver.com/prpub
　　　　등록 2003년 4월 3일 제2003-000392호

ISBN 979-11-91432-77-0　03910

* 이 도서는 한국출판문화산업진흥원의 '2022년 우수출판콘텐츠 제작 지원' 사업 선정작입니다.